L'INTÉRIEUR
DES PRISONS.

PARIS. — IMPRIMERIE DE A. HENRY, 9, RUE GÎT-LE-CŒUR.

PARIS. — IMPRIMERIE DE A. HENRY, 8, RUE GIT-LE-CŒUR.

L'INTÉRIEUR
DES PRISONS

RÉFORME PÉNITENTIAIRE,

SYSTÈME CELLULAIRE, EMPRISONNEMENT EN COMMUN,

SUIVIS
D'UN DICTIONNAIRE RENFERMANT LES MOTS LES PLUS USITÉS DANS LE LANGAGE DES PRISONS.

PAR UN DÉTENU.

« On n'examine pas assez la cruauté des peines et l'irrégularité des procédures criminelles. L'insalubrité meurtrière, les horreurs d'une prison, et ce supplice de tous les instants, plus insupportable pour les malheureux que les fers mêmes, l'incertitude de leur sort..... Ce douloureux spectacle est inconnu à la magistrature et à l'opinion. »

BECCARIA.

« La loi doit avoir pour objet de réformer le code criminel, en rendant les peines moins cruelles et mieux proportionnées aux délits. »

M. le Marquis DE LA ROCHEFOUCAULD-LIANCOURT.

PARIS,

JULES LABITTE, LIBRAIRE, PASSAGE DES PANORAMAS, 61,

ET CHEZ TOUS LES PRINCIPAUX LIBRAIRES.

—

1846

L'INTÉRIEUR
DES PRISONS

ET LA

RÉFORME PÉNITENTIAIRE.

———◆———

CHAPITRE PREMIER.

——

De la prison en général. — Crimes et délits. — La police secrète. — La dénonciation. — Le cabinet noir. — Les plaintes.

La prison est un lieu de séquestration destiné à renfermer les êtres dangereux à la société.

Tel est le but qu'a voulu atteindre le législateur lorsqu'il a fait de l'emprisonnement une peine autorisée par la nécessité. Mais en s'arrogeant ainsi le droit de priver un homme de ce qu'il a de plus précieux au monde, *la liberté individuelle*, a-t-il bien songé qu'au-dessus de ce droit tout conditionnel, des devoirs plus sacrés encore lui étaient imposés par la nature et par la société : devoirs d'humanité et de haute moralisation ?

Dans un État quelconque, nul n'a le droit de punir le crime et le délit, s'il n'a été tout fait pour les prévenir. Car la répression ne saurait atteindre qu'une faute ; et un acte ne peut être taxé de faute que lorsque le délinquant a pu s'empêcher de la commettre.

La violence morale est aussi destructive de toute culpabilité que la violence physique.

Or, l'éducation publique tend-elle à répandre parmi la classe nombreuse du peuple la semence des saines doctrines? Les bonnes mœurs sont-elles non-seulement respectées, mais encore encouragées? Le travail, cette fortune du pauvre et de l'ouvrier, est-il, sinon organisé, du moins distribué avec intelligence? Enfin, l'égalité des droits existe-t-elle en fait devant la justice? S'il n'en est pas ainsi, ne cherchez pas ailleurs l'origine des crimes et des délits? le mal est là dans toute sa force; il est inhérent à la société elle-même.

Qu'on ne s'étonne donc plus de voir l'assassin porter la foi du matérialisme et le cynisme du meurtre jusqu'aux pieds de l'échafaud; le coupables affronter sans rougir les rigueurs sévères de la loi; le malfaiteur s'exercer au vol comme à un métier honnête et lucratif; et la jeune fille venir demander à la prostitution le pain que lui refuse le travail.

Ce n'est donc qu'en étouffant le germe des crimes au sein même de la société, qu'on peut espérer de voir diminuer le nombre des coupables. Prévenir et empêcher d'abord, réprimer ensuite, corriger et punir, tel est le premier devoir d'un législateur sage et éclairé.

Combien n'est-on point injuste à l'égard de ces hommes que la loi appelle des êtres dangereux à la société! Renfermés dans des espaces étroits, séparés du reste des mortels par de hautes et d'épaisses murailles, privés souvent d'air, ces infortunés se voient ravir, une à une, toutes leurs prérogatives et jusqu'à leur qualité d'hommes. Réduits sous les verroux à l'état de dossiers, ou transformés en numéros d'ordre, la plupart n'ont gardé de leur dignité naturelle qu'un instinct de brutale conservation, joint au sentiment et à la haine de l'injustice humaine à leur égard.

Et cependant, parmi ces hommes, à qui le présent n'offre en perspective que souffrances et privations, l'avenir que honte et mépris, il en est qui sont dignes plus que jamais de l'estime publique. Victimes des erreurs judiciaires, plus communes qu'on ne pense, les uns subissent en silence la condition de la loi du plus fort; les autres supportent le poids très-lourd d'une faute souvent bien légère; presque tous ont le droit de faire retomber sur la société la cause de leur chute. Voilà pourtant les hommes auxquels, par un fatal préjugé, on ose dire : *Vous avez été flétris par la prison!*

Jusqu'à ce jour, l'étude des prisons a été singulièrement négligée parmi nous. Quelques savants, décorés du titre de philanthropes, ont écrit un grand nombre de brochures sur le régime pénitentiaire, et ont fixé ainsi l'attention publique sur un sujet digne des plus profondes méditations. Toutefois, la science n'a pas fait plus de progrès en cette matière. Ces nouveaux réformateurs n'ayant vu que par les yeux d'une froide raison, et nullement à l'aide de l'observation des faits, il est arrivé que le régime intérieur des prisons est resté aujourd'hui moins connu que jamais. De là, les idées fausses, erronées, qu'on avait sur ce régime, ont continué d'avoir leur cours ordinaire.

Qui ne sait pourtant que la réforme des prisons se lie à un grand nombre d'autres réformes, telles qu'à une réforme politique, à l'organisation du travail, aux réformes des codes d'instruction criminelle, de procédure et du code pénal, etc.? Or, pour bien apprécier l'une, il ne fallait point la séparer des autres; et le tort des philanthropes a été précisément, non pas de les séparer entièrement, mais d'avoir ignoré le point de contact qui les unissait entre elles. Ils ont composé sur les prisons, dans leurs cabinets, des livres qu'il aurait fallu écrire sous les verroux : ce qui explique la diversité, l'étrangeté et la fausseté de leurs systèmes.

Nous venons aujourd'hui restituer aux prisons leur véritable caractère, et rétablir, s'il est possible, par le récit des faits observés sur les lieux, la vérité si peu connue des philanthropes modernes.

La loi, d'accord en cela avec la saine raison, a distingué à juste titre entre le crime et le délit.

Le premier emporte avec lui une peine infamante, le second n'entraîne qu'une punition correctionnelle. Mais, par le plus étrange des oublis, on confond l'un et l'autre en prison. L'assassin et le failli, le voleur de profession et le tapageur nocturne, sont jetés pêle-mêle dans les mêmes lieux. Ni le rang, ni le degré de culpabilité, ni la nature des fautes, ni l'âge, ni la condition des personnes, rien n'est respecté par les exécuteurs de la loi.

Comme, dans tout pays bien constitué, on doit avoir ce respect des convenances judiciaires, de même le nombre, la nature et le caractère des crimes et des délits deviennent les régulateurs invariables de l'état moral de la société. Là où la justice a le plus à sévir, on peut affirmer que là aussi existe le plus de perturbation dans les mœurs publiques. Le contraire s'établit par les contraires.

Si nous faisons l'application de ce principe à une période déterminée de notre histoire, à celle, par exemple, des quinze dernières années, quelle époque trouvons-nous qui ait été plus féconde en assassinats de tous genres, en empoisonnements combinés, en vols audacieux, en manœuvres frauduleuses de toutes sortes, que celle qui date de la Révolution de 1830 jusqu'à nos jours? Fieschi, Lacenaire, Lafarge, Soufflard, Lesage, Barbier, Poulmann, Fourrier, Rousselet, sont des personnages trop bien connus dans les annales judiciaires, pour qu'il soit nécessaire d'énumérer ici les crimes fameux qui se rattachent à leur mémoire. Qui n'a entendu parler encore des bandes nombreuses qui, sous les diverses désignations d'escarpes, de chauffeurs, de grecs, de faux monnayeurs, de carroubleurs, de la tour de Nesle, des chanteurs, des habits noirs, du faubourg Saint-Germain, ont porté l'audace du crime, l'adresse et l'habileté du vol, jusqu'aux dernières limites du genre possible? tandis que leurs chefs, tels que Tepas, Soucques, Charpentier, Mallet, Flachat, Sorin dit La Grille, Gagnières et autres, se sont fait ainsi une bien triste célébrité. Faudra-t-il, dans un autre genre, citer les noms des notaires qui ont audacieusement trompé la confiance de leurs clients, ou bien faire revivre les souvenirs de ces sociétés industrielles si fécondes en expédients, et dont la ruse, le disputant à la séduction, opéraient insidieusement, et rendaient tout fictif, capital, dividendes, matériel, bénéfices, etc., etc., sauf l'argent des actionnaires qui disparaissait dans une spéculation idéale, sans objet, sans base et sans fonds? Mais ce moyen ingénieux de faire une rapide fortune aux dépens de la crédulité publique, a été suffisamment flétri sous le nom d'*industrialisme moderne*.

Nous le demandons sérieusement, ne sont-ce pas là des exemples éclatants du crime et du délit portés jusqu'à leurs dernières limites? A quoi faut-il donc attribuer la cause de tout ce désordre moral? Au désordre moral lui-même, suite inévitable d'une révolution, et au milieu duquel s'agite et tourbillonne encore notre société.

Quel était, dans une pareille anarchie, le devoir du législateur? D'étudier le mal moral et de lui apporter le plus prompt remède.

Toutefois, nous devons être justes envers le gouvernement; il a compris, lui aussi, combien cette révolution morale était désastreuse, et, afin de la dominer, il a mis tout en œuvre pour lui faire changer de direction. Mais la plupart de ses moyens sont restés, ou insuffisants, ou incomplets. Ainsi, pour arrêter l'accroissement effrayant des crimes et des délits, il a augmenté le nombre des juges, il a formé une surveillance et une police spéciales. C'est toujours, comme on voit, le système de répression à la suite des faits accomplis; c'est opposer des obstacles au cours impétueux d'un fleuve, au lieu de l'arrêter à sa source; et encore, quels obstacles!

Il existe dans la capitale, sur les bords de la Seine, en face du Palais-de-Justice, et non loin du repaire des malfaiteurs, un hôtel fameux qu'on appelle la Préfecture de police. Il a été créé, dans cet hôtel, un service de surveillance qu'il faut bien connaître, afin de mieux l'apprécier; ce service spécial porte le nom de police secrète.

Depuis bien des années, les divers gouvernements qui se sont succédé, en France, ont attaché une grande importance à former, en dehors du service général de l'administration de la police, un service particulier destiné uniquement à n'exister, à n'agir et à n'opérer que dans l'ombre. Le jacobinisme avait les dénonciateurs à gages, l'Empire ses mouchards enrégimentés, la Restauration Vidocq, et 1830 a formé ses brigades.

Il ne sera pas inutile, peut-être, de faire connaître ici comment les deux chefs de la police *dite de sûreté,* des deux derniers gouvernements, ont procédé dans l'accomplissement de leurs missions par deux routes différentes. Le premier avait borné tout son système policier à surveiller ce qu'il appelait, en style d'argot, la *basse pègre ;* et s'il *donnait la chasse* aux malfaiteurs, c'était toujours au moyen des malfaiteurs eux-mêmes. La surveillance de la haute classe de la société n'entrait point dans ses attributions. Initié dans tous les mystères du crime, aidé d'une mémoire prodigieuse, favorisé par la nature d'un instinct rare, il possédait les secrets des bandits, savait leurs noms, indiquait leur signalement, et connaissait, enfin, leurs projets souvent à peine éclos et toujours avant leur exécution ; il prévenait ainsi les tentatives audacieuses des malfaiteurs, avec une sagacité admirable. Si, parfois, il les laissait consommer, c'est qu'il était sûr d'avance de se rendre maître des coupables. Vidocq avait fait, de la police de sûreté, une science à son usage qu'il résumait en une espèce de synthèse.

Le second a suivi une marche toute opposée à celle de son prédécesseur. Sans être doué des talents multiples et variés de ce dernier, il semble, de prime-abord, avoir eu des vues plus grandes. Il a organisé la police secrète sur des bases toutes différentes. Ainsi, au lieu de composer ses brigades de repris de justice, il a préféré choisir leur personnel parmi des hommes qui n'eussent aucun antécédent judiciaire à se reprocher. Une fois assuré de la bonne moralité de ses employés, il les a façonnés à son système.

Tandis que Vidocq s'attachait à découvrir les complots, les trames, les projets criminels et à les déjouer, au moyen de ses brigades qui peuplaient les mauvais lieux, hantaient les repaires des voleurs et s'immiscaient dans les bandes des malfaiteurs, le chef actuel de la police craint de compromettre ses gens en si mauvaise compagnie ; il laisse consommer paisiblement le crime ; mais, en revanche, il sait découvrir les coupables ; et il a, pour cela, un secret à lui. Ce secret consiste dans la révélation et le *moutonnage*. Il a imprimé à ce nouveau genre de dénonciation, dont nous parlerons plus tard en détail, un cachet tout particulier (1).

Quoi qu'il en soit, avec le système seul de révélation, on ne pouvait point donner à la police ce développement d'action, cette importance politique qui en font la plus grande machine administrative du royaume. On a organisé encore l'espionnage. Aussi, tout le rôle des agents consiste-t-il en ceci : voir, écouter, faire un rapport. Cette police secrète n'est autre que la révélation établie sur une vaste échelle.

Ainsi, avec le nouveau système policier, il n'est point d'employé, grand ou petit, qui relève, de près ou de loin, de cette immense administration de la rue de Jérusalem, qui n'ait son contingent de rapports à fournir. Balayeur des rues, fontainier, commis de barrière, garde de station, inspecteur du pavage, préposé à la salubrité publique, surveillant des hôtels garnis, etc. ; tout ce peuple est à la dévotion du chef de la police. Et remarquez que là ne se borne point seulement le nombre des affiliés à l'ordre de l'espionage. L'œil de la police perce plus avant encore, car nous croyons rester bien au-dessous de la vérité, en affirmant qu'il n'est pas, dans Paris, de marchand de vin, d'hôtel meublé, de palais, d'établissements publics, de bureau d'administration, de magasin achalandé, de passages, etc., où la police n'ait quelques uns de ses affidés. L'espionnage, aujourd'hui, c'est toute la police secrète !

Qui n'a entendu parler, au reste, de la boîte aux lettres et du cabinet noir? Dans une des cours de l'hôtel de la préfecture, il existe une boîte à la disposition des dénonciateurs. Là, tous les jours, sont déposés des secrets de famille, des

---

(1) M. Chaix d'Est-Ange, dans le procès de Nonon-Cadot, a flétri énergiquement le *moutonnage*, après l'avoir fait connaître dans tout ce qu'il a d'odieux.

confidences d'intérieur, des propos de portière, des récits scandaleux, quelques vérités, beaucoup de mensonges, et toujours des indications exactes à propos de noms propres. Tous les soirs, à la clarté des lumières, un aréopage de commis dépouille ces correspondances mystérieuses, les commente, les juge et prononce sur leur contenu. Ce travail a ordinairement pour résultat de dresser ce qu'on appelle des *notes de police*. Il a encore l'avantage de fixer l'attention des agents sur la conduite, souvent irréprochable, du citoyen le plus honnête et le moins offensif; ou bien de soumettre le premier individu mal noté, à la plus horrible des inquisitions : l'interprétation des paroles et des actions.

Ainsi, la conduite de tel personnage politique, ses accointances, les faiblesses de sa nature, ses visites mystérieuses, sa secrète correspondance, tout cela est au besoin inscrit et soigneusement conservé sur le grand livre du *cabinet noir*. Lui seul ignore peut-être quel est le Sosie complaisant qui prend un intérêt si vif à sa personne. Que dirait ce député légitimiste, si on lui exhibait mot pour mot le journal de ses faits et gestes depuis sa dernière élection jusqu'à ce jour? Il s'étonnerait, sans doute, de cette exactitude de détails qui échappent à sa mémoire. Et cet autre député de la gauche, quelles exclamations ne ferait-il point, s'il pouvait lire les notes scandaleuses inscrites sur cet espèce de *livre rouge*, où le nombre de ses confidents, celui de ses créanciers, les noms de ses fournisseurs, la nature de ses démarches, sont fidèlement rapportés date par date, jour par jour, heure par heure.

C'est en feuilletant le grimoire du *cabinet noir* qu'on dévoile des choses étranges, étonnantes, inconcevables. Qui s'imaginerait, par exemple, que tel électeur est noté, avec sa situation financière et personnelle mise à côté de son nom ; que tel autre est signalé avec son caractère, ses vices, ses qualités et ses défauts, et surtout avec les faiblesses qui peuvent servir à en faire un partisan ; que la dépense de ce commerçant, les sommes qu'il perd au jeu sont calculées à quelques centaines de francs près ; que les goûts et les passions de ces riches capitalistes ou de ces hauts banquiers, dont on a à surveiller le dévouement, sont énumérés avec une scrupuleuse minutie? La raison s'effraie sans doute à l'idée d'un travail de ce genre; il n'en existe pas moins tel que nous l'indiquons.

La loi, il est vrai, n'approuve point ce genre d'inquisition à l'usage de la police; à tort ou à raison, elle le tolère; et la justice quelquefois s'en sert. Voilà peut-être le mal. Mais ce que la loi autorise dans ce sens, c'est le droit de se plaindre.

Si l'on distingue en jurisprudence la dénonciation de la plainte, celle-ci, par le trop fréquent abus qu'on peut en faire, dégénère le plus souvent en dénonciation, dont elle reproduit, sinon le caractère, du moins les effets. Aussi, en Angleterre, où la liberté individuelle n'est pas considérée comme un vain mot, le droit de se plaindre est restreint et limité dans ses formes. On n'accueille d'abord les dires d'un plaignant que lorsqu'ils sont garantis par l'autorité de faits graves et positifs. Et, comme chez nos voisins on n'accuse pas en vain, le plaignant, dans certains cas, est obligé de cautionner, non-seulement une somme d'argent assez forte, mais encore s'il succombe, il est condamné à des dommages-intérêts considérables. La plainte ne rentre ainsi dans le domaine de la loi, qu'après des preuves certaines et des témoignages irrévocablement acquis à la justice.

En France, le droit de se plaindre s'est ressenti, en quelque sorte, de la facilité qu'on laisse à la dénonciation organisée. Ainsi, le parquet se montre habituellement très-favorable à toutes sortes de plaignants; au point que ce genre de procédure a ouvert la porte à de nombreux abus. Entouré d'une espèce de confiance, nous ne dirons point aveugle, mais crédule, le plaignant invoque la protection des lois, qui semblent n'exister que pour lui seul; et tandis que l'objet de sa plainte gémit préventivement dans les cachots, libre d'action, il organise tout à son aise un système d'accusation contre son adversaire, qui, privé de sa liberté et sous le poids d'une arrestation toujours défavorable, a toutes les difficultés possibles pour le détruire. Quels avantages la loi n'accorde-t-elle point ainsi aux plaignants !

Voilà ce qui explique, au reste, cette quantité de plaintes qui inondent le parquet du procureur du roi de la Seine; ces empiètements forcés de la police correctionnelle sur les juridictions de la justice de paix, du tribunal civil et du tribunal de commerce; ces ordonnances de non-lieu assez fréquentes, motivées sur les retraits des plaintes; enfin, ces jugements nombreux qui consomment la perte de tant de malheureux.

S'il fallait citer des exemples, on pourrait nommer des fournisseurs, des maîtres d'hôtel, des commerçants qui, trouvant plus commode de livrer leurs clients à la justice du tribunal de police correctionnelle qu'à toute autre justice civile, ont choisi ce mode de poursuites envers leurs débiteurs, comme plus économique. Dans les chapitres suivants, nous démontrerons, par des faits irrécusables et d'une haute gravité, les inconvénients sans nombre auxquels donne lieu ce système de plaintes (1).

Ce qui témoigne, au reste, contre ces moyens extra-judiciaires, c'est qu'en province, où cette facilité de se porter soi-même dénonciateur n'existe point, il se rend proportionnellement moins de jugements correctionnels qu'à Paris, et les mœurs n'en sont point pour cela plus dépravées. Le contraire arrive dans la capitale. Comment expliquer l'emploi de moyens aussi rigoureux ? Dans tous les cas, ce ne devrait être jamais aux dépens de la justice et de la liberté des citoyens.

(1) Le tribunal correctionnel de la Seine vient de condamner un nommé *Lefaucheux* à *cinq cents francs* de dommages-intérêts envers sa servante, contre laquelle il avait porté une plainte calomnieuse. Qu'est-ce que cette somme, eu égard à la perte de l'honneur à laquelle il exposait sa domestique ? Il est à regretter que les tribunaux n'offrent point des exemples plus nombreux de sévérité contre les plaignants calomniateurs.

CHAPITRE II.

—

Du mandat d'amener.—Étranges facéties des agents de la police.—Le Dépôt de la Préfecture. —*Le tombeau des malins* —Le juge d'instruction.—Mandat d'arrêt.—L'écrou et la prévention.

Si, pour l'homme qui n'a pas abdiqué encore tout sentiment de dignité personnelle, la prison est l'enfer du Dante sur la terre, les formalités dont la justice fait précéder préventivement cette peine, en sont bien les premiers supplices. Nul ne saurait concevoir toute l'étendue des souffrances qui accablent l'infortuné sur la tête duquel est suspendu le glaive de la loi.

Vous vivez paisible et tranquille au sein de votre famille, votre conscience vous met à l'abri de tout reproche; mais, à votre insu, on formule une accusation qui doit troubler tout ce repos de l'ame, et briser tout votre avenir. Tandis que vous rêvez en paix, tout-à-coup s'offrent dans votre domicile deux inconnus qui vous abordent avec cette formule d'usage :

— Monsieur Guillochard, je vous prie?

— C'est ici.

— Est-ce à lui-même que nous avons l'honneur de parler?

— A lui-même; que désirez-vous?

— Nous venons vous prier, monsieur Guillochard, d'avoir l'extrême obligeance de nous accompagner jusqu'au cabinet de M. le juge d'instruction.

Et, en vous parlant ainsi, ces deux inconnus exhibent d'un air fort poli un imprimé en tête duquel on lit en gros caractères : MANDAT D'AMENER.

Si, un peu troublé de cette singulière visite, M. Guillochard réplique à son tour :

— Mais, Messieurs, qui êtes-vous d'abord, et que signifie cet écrit ?

— Nous sommes des officiers de paix, Monsieur ; nous venons vous inviter à venir donner quelques explications à M. le juge d'instruction ; ce ne sera pas long. Nous sommes, au reste, à votre disposition.

Après de telles assurances, M. Guillochard laisse tout en désordre dans son intérieur, puisqu'il ne sera pas longtemps à revenir ; et il *accompagne* ces agents jusqu'au cabinet de M. le juge d'instruction. Qui se douterait que M. Guillochard est sous la main de la justice ?

C'est là une manière facile et honnête de conduire un homme en prison ; ce n'est pas la seule. En fait de tours de force de ce genre, messieurs de la police en sont prodigues. Nous pouvons en citer des exemples.

M. de Frémicourt sort, tous les dimanches, de son domicile de la rue de Valois, pour aller respirer l'air pur aux Champs-Élysées. C'est là une habitude chez lui, car M. de Frémicourt a besoin de mouvement et d'espace ; il ne peut vivre qu'à cette condition, qui est passée, dans son hygiène particulière, à l'état de régime. Un beau jour de dimanche, le soleil était radieux et le ciel sans nuages, il sortait donc de son logis pour aller jouir des bienfaits de sa promenade favorite, lorsqu'au coin de la rue, un monsieur long et fluet, et dont la lèvre supérieure est ornée d'une énorme paire de moustaches blondes, l'aborde en ces termes :

— Est-ce à monsieur de Frémicourt que j'ai l'honneur de parler ?

— A lui-même. En quoi puis-je vous être agréable ?

— Une de vos cartes de visite a été trouvée dans les habits d'un inconnu qu'on a déposé à la Morgue. Je vous invite à passer chez M. le commissaire de police du quartier, afin de fournir, s'il est possible, les moyens de constater son identité. C'est à deux pas d'ici.

— Je suis fâché, Monsieur, de ne pouvoir obtempérer, en ce moment, à votre invitation. C'est l'heure de ma promenade; je ne change jamais l'ordre de mes habitudes. J'irai, ce soir, chez M. le commissaire de police.

— C'est à l'instant même qu'il faut venir, réplique aussitôt l'homme aux moustaches blondes.

— M. le commissaire attendra s'il veut, répond à son tour son interlocuteur, étonné de cette singulière injonction.

— Vous êtes à sa disposition, Monsieur, murmure à voix basse le monsieur aux moustaches; il faut me suivre, et surtout pas de scandale !

Pendant ce colloque, une autre figure d'alguazil s'approche de M. de Frémicourt, et le serre de près, au moment où, s'apercevant qu'il avait à ses côtés des gens de la police, il s'écriait avec une juste indignation :

— Eh! Messieurs, il était plus simple de me dire tout d'abord que vous veniez m'arrêter, que de me faire ainsi un mensonge !

Une autre fois, c'est un rendez-vous qu'on donne, une lettre qu'on suppose, une invitation qu'on invente, et cela, sous divers noms d'emprunt. Tous ces frais d'imagination ont pour but l'arrestation d'un homme. Si ces diverses manières d'exécuter des mandats d'amener peuvent paraître originales, elles ne sont nullement convenables. Il importe peu, il est vrai, au magistrat instructeur, que ses ordres soient exécutés avec dignité, pourvu que l'inculpé soit tenu à sa disposition; ce n'est pas là son affaire. Mais que les agents de la police y prennent garde ! cela doit les toucher de plus près.

Nous faisons cette observation, parce que nous savons qu'il est arrivé et qu'il arrive tous les jours, que de simples agents de police, sans être revêtus d'aucun caractère officiel, se permettent de s'introduire, la nuit, dans les domiciles des citoyens, pour mettre à exécution des mandats d'amener ; d'autres arrêtent sans être même porteurs de la pièce officielle ; enfin, il est des commissaires de police qui, sur une simple plainte verbale, mettent d'abord un individu en état d'arrestation, sauf à la rédiger ensuite. Tout cela est illégal, car il est dans nos lois une disposition ainsi conçue, qu'il faut que tout le monde connaisse.

« Nul ne peut être arrêté ni poursuivi que dans les cas prévus par la loi, et *dans la forme qu'elle prescrit.* » Agir contre cette disposition, c'est attenter à la liberté individuelle.

La ruse ne préside pas toujours à l'exécution des mandats d'amener, on lui substitue souvent la force. Il est à regretter que l'on ne distingue pas toujours la qualité des individus dans l'emploi de ces moyens extraordinaires. Nous connaissons, par exemple, un honnête commis dans les nouveautés qui, arrêté par suite d'une plainte calomnieuse, fut promené de rue en rue, de magasin en magasin, entre quatre municipaux, dans un des quartiers les plus populeux de Paris, où il était très-connu. Qu'arriva-t-il ? C'est que, mis en liberté, après quinze jours de détention préventive, il est resté, malgré son innocence hautement reconnue par les magistrats, sous le coup de son arrestation, qui n'a pu s'effacer dans l'esprit de l'opinion publique. Ce malheureux jeune homme, victime de la dénonciation, n'a pu trouver un emploi sur la place de Paris. Combien n'existe-t-il point d'autres victimes de ce genre d'erreur ?

Voici encore un autre fait inconcevable d'arrestation, par suite d'un mandat d'amener lancé par un juge d'instruction de province.

Il convint à un individu de porter une plainte en assassinat contre différentes personnes. L'une de celles qu'il avait désignées habitait, depuis dix années, à cent vingt lieues de distance du ressort de la cour royale qui avait été saisie de la plainte. C'était un homme plein d'avenir qui occupait, dans la ville où il était domicilié, un brillant emploi dans une compagnie d'éclairage au gaz. Sur la simple indication d'un plaignant, et sans se préoccuper si l'*alibi* pouvait être constaté, le juge d'instruction décerne contre lui un mandat d'amener avec cette qualification : *sous la prévention de tentative d'assassinat.*

Le procureur du Roi du ressort d'où relevait le jeune homme, le mettant à exécution, arrache cet infortuné à sa famille, et le fait conduire de brigade en brigade jusqu'au siège du tribunal qui était nanti de la plainte. Pendant SOIXANTE JOURS de marches forcées, enchaîné avec des forçats, des voleurs et des repris de justice, il éprouva toutes les angoisses du malheur et du désespoir. Outre les insultes et les sarcasmes de ses compagnons de route, il eut à subir encore la sévérité des gendarmes qui le regardaient comme un malfaiteur dangereux ; la surveillance minutieuse des geôliers, les fatigues d'un voyage forcé, en un mot toutes les tortures physiques que l'on peut faire endurer à un vil scélérat. Il arriva enfin, épuisé de souffrances, au lieu de sa destination. Là, confronté devant le juge d'instruction avec le plaignant, il fut reconnu que c'était par erreur qu'il avait été accusé. Il fut mis en liberté par une ordonnance de non-lieu qui se fit attendre encore *huit jours.* Il est inutile de dire qu'à la suite de cette scandaleuse arrestation, le jeune homme perdit son emploi et fut forcé de revenir, *à ses frais,* dans le lieu de son domicile, d'où il avait été arraché ; car la justice, lorsqu'elle commet une erreur, n'indemnise jamais ceux auxquels elle occasionne des préjudices (1).

Dès que le mandat d'amener a été mis à exécution, le prévenu est conduit à Paris dans un lieu appelé le Dépôt de la Préfecture.

Qu'est-ce que le Dépôt de la Préfecture? Une espèce d'entrepôt où l'homme est transformé en marchandise de transit. Il est contrôlé, estampillé, vérifié ni plus ni moins qu'un

(1) Vers ces derniers temps, toute la presse s'est émue au récit de plusieurs faits inouïs d'arrestations arbitraires, et s'est élevée avec force contre ces erreurs judiciaires. On dit qu'un magistrat répondit aux allégations des journaux, par cette facétie : « Qu'est-ce que quelques erreurs judiciaires parmi des milliers d'arrestations? » Étrange excuse! Nous lui opposerons un vieil axiome canonique ainsi conçu : « Il vaut mieux, en justice, sauver DIX coupables que punir UN SEUL innocent.

ballot de contrebande saisi par la douane. Ses noms, ses prénoms, son domicile, sa profession, son signalement, celui de ses habits, voire même la forme de sa chaussure, tout cela est soigneusement inscrit sur un grand livre. Après cette première exhibition dans les bureaux du Dépôt, l'individu est soumis à une seconde inspection.

Celle-ci a lieu dans l'arrière-magasin de l'entrepôt, ou, si l'on aime mieux, dans le premier vestibule de la geôle, entre les deux guichets. L'homme est textuellement mis à nu. Dans les mystères d'Eleusis, l'initié, avant d'arriver au sanctuaire de la divinité, subissait des épreuves de plus en plus tragiques. Le dépôt de la préfecture a aussi ses mystères, mais dépouillés de tout le prestige de la foi et de la religion antiques.

Que l'on s'imagine un antre formé de portes et de grilles en fer : dans cet antre, où ne pénètre jamais la lumière, deux gardiens rébarbatifs, dont l'accent rude et les traits féroces semblent avoir été façonnés exprès pour ce séjour infernal ; à côté de l'antre, et comme une de ses excavités, une espèce de tombeau noir creusé dans la pierre ; des trousseaux de clefs qui retentissent d'un bruit étrange ; des gonds qui crient ; des portes qui s'ouvrent et se referment avec fracas ; et l'on n'aura encore qu'une idée bien imparfaite des hommes et des choses qu'on voit en ce lieu.

— « Nous sommes ici les bourreaux des crânes ! »

Tel est le premier mot que fait entendre la voix sombre et sépulcrale d'un stupide gardien.

— « Et ceci, continue-t-il ensuite sur le même ton, est le tombeau des malins ! »

Il désigne ainsi du doigt le réduit taillé dans la pierre ; ce qui équivaut à un ordre ; car, à cette injonction d'une espèce nouvelle, on vous renferme dans ce cachot ; il porte encore ce nom modeste. Là, vous êtes déshabillé et mis à nu ; là, on vous dépouille avec la plus atroce brutalité, sans ménagements, sans égards, sans distinction. Le prévenu éprouve ainsi tous les genres d'humiliation, puisqu'à l'impudeur de la nudité, aux dégoûts de sa position, on ajoute encore et il subit, malgré lui, l'indécence d'une perquisition barbare sous la main d'un gardien voué à un pareil métier.

Après cette épreuve sauvage, on adresse brutalement cette autre question :

— « Voulez-vous prendre la pistole ? »

Comme tout le monde n'est pas initié dans la science des termes de prison, et que vous pouvez bien ne pas l'être, vous aussi, vous demandez à votre tour ce que c'est que la pistole.

— « Dans la salle commune, répond le Cerbère, vous n'aurez rien à payer; mais elle est *pleine de vermine*; à la pistole vous paierez et serez seul. »

On ne saurait concevoir, en effet, rien de plus ignoble, de plus triste, de plus dégoûtant que cette partie de la prison du dépôt appelée la salle commune. C'est bien, selon la franche expression du gardien, de la vermine au moral et au physique. Un amas de malheureux gisant sur la paille, étalant l'infortune, la misère, les rides de la débauche et la malpropreté sur tous les traits; des habits sales, déchirés ou en lambeaux, couvrant des corps amaigris, difformes et hideux; des figures atrocement laides et qui portent l'empreinte de toutes les passions de l'ame; des propos de bagne ou de mauvais lieux; des récits à faire frémir d'horreur; voilà le spectacle qu'on voit et les discours qu'on entend dans la salle commune!

Certes, la pistole est préférable pour un honnête prisonnier qui ne doit pas hésiter à la prendre, si toutefois les officiers de paix lui ont laissé le loisir de se pourvoir d'argent. Dans le cas contraire, il est destiné à peupler la salle commune, à affronter la vermine et à se trouver en contact avec la lèpre de la société. Car les philanthropes, si ingénieux en inventions de toute sorte, n'ont pas trouvé encore le moyen d'établir, parmi les prévenus, une distinction telle que le bon et le mauvais, le criminel de profession et celui qui ne l'est pas, l'homme du monde et celui qui hante les bouges, ne fussent point confondus ensemble en prison.

Mais si le hasard a voulu que vous ayez de l'argent, on est mieux à la pistole, il est vrai, mais c'est aux dépens du système cellulaire dont on fait un triste essai. Un cabanon de deux mètres carrés environ, une fenêtre grillée à persiennes en fer, l'isolement le plus absolu, voilà ce qui constitue la pistole. C'est là, dans cet espace plus resserré que les loges des animaux du Jardin-des-Plantes, qu'entre Dieu, sa conscience et un mandat d'amener, on enferme un homme.

Quel lieu! quelles pensées! quel séjour! Ici, le chagrin brise l'ame, les idées brûlent le cerveau, la peine tue, l'isolement, la solitude exaltent l'imagination; et de tout cela réuni naissent des sensations si diverses, si fortes, si émouvantes, qu'elles devraient finir par rendre fou. Assurément, la justice humaine doit avoir son cours, elle ne saurait être entravée dans sa marche; mais est-il bien nécessaire que la justice procède envers des prévenus avec une telle rigueur?

La loi fait un devoir au juge d'instruction d'appeler, dans les VINGT-QUATRE HEURES, tout prévenu devant lui; ce délai est de rigueur. Et c'est précisément sur cette prescription du code de procédure qu'on se fonde pour n'opérer aucunes réformes dans le régime intérieur du dépôt de la préfecture. « Les prisonniers, dit-on, ne séjournent que peu de temps dans cette maison, où ils ne sont que de passage; qu'a-t-on besoin de la réformer? » C'est là un faux raisonnement et un mauvais prétexte.

D'abord, la propreté, l'humanité sont de tous les temps et de tous les lieux; s'il est du devoir de toute administration publique de les respecter, il l'est bien plus encore d'une administration des prisons. Il n'est pas vrai ensuite que TOUS les prévenus soient interrogés dans les *vingt-quatre heures* de leur arrestation, par le juge d'instruction nommé à cet effet : il en est qui sont restés et qui restent, au mépris de la loi, *quatre*, *huit* et *quinze jours* sans comparaître devant ce magistrat. Oubliés souvent dans leurs cabanons, c'est à la bienveillance toute paternelle du directeur de la maison qu'ils sont redevables d'avoir été rappelés au souvenir des membres du parquet. Les criminalistes pensent-ils qu'il n'y ait rien à réformer dans cette partie de notre législation?

Ainsi, aux termes rigoureux de la loi, tout individu arrêté doit comparaître devant ses juges naturels *dans les délais fixés*. Ce n'est point sans motifs que le législateur a limité à *vingt-quatre heures* le temps d'une détention jusqu'alors hypothétique. Quelle responsabilité n'entraîne point, aux yeux de la nature et de la société, l'arrestation provisoire d'un homme libre ! « Le magistrat, qui n'est qu'une partie de la société, « a dit Beccaria, ne peut avec justice infliger à un citoyen, « membre aussi de la même société, une peine que la loi n'a « pas prescrite. Car ce serait ajouter à la peine légale une « autre peine qui ne serait qu'arbitraire. »

Mais, si la loi est religieusement observée, dans le délai prescrit le prévenu est conduit de son cabanon, entre deux municipaux, dans le cabinet de M. le juge d'instruction, qui, par ses fonctions, est habitué à voir passer tous les jours sous ses yeux de nouvelles figures. Quel triste spectacle pour l'un ! quelle froide indifférence pour l'autre ! Quelles fonctions aussi que celles de juge d'instruction !

Lorsque les anciens ont voulu personnifier le juste, le sage, le magistrat enfin, ils l'ont représenté sous la figure d'un vieillard aux cheveux blancs et à l'air calme, grave et sévère. Ils lui ont donné des mœurs douces, une conscience pure, un cœur religieux et à l'abri des passions. A la probité, au savoir, à la droiture de l'esprit qu'ils lui ont supposé, ils ont ajouté encore toutes les qualités de l'ame. En un mot, ils en ont fait une image vivante de la divinité sur la terre. N'est-ce pas ainsi qu'il faudrait que fussent, s'il était possible, tous les juges, et, parmi les juges, celui qu'on charge d'instruire les affaires ?

Dans l'état actuel de notre procédure impériale, le juge d'instruction a une omnipotence illimitée ; il est revêtu d'une espèce de pouvoir dictatorial. N'est-il pas en fait l'arbitre souverain de la justice ? N'est-ce point lui qui décide du sort de l'accusé, qui l'absout ou le condamne ? Or, si ce juge d'instruction, qui est sujet aux infirmités de l'humaine nature, se laisse aller malgré lui à des préventions défavorables ; s'il est emporté, violent, impressionnable par caractère; s'il tombe parfois dans des dispositions quinteuses d'esprit; s'il est maniaque, bizarre, fantasque; enfin, s'il a quelques uns des défauts si communs au reste des hommes, et il doit en avoir, l'instruction devra se ressentir infailliblement de ces situations anormales plus ou moins intenses. Et comme il n'est pas seulement juge des faits, qu'il apprécie encore les circonstances, son opinion devra acquérir alors un grand poids dans la balance de la justice. Que l'on ne dise point que ce sont la chambre du conseil, la chambre des mises en accusation, les tribunaux et la cour qui jugent en définitive. Ils prononcent, il est vrai, mais ils prononcent sur une décision déjà préparée, disposée et formulée par l'instruction elle-même. Quel immense précédent !

Aussi, quand on sonde les profondeurs du cœur humain, on ne peut envisager sans frayeur les imposantes fonctions de ce magistrat. Voilà un homme qui tient entre ses mains le sort d'un millier de ses semblables ; il est leur inquisiteur. Parmi tous ces infortunés, dont les uns monteront sur l'échafaud, dont les autres iront au bagne, le plus grand nombre d'entre eux dans les prisons, et dont l'avenir de tous est brisé, n'y a-t-il point quelqu'un qui soit innocent? Et si pourtant il en est qui soient victimes des erreurs judiciaires, ce qui ne saurait être autrement, à moins de croire à l'infaillibilité humaine, comment un juge peut-il vivre en paix avec lui-même? Ne semble-t-il pas, en effet, qu'une voix intérieure doive lui crier : « Cet homme qu'on tue ou que l'on flétrit « en ce moment, est peut-être une victime de ta fragile intel « ligence ! »

Comment cela ne serait-il pas ainsi? Quand nous voyons encore là, sous nos yeux, un juge d'instruction démentir, devant le prévenu lui-même, une assertion qu'il avait avancée la veille; quand nous le voyons furieux, emporté, plein de colère, insulter au malheur, loin de le respecter et de rechercher avec calme et sang-froid la vérité qu'il n'entrevoit qu'à demi ; enfin quand, sous l'empire de préventions, nous le voyons persister dans l'intelligence d'un fait dont il prétend seul pouvoir tirer des inductions, nous le demandons à tout homme de sens et de raison, ce juge peut-il bien être impartial dans son instruction ? — Que dire et que penser de cet autre magistrat qui laisse à son greffier le soin d'interroger le prévenu et de suppléer à ses absences?

Dans un tel état des choses, où sont les garanties que la loi accorde à l'inculpé? Sont-elles dans la lecture et dans la signature du procès-verbal? Mais qui ne sait que tout cela n'est que vaine formalité?

Dans cette absence de garanties morales et judiciaires, que reste-t-il à faire, après tout? Restreindre le pouvoir aujourd'hui trop absolu, trop personnel, trop étendu du juge d'instruction; le surveiller dans ses fonctions autrement que par la voie du parquet, et le choisir avec plus de soin. Ce qui n'est pas inutile, surtout quand on a dix-sept juges d'instruction à nommer, comme dans le ressort de la cour royale de Paris.

Au sortir du cabinet du juge d'instruction, et à la suite d'un premier interrogatoire, fait et consommé au milieu des plus horribles émotions, l'homme du dépôt, le justiciable d'un mandat, peut immédiatement être mis en liberté si ce magistrat le croit convenable, ce qui est fort rare; il peut aussi sortir sous caution, ce qui arrive quelquefois; il est réintégré au dépôt si le juge tient à l'avoir sous sa main, ce qu'on voit souvent; ou bien il est transféré dans une des maisons d'arrêt de la Seine, ce qui est le plus ordinaire.

Une fois interné dans une de ces dernières maisons, il est, ce qu'on appelle dans le langage du palais, *écroué*; c'est-à-dire qu'il est rivé à la prison comme un forçat à sa chaîne. On nomme cette première période de la vie du prisonnier : le temps de la prévention.

En droit naturel, la prévention est une mesure inique, arbitraire; en fait, elle se traduit ainsi : tout individu innocent ou coupable peut être mis en état d'arrestation, sous l'unique inculpation d'un crime ou d'un délit. Ainsi le veut la loi française.

Que, dans l'intérêt de la société, on arrête un criminel pris en flagrant délit, cela est du droit rigoureux, c'est d'une impérieuse nécessité. Mais que, sur un simple délit dénoncé par une plainte, on arrache un individu à sa famille, à ses travaux, à ses occupations, pour le jeter préventivement dans les prisons, c'est ce qui a lieu tous les jours. Ici, la raison et le bon sens se révoltent contre la loi.

Que veut la loi? Qu'un homme prévenu d'un délit soit, pendant le cours de l'instruction, d'abord à la disposition du juge, ensuite qu'il ne puisse se soustraire par la suite à l'accusation qui pèse sur lui. Mais cette prescription doit-elle être générale? Est-il croyable qu'un homme ayant son domicile, un état, une famille, veuille échapper à la justice? N'est-il pas plus naturel de penser, au contraire, qu'inté-ressé à ne pas laisser son nom sous le coup d'une flétrissure légale, intéressé surtout à détruire un fait à lui imputé, à tort ou à raison, il se présentera à toutes les réquisitions du magistrat? Pourquoi donc le punir avant de le juger, avant même de l'entendre?

Néanmoins la loi a reconnu, dans certains cas, l'abus de l'arrestation préventive, et, pour l'atténuer en quelque sorte, elle a permis la liberté sous caution. Le moyen qu'elle offre, à ce sujet, est le rachat de sa liberté. Ainsi, un être dégradé au moral et jouissant d'une certaine fortune, s'il est inculpé d'un simple délit, évitera la prison moyennant une somme d'argent; tandis que le plus honnête homme de la terre qui, dans le même cas, n'aura pas d'argent disponible, sera incarcéré; cette exception est-elle bien dans la nature de l'égalité des Français devant la loi? Lequel des deux offre pourtant le plus de garanties aux yeux de la raison et du bon sens? Ce n'est pas toujours évidemment celui qui a des écus. Pourquoi donc la justice de nos codes a-t-elle ainsi deux poids et deux mesures?

Mais on n'a pas égard, en France, à certaines considéra-tions morales, d'ailleurs fort respectables en elles-mêmes. Aussi, la prison préventive brise-t-elle tous les jours plus d'une existence. Elle est, chez nous, d'un arbitraire inouï.

Un individu est arrêté sur de simples présomptions, on l'incarcère : c'est déjà un abus de la force. On le retient sous les verroux un temps illimité : c'est le plus cruel déni de justice. Aussi, n'est-il pas rare de voir des prévenus qui font trois mois, six mois, des années entières de prison préventive, pour arriver, les uns, à une ordonnance de non-lieu, les autres, à un acquittement, et plusieurs à la condamnation à une peine souvent moindre que le temps même de leur prévention. Qui pourra restituer à ces victimes de la détention préventive le temps, l'argent, l'honneur et la vie qu'elles ont usés en prison?

En Angleterre, dont nous devons invoquer la sage expérience toutes les fois qu'il s'agit de libertés, en Angleterre, la liberté individuelle est autrement respectée que dans notre pays. D'après le code anglais, le délai de la prévention est limité à *quatorze jours*. Pendant ce temps, l'instruction doit être terminée et le prévenu jugé. Au-delà de ce terme, à défaut d'instruction, il est immédiatement mis en liberté. La législation anglaise, dans ce cas, procède d'après cet axiome : « Dans le doute, les présomptions sont en faveur de l'accusé. »

Il n'en est pas de même chez nous. S'il n'existe point des preuves contre un inculpé, on le tient indéfiniment emprisonné; et tandis qu'il gémit sous les verroux, on en cherche à loisir en tous lieux. On fouille dans sa vie privée, dans ses antécédents, quelquefois même dans ses pensées; on le poursuit sans relâche et partout. Le temps, l'espace, le doute, rien n'arrête les recherches. A voir cet acharnement, on dirait que la justice qu'on nous peint si sobre, si calme, si douce, a soif, au contraire, du sang humain.

La prévention est un titre de nos codes qu'il faut se hâter de réviser, à moins de vouloir nous faire rétrograder au-delà même du moyen âge.

CHAPITRE III.

———

Différentes maisons d'arrêt de la Seine : la Conciergerie, la Force, les Madelonnettes, Sainte-Pélagie et Saint-Lazare. — Régime de ces prisons. — Le Panier à salade, la Souricière et le Parloir des singes. — Administration intérieure de ces maisons — Les visites du juge d'instruction et des inspecteurs-généraux.

Avant d'entrer dans les détails de la vie, des mœurs et de l'existence du prisonnier, il est essentiel de faire connaître les maisons qui sont destinées à le renfermer. L'appréciation du système pénitentiaire de nos modernes philanthropes, dépend en entier de leur exacte connaissance.

La première et peut-être la mieux tenue des prisons de la Seine, est *la Conciergerie*. Toute son histoire est inscrite sur ses murailles : c'est le palais de saint Louis transformé en cour de justice, en prison du dépôt, en préfecture de police et en maison d'arrêt. Ainsi, ce beau palais qui, sur les bords de la Seine, s'élève majestueux aux deux extrémités du quai de l'Horloge et de celui des Orfèvres ; cette demeure des anciens rois de France où tant de gloires, de joies et de félicités ont passé, n'est plus aujourd'hui que l'antre hideux de la chicane, qu'un séjour affreux qui ne retentit que des imprécations et des gémissements du crime. Voilà comment, en un plomb vil, cet or pur s'est changé !

La Conciergerie, si renommée dans l'histoire de nos dernières révolutions, occupe maintenant une grande partie du palais de Louis IX. Ses vastes cuisines en ogive ont fait place à des cachots obscurs, et ses longues galeries, qui s'étendaient au-dessous de la salle dite aujourd'hui des *Pas-Perdus*, ont été transformées en chambres, en dortoirs ou en cabanons. Elle est, de toutes les prisons, la plus sombre en souvenirs, la plus sévère par le régime, et la plus triste par le genre informe de sa construction intérieure. Là, on voit encore le cachot de Ravaillac, et, sous sa voûte en forme de rotonde, le crampon en fer qui tenait suspendue la cage où il était renfermé; là, on retrouve les tables en pierre sur lesquelles le roi saint Louis distribuait la soupe aux pauvres : c'est une pensée de charité à côté des remords du crime; là existe, close et sombre, la cellule destinée aux condamnés à mort. Que de pensers tristes et amers ne réveille-t-il point dans l'ame, ce lieu obscur et lugubre, quand on songe surtout aux victimes nombreuses qui l'ont habité! Depuis les martyrs de 93 qui, les premiers, ont fait le fatal essai de la machine Guillotin, jusqu'au dernier malheureux qui vient de monter sur l'échafaud, de combien de douleurs, d'espérances, de doutes, de sarcasmes, de prières et de malédictions, ce noir séjour n'a-t-il pas été rempli? Enfermés là, tous n'en sont sortis que pour marcher à la mort. Là, le bourreau faisait les apprêts de leur fatale *toilette*, nom dérisoire donné aux derniers services de précaution qu'exerce la main de l'exécuteur sur le corps de sa victime; là, ils ont été liés, préparés, disposés pour un sacrifice de sang; de là, enfin, ils ont dit un éternel adieu à cette terre pour aller dans un autre monde.

C'est à la Conciergerie que, sous des voûtes toutes bardées de fer, on montre, dans une cour étroite, à côté d'une porte basse en forme de souterrain, l'escalier de pierre où, à l'époque de la Terreur, étaient égorgés, par des sbires soudoyés, les accusés politiques auxquels le tribunal révolutionnaire, en style de convention, *accordait leur grâce*. Cet escalier froid et humide semble ruisseler encore du sang. Il n'est pas un mur, pas une dalle, pas une porte, pas un recoin de cet immense bâtiment, qui ne soit souillé par quelque tragique souvenir. Aujourd'hui, en sa qualité de maison d'arrêt de la Cour royale, il est la demeure provisoire, une espèce de halte des criminels et des grands coupables. Tous ceux qui sont destinés à figurer en Cour d'assises vont y séjourner une partie de la session du mois; ceux qui ont fait appel de leurs jugements de première instance n'y passent que trois ou quatre jours. Après ces divers délais expirés, les condamnés sont dirigés vers leurs destinations réciproques, c'est-à-dire sur d'autres prisons, celle-ci n'étant point consacrée à renfermer des prévenus ni des condamnés.

Néanmoins, il est des cas où l'on fait exception à cette règle générale. Ainsi, quelques individus inculpés d'un délit ou accusés d'un crime, y font leur temps de prévention; c'est lorsque des raisons de convenance ou la nécessité l'exigent. On y tient encore en réserve quelques condamnés : les criminels de grand renom dont il sera parlé plus tard, qui, ayant pris le parti de faire des révélations à la justice, sont placés là tout exprès, sous la main de la police, afin de recueillir et de contrôler leurs rapports. Hors ces cas, la Conciergerie ne renferme qu'une population flottante, passagère, qui lui arrive et afflue des diverses maisons d'arrêt de la Seine. Une fois passée au creuset de la justice, cette population s'écoule insensiblement pour se renouveler encore. On ne peut mieux se représenter son mouvement que par l'action d'une machine de va-et-vient; seulement les rouages de cette machine sont des hommes.

La *Force*, qui occupe, dans le voisinage de la rue Saint-Antoine, le célèbre hôtel du duc de La Force, auquel elle a emprunté le nom, est en ce moment, contrairement à la *Conciergerie*, exclusivement destinée à servir de maison de prévention. L'immense étendue de ses bâtiments en a fait la plus vaste prison de la Seine. Neuf cours de différentes dimensions, de hautes et d'épaisses murailles, trois quartiers distribués en autant de catégories de détenus, un règlement sévère et une discipline peut-être trop rigoureuse, en font la plus dure de toutes les prisons de France. Ce qui, dans l'esprit des prisonniers, fait douter que ce soit au duc de La Force, dont les armoiries sont sculptées à la voûte du grand escalier, que cette maison ait pris sa dénomination.

Aussi les juges d'instruction, qui ont le choix des prisons, destinent-ils la *Force* aux grands criminels et à une certaine classe de malfaiteurs et de gens sans aveu. Le Bâtiment, la Madelaine et la Marie-Égyptienne, sont des quartiers formant chacun des catégories séparées. Ainsi, le premier est exclusivement réservé aux coupables de haute distinction dans le crime, aux chefs de bande, aux forçats libérés et à toute sorte de repris de justice; le second aux petits voleurs et aux filous, autrement appelés en style d'argot : *la basse pègre*; le troisième aux mendiants et aux vagabonds. Rien ne saurait peindre les tableaux que l'infortune humaine étale aux yeux dans ce sombre séjour. La misère, la faim, la maladie, le cynisme des paroles, la dépravation des mœurs, résident là, dans toute leur effrayante réalité. Quels motifs de sérieuses méditations pour un philosophe! quels sujets de composition pour un artiste! Si Callot vivait encore, c'est à la *Force* qu'il pourrait aller prendre ses types ; il n'aurait, au reste, que la peine de choisir parmi une population d'environ mille détenus dans un espace carré de mille mètres.

Aux palais transformés en prison, la main des révolutions ajouta encore les couvents. Pendant la Terreur, la loi des suspects frappait tant de victimes qu'il fallait bien, avant de les condamner, les loger quelque part. Après l'hôtel du duc de La Force et le palais du Luxembourg, Robespierre, qui voulait régénérer la France en la décimant, s'appropria, au nom de la nation et pour cause d'utilité publique, le couvent des Madelonnettes et celui de Sainte-Pélagie.

Non loin du Temple, ce bazar de la friperie parisienne, existait, dans la rue des Fontaines, une maison de religieuses connue sous le nom des *Madelonnettes*. Elle avait été fondée, en 1618, par trois hommes de bien : Robert de Montry, marchand de vins de Paris, le P. Athanase Molé, capucin, et le sieur de Fresne, officier des gardes-du-corps, qui se vouèrent à assurer une retraite, un asyle à des prostituées. C'était donc un lieu de refuge et de pénitence pour les jeunes filles qui, comme Madelaine, leur patrone, dont elles portaient le nom, avaient péché parce qu'elles avaient trop aimé. La Révolution chassa les unes et les autres de cette maison, qui n'était rien moins qu'un vaste monument moderne; elle en fit, en conséquence, une prison. Qui des contemporains n'a pas entendu parler, au reste, des victimes amoncelées, entassées aux Madelonnettes? C'était alors une prison, c'en est encore aujourd'hui une, mais avec un régime plus doux et moins sévère que celui de la Force. Aux *Madelonnettes*, le règlement est d'une tolérance, et en même temps d'une rigidité tempérées qui font honneur à l'administration intérieure. On comprend qu'un prévenu n'est pas un coupable, et qu'il mérite les égards qu'on doit à l'homme qui peut être un innocent. Certes, ce n'est point chose facile que de savoir faire cette distinction, qui résume toute la science d'un bon directeur de prisons.

Aussi, est-ce aux *Madelonnettes* que les juges d'instruction envoient les inculpés que la nature de leurs délits ou leur position sociale recommandent aux égards et à la bienveillance de la justice incarnée dans un homme. Le nombre de ces privilégiés ne s'élève point au-dessus du chiffre de deux ou trois cents détenus. Car maintenant, d'après un arrêté du préfet de police d'une date toute récente, cette maison ne doit plus renfermer de condamnés.

Si les *Madelonnettes* sont considérées, en réalité, comme une prison de tolérance et d'humanité, *Sainte-Pélagie*, qui s'élève là-bas au bout de Paris, et à l'extrémité du Jardin-des-Plantes, passe généralement, dans l'opinion publique, pour une prison de bon ton. Ainsi le veut le monde, qui, dans des vues d'un sot orgueil, place la vanité et la fait loger, en quelque sorte, dans les murs d'une maison d'arrêt, ni plus ni moins que s'il s'agissait d'un palais des rois.

Comme les *Madelonnettes*, *Sainte-Pélagie* était, jadis, une maison de repenties, fondée par une comédienne dont elle prit le nom ; ici, les filles de distinction qui avaient à

demander pardon à Dieu ; là, les filles de la bourgeoisie qui
se promettaient bien de ne plus pécher ; les unes et les autres avaient choisi la retraite afin de se réconcilier avec leurs
consciences, en se rapprochant, dans la solitude, plus près
du ciel. Qui croirait que cette primitive distinction de rang
qui, avant 89, faisait remarquer ces deux établissements religieux, subsiste même de nos jours, où ce ne sont plus des
femmes repenties qui les habitent, mais des hommes souvent, hélas! fort peu repentants? — Cela est pourtant
vrai.

C'est, au reste, à *Sainte-Pélagie* que les prévenus privilégiés d'une certaine classe de la société sont envoyés ; c'est
à *Sainte-Pélagie* que les condamnés politiques, d'un ordre
inférieur, relativement au délit, vont subir leur peine ;
c'est à *Sainte-Pélagie* que Joséphine, plus tard la femme de
l'empereur ; que Pradel l'improvisateur, le général Allard,
Béranger, l'abbé Combalot, Lamennais, Félix Pyat et de
nombreux journalistes, sont venus et viennent encore satisfaire à la justice humaine. La religion, le talent, le génie et
le courage, tous les genres d'illustration, se sont donnés
rendez-vous dans ce séjour célèbre par ce seul fait de renommée passagère.

Et, à propos de Joséphine et de Béranger, nous pouvons
apprendre à nos lecteurs que les cellules occupées par ces
deux illustres personnages, existent encore dans toute leur
ancienne destination. Mais comme la prison est une espèce
de niveau passé sur la tête des hommes, ces deux monu-
ments qui, dans leur genre, rappellent des souvenirs précieux
à conserver et dignes aussi d'être respectés, sont, en quelque
sorte, profanés ; car, à l'heure où nous écrivons ces lignes,
la cellule de la future impératrice est occupée par un marchand de vin en détail ; et un souteneur de filles publiques
habite celle où notre immortel chansonnier a rêvé ses plus
belles poésies. Aujourd'hui, *Sainte-Pélagie* est la seule
maison de détention où les condamnés à des peines au-dessous d'un an soient envoyés. Ce qui, en augmentant le nombre des détenus qui s'élève au chiffre de *six cents*, a fait

baisser considérablement son ancienne réputation, tombée maintenant au rang ordinaire de simple maison de correction.

La prison de *Saint-Lazare*, sise vers le haut du faubourg Saint-Denis et destinée exclusivement à renfermer des femmes, sortant des bornes de cet article, nous lui consacrerons un chapitre spécial dans le cours de cet ouvrage.

C'est, au surplus, de ces diverses maisons, comme d'autant de rayons, que partent tous les jours des prévenus qui vont se faire juger au Palais, qui est le centre et le foyer de la justice. Que d'inconvénients cet éloignement, cet éparpillement des prisons n'entraîne-t-il point ? On pourra s'en rendre compte par la suite des détails que nous allons donner sur leur régime intérieur. Et comme, sous ce rapport, toutes les maisons d'arrêt se ressemblent à peu de chose près, nous prendrons pour terme de comparaison celle de Sainte-Pélagie, qu'on regarde généralement, à tort peut-être, comme la moins sévère. On ne pourra pas nous accuser ainsi d'avoir voulu outrer notre récit.

Quand un prévenu, sorti pour la première fois du cabinet du juge d'instruction, est écroué à Sainte-Pélagie, la vie des prisons s'offre à lui sous un aspect nouveau. Au dépôt, il a commencé le premier acte d'un drame dont il était le principal héros ; ce drame va en se compliquant successivement, jusqu'à un dénouement éloigné et qu'il n'entrevoit pas encore. A Sainte-Pélagie, se continue pour lui le second acte de la pièce. Ici les formalités d'usage : nouveau signalement, inspection nouvelle, et ce n'est qu'après avoir été enregistré, couché sur livre, fouillé, visité, qu'on l'installe enfin au quartier des prévenus, dit *la cour de la dette*.

Après tant de tribulations, d'ennuyeuses précautions, de futiles formalités, ce serait presque du bonheur que cette installation domiciliaire d'une prison, si, au milieu de toutes les épreuves qu'il faut subir dans les bureaux, aux guichets, en tous lieux, on n'était indigné de la rudesse des paroles, de la dureté des procédés et de la brutale impolitesse des employés subalternes. Est-ce que le service des prisons, nous sommes-nous dit souvent, ne peut s'accomplir qu'à cette inhumaine condition? Ou bien, accoutumés à ne considérer des prisonniers que comme des machines à leur usage, ces mercenaires ont-ils l'habitude de les traiter de la même manière? Ou bien encore, ces porte-clefs doivent-ils au défaut d'éducation ce genre brutal qui les distingue? Il peut y avoir un peu de tout cela dans le fait de notre observation.

Quoi qu'il en soit, nous ne faisons connaître que ce que personne n'ignore, pas plus les directeurs que les inspecteurs des prisons. Aussi, en apprenant que des corps religieux, tels que ceux des frères, allaient être appelés à remplir les emplois inférieurs des maisons de correction, nous n'avons pu nous empêcher de manifester en nous-mêmes un sentiment de satisfaction dans l'intérêt seul de l'humanité. Car des hommes consacrés au service de Dieu devront avoir au moins l'instinct de la charité chrétienne qu'ils sauront mêler à l'accomplissement de leurs pénibles devoirs.

Dès que ces diverses épreuves ont été subies, il en reste bien d'autres encore à affronter; car la vie du prisonnier est une lutte continuelle de sa liberté contre le plus dur et le plus honteux esclavage. La principale épreuve, après tant d'autres, est celle de la nourriture, qui se compose tous les jours d'un pain noir du poids de *une livre et demie*, d'une grande cuillerée de potage et d'une semblable cuillerée de légumes, tels que pois, haricots, riz et pommes de terre alternativement. Les jeudis et les dimanches seulement on leur substitue une égale portion de bouillon gras le matin, et *quatre onces* environ de viande le soir. C'est plus qu'il n'en faut pour ne pas mourir de faim, ce n'est pas assez pour vivre. Nous ne savons plus quel est le ministre qui, du haut de la tribune de la Chambre des Députés, a dit que beaucoup d'ouvriers seraient fort heureux d'avoir les vivres des prisonniers. Nous ne voulons point donner un démenti formel à son assertion, mais nous affirmons qu'à défaut d'autres aliments supplémentaires, un individu forcé de se nourrir exclusivement des vivres de l'administration, quoi-

que d'une robuste constitution, doit, après quelques mois
de détention, sortir des prisons le corps délabré ou y mourir.
Telle est la vérité par rapport à la quantité de la nourriture.

Quant à la qualité, nous en dirons un mot au titre des inspecteurs. Nous prions nos lecteurs de croire que notre intention n'est nullement de faire ici de la critique. Nous
racontons simplement ce qui est, ce que nous savons, ce
que tous les prisonniers savent. Le reste de l'entretien, tel
que l'habillement, le coucher, le linge, etc., est convenable,
grâce à la générosité d'une princesse qui a amélioré, par ses
largesses, le sort des prisonniers. Ceux-ci conserveront éternellement le souvenir de la duchesse de Berri, qui, en con-
stituant des fonds pour le vestiaire et l'entretien des détenus, commença une importante réforme, qu'on a continuée
depuis dans le régime des prisons si déplorable avant elle.
Maintenant les prisonniers sont habillés, tandis que la plupart étaient nus; ils reposent sur des lits, tandis qu'ils cou-
chaient sur la paille. Honneur donc à la charité de cette
princesse! Les bénédictions des malheureux l'accompagnent
jusque dans son exil.

À la science des heures de repas, que tout prisonnier apprend bientôt, il faut ajouter encore la facilité avec laquelle
il parvient à se familiariser avec les termes de la prison. Le
malheur et la nécessité sont deux bien grands maîtres! Ainsi,
peu de personnes savent ce que c'est que *le parloir des
singes, la volière, le panier à salade* et *la souricière*, attendu que le Dictionnaire de l'Académie n'a pas enrichi
notre langue de ces néologismes. Pour si peu que le lecteur
tienne à les connaître, nous pourrons satisfaire sa curiosité.

Si un prisonnier a une famille, des parents, un ami, la
voix du sang et celle de l'amitié doivent indubitablement
les appeler auprès de lui. L'Évangile n'a-t-il pas dit: *Visi-
tez les prisonniers?* et il en a fait une vertu. L'administration des prisons, représentée par M. le préfet de police, et
qui n'est pas l'Évangile, a permis aussi ces visites, mais avec
des restrictions, avec des conditions, avec des entraves.

Elle a fait construire, pour cet objet, une double cage à barreaux de bois et à treillis en fil de fer. Cette double cage est séparée par une allée qu'un gardien sillonne d'un bout à l'autre; de manière que le visiteur est dans une case, le visité dans l'autre, et le gardien entre les deux. On appelle ce réduit *le parloir des singes*, par analogie avec la loge que ces animaux possèdent dans le Jardin-des-Plantes. Quel a été le but de l'administration en faisant construire cette double cage? Nous ne pensons point que, mue par une pensée inhumaine, elle ait voulu comprimer, par ce moyen, les affections du cœur ou étouffer les sentiments du malheur et de la pitié; car la vue seule du *parloir des singes* suffit pour les surexciter. Mais par convenance, par nécessité même, ne devrait-on point rapprocher les visiteurs des visités, sinon pour leur commodité, du moins par respect pour les confidences intimes? Ne serait-il point possible d'empêcher les communications prohibées sans violer les lois de la nature? Est-il donc bien difficile de concilier les règlements de police avec l'humanité?

Après le *parloir des singes*, la singularité la plus curieuse de la prison est la *volière*. Un prévenu s'attend tous les jours à être interrogé, c'est une des occupations les plus actives de son esprit; c'est la seule qui l'absorbe tout entier, parce que ces biens les plus chers à son cœur, *la liberté* et *l'honneur*, ne peuvent lui être restitués que par suite de son instruction.

Or, lorsqu'il est inscrit sur la feuille du greffe pour *descendre* au Palais, vers les dix heures à peu près du matin, selon le caprice ou l'heure du déjeuner de messieurs les porte-clefs, il est conduit dans une partie séparée du bâtiment, et renfermé là, lui et ses compagnons d'infortune qui font le même voyage, dans un espace étroit en forme de loge, entièrement grillée à la façon du *parloir des singes*. Cette cage s'appelle *volière*, nom qui lui a été donné parce qu'elle en a absolument la forme. Comme la *volière* destinée à contenir les animaux de la basse-cour, celle-ci renferme des hommes destinés aussi à attendre les ordres de leurs maîtres. Ce qui

3

est fort singulier pour ces derniers, c'est qu'ils sont, en outre, à la disposition des voitures de transport, dont les heures d'arrivée sont toujours incertaines. En prison, dans l'ordre du service, les chevaux viennent avant les hommes. Pauvre humanité !

Vous désirez sans doute savoir encore ce que c'est que le *panier à salade?* Avez-vous jamais vu, dans les rues de Paris, une espèce de boîte doublée en fer et hermétiquement fermée sous forme de carriole, traînée par deux maigres chevaux et escortée par un ou deux gendarmes à cheval? C'est le *panier à salade.* Là, quatre, six, huit individus, selon la dimension de la susdite voiture, pressés, serrés, entassés, se rendent ainsi, par bonds et par sauts, de la prison au Palais, ou reviennent du Palais à la prison. Les passants, qui voient rouler ces machines à leurs côtés, ne se doutent guère qu'il y ait des hommes dans leur intérieur. Il fut un temps où nous-mêmes, heureuse naïveté ! nous les prenions pour des fourgons au service du transport des vivres de l'intendance militaire. Nous étions dans l'erreur; il faut pourtant que leur appropriation paraisse bien étrange, puisque les employés eux-mêmes de ce service se demandent entre eux, en s'abordant, *s'ils ont beaucoup de viande à traîner,* faisant allusion au nombre des prisonniers destinés au transport. Et pourtant, ce sont des hommes qui sont là-dedans, des hommes qui ne sont appelés qu'auprès d'un juge d'instruction, et que la justice doit regarder encore comme innocents.

Arrivés à la Conciergerie, on les dépose, ou mieux encore, on les *déballe,* style des conducteurs, du *panier à salade,* en un lieu nommé la *Souricière,* autre nouvelle désignation.

Quelqu'un de nos lecteurs, placé au-dessus du Pont-aux-Changes, et la face tournée vers le quai de l'Horloge, s'est-il jamais amusé à voir couler la Seine? S'il est quelqu'un qui ait eu cette fantaisie, il a dû remarquer une ligne grise que l'eau qui fuit laisse sur le mur du quai. Eh bien ! cette ligne grise est tracée juste au niveau du sol de la *Souricière,* sa voisine, car la *Souricière* n'est autre chose qu'un cachot dont la voûte est presque à la hauteur de la chaussée de la rue. C'est dans ce souterrain froid, sans autres sièges que des dalles humides, qu'on tient en réserve de malheureux prévenus qui attendent debout, pendant six et sept heures de la journée, que le juge d'instruction les appelle dans son cabinet. Heureux quand ils n'ont point fait inutilement ce voyage! parfois ils sont oubliés du juge d'instruction.

A part ces sortes de désagréments, les émotions du cœur qui torturent, les souvenirs de la famille qui oppressent l'ame, les humiliations inséparables d'un règlement absurde en plus d'un point, les luttes incessantes qui se produisent entre la crainte et l'espérance, *Sainte-Pélagie* est, sous le rapport du régime, la moins mauvaise de toutes les prisons de la Seine. Son administration, sauf quelques réformes indispensables, est aussi régulière que possible, et, comme dans les autres maisons de détention, son personnel se compose d'un directeur, d'un aumônier et d'un greffier. Nous ne parlons point des employés inférieurs qui ne sont que des accessoires.

Le temps a bien changé la nature des personnes et des choses; tout se transforme avec les siècles : mœurs, usages, civilisations. Ainsi, autrefois, celui qui était chargé du service en chef d'une prison, s'appelait *geôlier* ou *porte-clefs*; il était obligé de revêtir un costume officiel de couleur sombre, sur lequel on voyait des clefs brodées en sautoir; c'était le caractère distinctif de son emploi, comme le costume mi-partie jaune et rouge était celui du bourreau. Ainsi le voulaient les mœurs de nos pères, à une époque où les dignités et les fonctions faisaient tout l'homme.

Aujourd'hui, le titre de geôlier n'existe plus officiellement; ce nom vieilli a cédé sa place à un autre plus moderne, à celui de directeur. A mesure que le progrès pénètre dans les idées d'un peuple, il s'opère une révolution analogue dans les signes qui représentent ces mêmes idées. La prison se compose d'une multitude d'individus qu'il faut surveiller et gouverner; c'est un peuple qu'il faut savoir soumettre et plier sous le joug d'une règle et d'une discipline communes. Pour réaliser cette œuvre bien difficile, un homme de raison, de force morale et d'un esprit droit est nécessaire : cet homme a été appelé *directeur*; ce nom seul convenait à un tel fonctionnaire. Nous pouvons, au reste, en juger par les obligations mêmes de sa charge.

Or, quelles sont les obligations d'un directeur?

Un directeur est préposé non-seulement à la conservation du matériel, mais c'est encore un devoir, pour lui, de surveiller le moral d'une prison. Se faire obéir par ses employés, diriger leur service, stimuler ou réprimer leur zèle; à l'égard des détenus, avant toutes choses, voir en eux des hommes, les contraindre à l'exécution du règlement, tempérer ce qu'il pourrait avoir de trop rude, ne point irriter leur caractère souvent aigri par l'infortune, écouter leurs plaintes et faire droit à leurs justes demandes; en un mot, les gouverner avec équité : telles sont les fonctions d'un bon directeur; et certes, elles ne sont point faciles à remplir. Aussi, l'administration supérieure, si elle comprend bien ses devoirs, ne saurait-elle trop s'étudier à bien choisir un tel fonctionnaire.

Ce que le directeur fait pour le temporel, l'aumônier doit le réaliser pour le spirituel. A l'un, les choses d'ici-bas; à l'autre, les affaires d'en haut. Que la religion est utile! que la mission d'un prêtre est sainte sur la terre! mais combien celle d'un aumônier est grande dans une prison! Si l'on scrute profondément le cœur de cette foule d'hommes que la loi tient en réserve pour les frapper ou les absoudre, on trouve que le plus grand nombre d'entre eux manque du sens moral. L'absence de toute croyance, le vice hideux, une honteuse dépravation, le dérèglement, le matérialisme et le doute, voilà ce qui compose la morale de cette classe d'individus. Qui peut apporter un remède efficace à ce mal des prisons? Est-ce la loi, ou bien la force brutale? Évidemment non. A la religion seule appartient le soin de cette guérison, car elle seule a la puissance de moralisation qui échappe à toute science humaine. Otez des prisons l'aumônier, cet autre Vincent de Paule, la justice sera impuissante non-seulement à corriger, mais encore à soulager le mal moral qui les infecte et les travaille.

Aussi, quand un digne prêtre, attaché à ce ministère tout de dévouement et de sacrifices, se pénètre bien de sa haute et sainte mission, et il en est qui en sont profondément pénétrés, la loi et la société trouvent en lui un puissant auxiliaire, car il fait, sous les verroux, pour ces êtres couverts de la lèpre du vice avec lesquels il s'enferme, ce que la société a négligé de faire dans son sein : il sème dans leurs cœurs les germes d'une réforme religieuse à la place d'une réforme morale qui leur a fait défaut; et il répare de la sorte, en prison, les torts que la société doit se reprocher à elle-même. C'est par de tels actes que le ministère du prêtre s'agrandit, qu'il s'élève et devient véritablement réformateur. Que de souffrances physiques, que de peines morales ne soulage-t-il point? Que de maux de l'ame et de l'esprit sa parole divine ne guérit-elle point? Que de bien, en un mot, cet envoyé du ciel ne fait-il point dans ce lieu d'exil et de misères? C'est le cas de dire que, si l'aumônier des prisons n'existait point, il faudrait l'inventer; car l'homme déchu ne peut se relever que par la main de Dieu!

Si le directeur doit être regardé comme l'œil du maître dans une prison, l'aumônier comme l'ange consolateur, le greffier en est le régulateur; c'est lui qui enregistre, contrôle, inventorie les hommes et les choses, les meubles et les immeubles de la maison. Dans ce sens, son emploi est le plus lourd et le plus difficile de l'établissement. Pour peu qu'un greffier exerce depuis quelques années, il a dû voir passer sous ses yeux bien des têtes, bien des physionomies, bien des misères, bien des infortunes. Quel poste que le sien!

Il ne nous reste maintenant, pour terminer ce chapitre, qu'à faire connaître la mission importante et si peu comprise de deux hauts personnages attachés aux prisons : celle du juge d'instruction et de l'inspecteur général en tournée.

Nous ne voulons point que rien de tout ce qui se rattache à notre sujet passe inaperçu et se perde dans l'ombre ; il faut que le voile qui couvre les mystères des prisons soit enfin déchiré.

Il est un article de notre code qui fait un devoir à tout juge d'instruction de visiter, tous les mois, les différentes prisons d'arrêt de la Seine, afin de recueillir les dires, observations ou plaintes que les prévenus peuvent avoir besoin d'adresser à l'autorité judiciaire. Cette visite mensuelle a lieu, en effet, très-exactement. Ainsi, à la fin de chaque mois, tous les détenus se mettent sur deux rangs, dans la cour de la prévention, et défilent devant le magistrat nommé *ad hoc*, assisté de son greffier, du directeur de la maison, etc. Quel est le résultat de cette revue officielle ? — Aucun.

Car si un détenu sortant des rangs va se plaindre de la longueur du temps de sa prévention, ce magistrat lui répond fort gravement qu'il faut en attribuer la cause à la nature de son affaire. Si un second détenu réclame contre le retard qu'éprouvent certaines pièces adressées au parquet, il promet d'en prendre note. Si un troisième lui dénonce un fait, plusieurs faits d'arbitraire à lui personnels, il décline, en cela, sa compétence ; de sorte qu'après trois ou quatre questions et autant de réponses du même genre, on fait rompre les rangs, et les choses continuent à aller leur train habituel ; c'est-à-dire que le juge d'instruction retourne bien vite dans son cabinet pour rédiger et signer un procès-verbal négatif de quelques lignes, et que les prisonniers, comme par le passé, attendent du ciel et de la providence que l'heure de la justice sonne pour eux. Cette visite n'est, en résumé, qu'une pure formalité.

A la rigueur, on pourrait se passer de cette représentation mensuelle, attendu qu'elle est à peu près inutile. La visite de l'inspecteur général, qui devrait avoir des résultats bien autrement positifs que la visite du juge d'instruction, celle-là n'a lieu presque jamais dans l'intérieur de la prison ; ou si par hasard elle s'effectue, ce n'est toujours que d'une manière imparfaite, ainsi que nous le constaterons ailleurs.

A quoi servent donc les inspecteurs généraux des prisons?
Est-ce en ne faisant qu'une apparition de quelques minutes
dans le cabinet du directeur qu'ils peuvent étudier les réformes à introduire dans le régime de ces maisons? Est-ce que,
dans plus d'un cas, leur intervention ne devient point indispensable? Ainsi, la nourriture des prisons est souvent
mauvaise; le pain n'est point de bonne qualité ou il n'a pas
le poids requis; le service intérieur est mal fait; les droits
des détenus sont méconnus; l'arbitraire tient lieu, dans plus
d'une circonstance, d'un règlement interprétatif; enfin, on
a des plaintes à formuler ou des torts graves à faire redresser.
Pourquoi un inspecteur général, dont la mission est toute
dans un but d'humanité et de conciliation, ne se prête-t-il
point à la remplir? Nous l'ignorons. Mais ce que nous savons fort bien, c'est qu'on ne voit jamais les inspecteurs
généraux dans les quartiers des prévenus. Nous dirons dans
la suite de cet ouvrage s'ils sont plus exacts à remplir cette
partie de leur service dans les quartiers des condamnés.

CHAPITRE IV.

Mœurs et physiologie des prévenus. — Catégorie des crimes et des délits. — Assassins, faux monnayeurs, banqueroutiers frauduleux, voleurs de profession, etc. — Types divers.

On se fait dans la société une étrange idée de la justice et des justiciables; on est très-absolu pour l'une, on est trop exclusif à l'égard des autres. Ainsi, dans l'esprit d'un grand nombre de personnes, la prison s'offre comme un lieu de réprobation, ne renfermant que des êtres foncièrement coupables, indignes d'aucune pitié ni commisération. C'est là une erreur, et une très-grande erreur; juger ainsi, c'est voir la prison à travers un prisme trompeur.

Pénétrons donc dans l'intérieur de ces hospices, destinés non pas à guérir, mais à tenir resserrés ces malades tourmentés du mal moral que la loi appelle crimes et délits. Qu'on ouvre ces immenses portes de fer! Traversons ces guichets, ces couloirs sombres, et, après de longs détours, arrivons enfin dans ces vastes cours où fourmillent tant d'infortunés. Approchons de ces divers groupes!

Là, parmi ce peuple de prévenus, un tiers a été poussé au crime ou au délit par une irrésistible fatalité; le second tiers forme la catégorie de la race perdue par le vice; l'autre tiers est composé des victimes des erreurs judiciaires ou des méchancetés humaines. Cette masse d'individus gémit sous un joug commun ; elle est attachée à la même chaîne ; elle obéit aux mêmes injonctions. Mais quelle différence dans les impressions et dans les souffrances physiques et morales ! A voir les uns rire, jouer, folâtrer ; les autres se traîner pâles, tristes, mornes et le front penché, ne croirait-on pas avoir distingué parmi eux le coupable de l'innocent? On le croirait selon le témoignage des apparences ; et l'on pourrait être le jouet d'une trompeuse illusion.

Voyez-vous ce grand blond, à la figure douce et rieuse, aux manières pleines d'un laisser-aller aristocratique, et qui discute avec calme et sang-froid? On le prendrait d'abord, à sa bonne mine et à sa politesse, pour un intrus dans une réunion de malfaiteurs. Eh bien ! cet homme, si honnête en apparence, est un assassin ! La prévention lui reproche trois meurtres et deux tentatives d'assassinat. Ce bonhomme d'un nouveau genre a spéculé sur la vie de ses semblables comme sur une marchandise de bon aloi. « J'étais né, dit-il, pour « vivre et briller aux premiers rangs dans la société. La « nature m'avait doué d'un beau physique, d'une intelli- « gence large et d'une imagination vive. L'éducation était « venue mal à propos perfectionner ces dons de la nature. « Je pouvais m'en passer ; car pour être heureux, il ne me « fallait qu'une seule chose : la fortune. Elle m'a fait défaut, « la capricieuse. Alors, j'ai voulu la forcer jusque dans ses « derniers retranchements. J'ai arraché par violence à la « société ce que la société ne voulait point me donner de « plein gré. J'avais besoin d'or, je prenais de l'or là où « j'en trouvais. Mais comme j'exposais ma liberté, je la « sauvegardais *quand même*. Si un obstacle s'offrait devant « moi, je le brisais. C'est ce que j'ai fait pendant dix années « de ma vie. Mais, vaincu dans la lutte que j'avais provo- « quée par nécessité, j'ai cédé devant la force. Voilà ce qui « explique ma présence ici, dans cette prison, après trois « obstacles brisés et deux résistances. Ainsi, j'ai joué gros « jeu ; j'ai perdu la partie, au bourreau maintenant la « mise ! »

Cet homme qui tient un pareil langage, s'appellerait Lacenaire ou de tout autre nom. La nature des criminels de ce genre est une véritable énigme, leur existence une espèce de fatalité, et leur évangile un matérialisme sensuel. Vivre pour jouir, et dans la jouissance ne voir que soi, telle est leur philosophie; ce qui autorise le cynisme froid de cet homme qui a, dit-il, hâte d'en finir avec la vie.

Lorsque la justice retranche de tels membres du corps social, elle accomplit un devoir qui, pour elle, ne s'explique que par la loi d'une rigoureuse nécessité.

Cependant, il est une gradation dans la culpabilité des assassins. Il faut bien se garder de croire que, parmi ces êtres qui souillent leurs mains dans le sang de leurs semblables, tous soient également criminels. Les uns tuent par principe, par vocation, par calcul. Poussés par leurs appétits féroces, ils commencent par abdiquer tout sentiment humain, et, devenus brutes, en quelque sorte, ils en assouvissent les instincts. Ceux-là ne sont effrayés ni par la terreur des peines, ni par l'idée de l'échafaud. Leur préméditation se résume, en eux, dans un tour de force qu'ils tentent à leurs risques et périls ; tant pis si leur tour de force a été un saut périlleux. Les autres deviennent assassins par circonstance. Coupables dans le fait, dans la cause, ils ne le sont point d'intention.

Un voleur est surpris en flagrant délit : l'intérêt de sa propre conservation, celui de sa liberté se réveillent en lui; et, pour se soustraire à la main de la justice, il brise les résistances qui s'opposent à sa fuite. Ces résistances sont quelquefois la vie d'un homme ; il y a une victime et un meurtrier. Qu'a-t-on à déplorer? un malheur et un crime consommés dans des circonstances fatales, en dehors d'une prévision calculée. Combien d'autres encore qui, incités par une passion violente, ne se rendent pas compte de l'acte qu'ils exécutent ! La rage, la fureur, une espèce de folie sont les circonstances, les causes qui accompagnent la perpétration d'un crime dont une mort violente est la conséquence.

Tous ces divers coupables sont frappés également par le
glaive de la justice, et ils paient de leur tête la mort à jamais regrettable d'une victime. Mais si la loi ne distingue
pas toujours entre eux, la philosophie se substitue aux rigueurs, aux exigences de la loi. A ses yeux, la tête d'un de
ces criminels qui roule sur l'échafaud, peut venger la société; elle ne lui sert pas de leçon. Qui ne sait que le criminel ne s'épouvante jamais à l'idée du crime? Il ne se fait
point même une idée de la peine. Si donc la société ne moralise point l'individu; si l'éducation naturelle ne l'a pas
formé dans la pratique des vertus; si les germes du bon et
de l'honnête n'ont pas été développés dans son cœur; si le feu
des passions n'a pas été modéré dans la première ardeur de
l'âge, qu'importent les châtiments dont la loi menace les
coupables! L'échafaud seul est impuissant pour moraliser;
c'est un fantôme qui n'effraie point parce qu'il est vu à
trop grande distance.

Le caractère des grands assassins se dessine en prison
dans toute son effrayante réalité; c'est là seulement qu'on
peut bien l'étudier. Celui du faux monnayeur offre moins
de perspective, parce qu'il suppose dans l'individu moins
d'instinct de criminalité. Un scélérat tue son semblable;
c'est quelquefois le génie qui fait le faux monnayeur.

Un homme à la taille élancée, sec, maigre, se promène seul
dans un angle de la cour. Sa tête osseuse, ses traits fortement accentués et son front large le distinguent de tous les
autres détenus par cette supériorité d'intelligence qui éclate
dans ses yeux et sur toute sa physionomie. Il est silencieux
et pensif. Abordez-le, et, en votre qualité de prisonnier
comme lui, si vous lui demandez quelle est son *affaire*, il
vous répondra de sa voix douce et calme, sans nul embarras : « Je suis accusé d'avoir fabriqué de la fausse monnaie.
C'est la troisième fois que j'ai à répondre pour ce fait devant
la justice. Condamné à mort par contumace, j'ai quitté ma
province, où cette sentence avait été rendue contre moi. J'ai
changé de nom, puisque le mien ne me convenait plus, et je
suis venu à Paris chercher avec un refuge le moyen de faire

concurrence au gouvernement. J'ai battu monnaie ; et moins heureux cette fois, j'ai été condamné selon toute la rigueur de la loi. Avec de la persévérance et du bonheur, on vient à bout de tout. Ma bonne conduite, quelques talents et la clémence royale ont brisé ma chaîne de forçat. Rentré dans la société, quel parti pouvais-je prendre ? Je me suis laissé entraîner à mon penchant, et j'ai battu de nouveau monnaie. Mais cette fois, c'était à désespérer le directeur même de la Monnaie, car j'ai frappé des pièces de dix centimes qui avaient un libre cours. Quelques plaques de cuivre, un laminoir, deux balanciers et une empreinte me suffisaient pour faire en peu de temps une immense fortune. Mais ils m'ont vendu trop tôt, les misérables ! »

Si vous lui demandez comment, après deux leçons aussi rudes, il ne s'était point corrigé de sa manie ?

— « Une manie ! vous répondra-t-il ; vous appelez cela une manie ; mais battre monnaie, chez moi, est un penchant irrésistible. Toute ma vie, toute mon existence sont dans ces deux mots : *frapper monnaie !* Vous ne concevez point, vous, tout le plaisir qu'on a de dire au gouvernement : Je puis te contrefaire ; je puis m'enrichir à tes propres dépens ; et lorsque j'aurai de l'or plus qu'il ne m'en faut, je veux t'étonner par mon industrie ; car, à l'idée de fortune, j'attachais mon ambition à former un établissement de mécanique, à bouleverser la science elle-même. J'avais là, dans ma tête, une grande pensée ; on l'a étouffée au moment où elle allait éclore. Voilà mon seul regret ! »

L'homme qui tient ce langage étonne, il est vrai, par son vaste talent de mécanicien, par ses inventions et ses nombreux travaux, par son génie. Cet homme, qui parle de richesses et de fortune avec autant d'enthousiasme, a été toujours sobre, sans vices et sans passions ; il n'a eu, dans toute sa vie, qu'une seule ambition : celle qu'il croyait légitimer par ses œuvres. Vous le voyez encore aujourd'hui tranquille et confiant en son avenir ; il attend son sort avec un calme et une résignation vraiment stoïques.

La fausse monnaie est un crime exceptionnel. Comme

tous les genres de faux, à moins qu'ils ne soient continus et persistants, ce crime porte avec lui l'apparence d'une excuse dans la sottise et le besoin qui en sont les mobiles.

Cependant, la loi, si sévère dans la pénalité, ne distingue pas assez le faussaire du moment, d'un jour, de la nécessité, du faussaire par spéculation et par calcul. Ainsi, un notaire, un fonctionnaire public, un financier enrichis par des manœuvres criminelles, seront punis de la même peine que l'homme le plus obscur qui aura acheté un morceau de pain par une bassesse; et tandis que les uns viennent étaler en prison le luxe de leurs honteuses spéculations, l'autre cache la même ignominie sous les haillons de la misère. Où est l'égalité entre ces deux coupables du même crime ?

Quelle école de mœurs, grand Dieu ! que l'intérieur d'une prison ! Nous venons de tracer le portrait de trois races de criminels; nous allons esquisser celui d'une quatrième espèce.

De tous les détenus qui fourmillent dans les maisons d'arrêt de la Seine, il n'en est point dont l'existence étrange soit plus en saillie que celle du banqueroutier frauduleux. En général, la morgue du commerçant, le *doit* et l'*avoir* de son grand-livre, l'esprit de lucre et les manières étroites du marchand de détail ressortent de son individualité. En thèse générale, le banqueroutier frauduleux a sa fortune toute faite en venant en prison; il a *son magot au sac*, comme disent les repris de justice. Aussi ne se refuse-t-il ni soins, ni douceurs, ni bien-être, ni confortable, en dehors des précautions qu'il prend pour paraître victime de ses opérations commerciales. Il est, par sa position financière, le grand seigneur, le roi des prisonniers; et, après cinq ans de la plus paisible captivité, le pauvre homme rentre dans la société avec ses vingt mille livres de rente.

Tournez vos regards du côté de ce bâtiment appelé le quartier du *pavillon*, et portez-les sur ce gros et joufflu personnage, à la figure épanouie, qui semble tout satisfait de sa personne; il digère, en ce moment, fort à son aise, un repas copieux et varié qui se renouvelle, tous les jours, aussi copieux et aussi varié. Il est frais et gras, son ventre prend insensiblement de nouveaux accroissements. Êtes-vous disciple de Gall ou de Lavater? approchez de lui et tâtez son crâne; vous trouverez bien sûr la bosse du banqueroutier frauduleux dans son plus vaste développement. Sa faillite n'est, au reste, que de cinq millions et quelques mille francs; il vous dira que, liquidation faite, les créanciers n'auront que 12 pour 100 de dividende; quant à lui, c'est bien autre chose, il s'est réservé la différence.

Or, cette différence représente environ un capital de douze cent mille francs. Aussi, voyez comme sa physionomie s'épanouit de joie à cette idée! c'est que l'avenir de la prison lui est escompté d'avance à gros intérêts. Un jour viendra où il sera plus honnête homme encore que par le passé. Ah! si la justice voulait, si elle savait, si elle pouvait... Combien ne serait-elle pas plus juste encore?

Ce que le banqueroutier frauduleux a exécuté par une spéculation longtemps méditée, le voleur de profession, lui, le fait spontanément, et, en quelque sorte, par vocation. Ce sont deux larrons : mais le premier vole à coup sûr, le code à la main et la patente dans la poche; le second vole à ses risques et périls; voilà toute la différence qui les distingue. Que de tribulations, pourtant, dans l'existence de ce dernier!

Vivre d'industrie et passer son temps dans les bruits des fêtes et des plaisirs; fouler par désœuvrement le bitume des boulevarts; n'exister qu'au jour le jour, et, comme le limaçon, porter sur soi sa fortune, son bagage et tout son mobilier; fréquenter tous les quartiers en y exerçant plus de vingt métiers; soutirer aux jobards et aux gens bien mis l'argent du pain quotidien qu'il partage, le soir, avec ses amis; enfin, en amour, vivre d'inconstance et de folies, tel est le portrait que les romanciers ont tracé du voleur de profession, sous le nom plus poétique du bohémien de Paris.

Ainsi, ce genre d'industriels, puisqu'il faut les appeler de ce nom consacré par l'usage, forme une classe d'individus qui ont un dictionnaire et un idiôme particuliers; des mœurs différentes des mœurs ordinaires de la société ; une existence pleine d'originalité, de bruit et de mouvement ; et composent une corporation dont peu de gens, pas même la justice, ne connaissent les coutumes et les usages. Combien aussi les vers des poètes qui les ont chantés diffèrent de la réalité! Nous allons suppléer à l'idéal de la poésie par les récits sévères de l'histoire.

Avant que le voleur de profession ait eu un premier démêlé avec la justice, il a déjà fait un grand pas dans la nouvelle carrière industrielle qu'il a embrassée. Né, comme tous les autres hommes, avec des penchants vers le bien et vers le mal, il n'a incliné, presque toujours, vers ce dernier, qu'après avoir été abandonné par la famille ou par la société. Placé ainsi entre le devoir d'un côté, la nécessité et le vice de l'autre, il a opté pour le vice comme besoin inévitable de sa position. Un orphelin sans appui, un enfant délaissé par ses parents, un jeune homme livré sans frein à toute la fougue de ses désirs, un naturel ardent qu'on a laissé emporter par la licence de ses actions, tels sont les êtres qui composent la tourbe des voleurs de profession. Si l'on ajoute à ceux-ci les libérés des maisons de correction, les repris de justice et les forçats, on aura une idée de cette classe d'industriels qui, en leur langue d'argot, s'appellent eux-mêmes LA PÈGRE.

Dans son organisation, *la pègre* comprend divers genres d'industriels connus sous les noms bizarres de *fourgue*, de *surineur*, d'*escarpe*, de *carroubleur*, de *fourline*, de *carreur*, de *grinche*, de *costel* et de *chanteur*. Entrons dans les détails de ces singulières dénominations, qui nous feront connaître l'espèce d'hommes avec lesquels la société est continuellement en lutte.

Le *fourgue* est la providence des voleurs, l'homme indispensable du métier, celui qui aide, qui encourage et qui protège le crime. En langage ordinaire on l'appelle *recéleur*. Il achète à vil prix les objets volés, les dénature s'il est possible, en empile ses magasins et les revend ensuite avec les plus minutieuses précautions. Aux yeux de la société, le fourgue est un être mystérieux, fécond en ressources et en expédients, cachant avec soin son domicile ou ses domiciles. Relégué dans les quartiers les plus obscurs de la capitale, il exerce sa profession dans l'ombre des taudis où il tient ses séances nocturnes. Quoique utile aux voleurs, il en est pourtant détesté, parce qu'il ne se prête point toujours à leurs capricieuses exigences, et qu'il spécule, d'ailleurs, sur d'énormes bénéfices. L'impérieuse nécessité, la crainte, le besoin d'argent sont les seuls liens qui les unissent ensemble. Le rôle du fourgue, dans la comédie du vol, est bien le plus difficile à remplir, ainsi qu'on peut en juger par le tableau suivant.

Balaam Turph, dit *le roi des fourgues*, occupe, dans un impasse de la rue Vieille-du Temple, un misérable taudis perdu dans l'encoignure d'une ruelle sale, humide et boueuse. Une porte antique cachée dans l'ombre, et un seul étage éclairé par une lucarne qui prend jour sur le cul-de-sac, composent toute l'architecture de sa façade extérieure. Quant on veut pénétrer dans son intérieur, la porte basse s'entrebâille, et le visiteur se coule dans une allée sombre et étroite, à l'extrémité de laquelle s'abaisse une trappe dérobée au pied d'un mur épais. Il descend alors cinq marches dont la pierre est rongée par le froid, l'ombre et l'humidité, et il arrive dans une partie isolée de ce réduit. Là, le taudis se transforme tout-à-coup en de grands appartements ou plutôt en de vastes magasins remplis de toutes sortes d'objets de bric-à-brac. Des armes à feu, des habits brodés appartenant à tous les régimes, des costumes de théâtre, des draperies de mille nuances sont accrochés ou appendus autour des murailles et jusque sous les plafonds de cet espèce de bazar. Des cannes à bec-de-corbin, à pommes d'or ou d'argent ciselées, des fauteuils antiques revêtant les formes les plus élégantes, les plus bizarres, les plus capricieuses, depuis les sièges de la renaissance jusqu'au règne de Louis XIV, et depuis les bergères si sévères, si coquettes de style de la Régence, jusqu'à nos modestes canapés, tout cela gît enfoui çà et là sous des tentures d'oripeaux flottants dont les dessins sont plus ou moins bizarres. Les centres de ces magasins sont garnis, en outre, de larges tables surchargées de pipes, de candélabres, de tableaux, de camées, de statuettes, confondus pêle-mêle au milieu d'autres objets d'art, composant, dans leur ensemble, un fouillis qui n'a de nom possible dans aucune langue.

Un étranger, un visiteur ordinaire se perdrait dans ce chaos de la friperie; mais si vous mettez à sa place un voleur de profession, Chevillard, par exemple, il traverse cette arche de bric-à-brac, enjambe les meubles, écarte de sa main rapide les chiffons qui gênent son passage et arrive bientôt devant un vieux tapis qui couvre le mur de la quatrième salle. En homme qui connaît son logis, il soulève aussitôt un coin de ce tapis déguenillé, et pénètre tout-à-coup dans un petit cabinet vert en forme de rotonde. Si Chevillard, le paquet sous le bras, est attendu, il se trouve face à face d'un individu gravement assis dans un large fauteuil eu cuir de Russie, occupé à compter de l'or empilé sur une table poudreuse, où le marché est bientôt conclu.

Après le *fourgue* dont nous venons de donner une idée, celui qui tient le premier rang dans la hiérarchie des malfaiteurs, est le *surineur*, ainsi nommé du mot *surin*, qui, dans la langue des voleurs, signifie *couteau*. Le *surineur*, dont le roman a fait mal à propos *chourineur*, assassine d'abord; il vole ensuite. Cet audacieux industriel avise, avant tout, sa victime, la frappe sans pitié, enfin la dévalise, la pille, la dépouille à son aise. Poulmann, dans le meurtre de l'aubergiste de Nangis, s'est fait le type hideux de ce genre de criminels.

Contrairement au surineur, l'*escarpe* ne tient qu'à voler; c'est là son seul et unique but. Pour l'atteindre, il attaque avec audace, et ce n'est que lorsqu'on oppose de la résistance qu'il tue. Mais si la victime consent à se laisser voler, il ne lui fait aucun mal. Fourrier était le chef de cette race de bandits jugés et condamnés sous le nom de *bande des escarpes*.

Le *carroubleur* ou *casseur de portes*, est le voleur par

effraction. Sa spécialité consiste à aviser l'hôtel d'un grand personnage, à prendre une exacte connaissance des lieux, et, après avoir mûri un projet de vol pendant des mois entiers, à le mettre à exécution avec habileté. Les carroubleurs du faubourg Saint-Germain, dont le fameux Flachat était un des plus intrépides, ont élevé ce genre de vol à sa plus haute expression. On sait que les sommes soustraites s'élevaient au chiffre de près de *cent mille francs.* Ils se divisent en plusieurs espèces : les uns accomplissent leurs méfaits en association de deux, trois ou quatre individus ; les autres exploitent seuls cette industrie, qu'il varient à l'infini. Rien de plus curieux ni de plus cynique à la fois que la théorie qu'ils développent effrontément à ce sujet. Leurs récits paraissent empruntés à l'histoire des Cartouche et des Mandrin, tant ils sont empreints d'une audacieuse scélératesse. « J'ai horreur du sang, disait un des chefs de leurs bandes ; la mort d'un homme est à mes yeux le plus noir des crimes. Voler, c'est autre chose ; ce qu'on prend à ses risques et périls est du domaine public. Tant pis pour celui qui ne sait point garder son bien ! Dieu nous a faits pour nous entr'aider, et celui qui possède oublie trop tôt celui qui n'a rien. Il faut alors que celui-ci le rappelle à ses devoirs. Voilà ma morale ! Qui n'en voudra pas la laissera ; quant à moi, j'en use. » Les carroubleurs sont, de tous les voleurs, les plus hardis, et ceux dont les *prises* sont les plus considérables.

Le voleur de bourses, celui qui fouille dans les poches, qui *fait* la montre et le foulard, le casseur de chaînes d'or, le détrousseur des passants ou des badauds, etc., tous ces industriels sont connus dans le dictionnaire de l'argot sous le nom générique de *fourlines.* Le nombre de ces voleurs fourmille dans Paris, sur les boulevarts, à l'Opéra, dans le Palais-Royal, au Jardin-des-Plantes, aux Champs-Élysées et dans les lieux publics. Les *fourlines* travaillent là où il y a foule, encombrement ; mais c'est principalement dans les poches de nos dames qu'ils exercent leur science. La vivacité de l'œil, une grande dextérité dans les mouvements de leurs mains, l'habileté dans le jeu de leurs doigts, sont les qualités qui les distinguent. Un bon fourline *file* (1) avec une rare supériorité plusieurs bourses dans une soirée, prend l'argent et se débarrasse de la *filoche* (2) dans la crainte de se compromettre. Pour lui, ce sont là les ruses du métier. Un trait de filouterie, raconté par l'un d'entre eux, nous fera mieux connaître le caractère des fourlines que des considérations générales.

« Un dimanche, vers les trois heures du soir, nous étions, Finoreille et moi, sur le boulevart du Temple, non loin de la fontaine aux lions, quant, tout-à-coup, souffle un vent violent qui emporte et jette le chapeau d'un *pantre* (3) dans l'eau du bassin. La foule accourt vers la fontaine pour voir repêcher le couvre-chef.

« — Bon ! dis-je alors à Finoreille, il y a *tine* (4), il faut *abouler* (5), nous aurons du *pèse* (6). Justement, nous étions tous deux dans la *débine* (7). J'approche, et me mêlant dans la foule, je travaille avec bonheur. J'étais à la huitième filoche, en train de *barbotter* (8), quand je sens, derrière moi, quelqu'un qui me faisait le foulard. J'entrevis du coin de l'œil que j'avais affaire à un mauvais *grinche* (9) en blouse bleue, qui probablement était à ses débuts. Je lui laissai le temps de *grinchir* mon foulard, un magnifique foulard, ma foi, auquel je tenais singulièrement. Il l'emportait, en le cachant sous la manche de sa blouse, juste au moment où je filais la filoche. Partons, dis-je alors à mon *zigue* (10), nous avons bonne prise.—Nous suivions le boulevart, moi, content de ma journée, mais le regret dans l'ame à propos de mon foulard, lorsque Finoreille me serrant le bras :

(1) *Filer* quelqu'un ou quelque chose, le suivre à la piste ou la voler avec adresse.
(2) *Filoche*, bourse d'argent pleine, garnie ou vide.
(3) *Pantre*, tout individu qui se laisse exploiter par les voleurs.
(4) *Tine*, assemblée, multitude, foule.
(5) *Abouler*, approcher.
(6) *Pèse*, argent monnayé.
(7) *Débine*, misère, être sans argent.
(8) *Barbotter*, fouiller, chercher.
(9) *Grinche*, petit voleur.
(10) *Zigue*, ami, camarade.

— Tiens, dit-il, voilà ton grinche!

— Puisque le voilà sur nos pas, il faut rire à ses dépens.

Je me dirige vers la chaussée, et, faisant un long détour, afin de nous trouver face à face, je vis qu'il déroulait le foulard pour l'admirer, juste au moment où je l'aborde. Il pâlit d'abord, perd contenance et cherche à le glisser sous sa blouse.

— Mon garçon, lui dis-je alors, tu es un bon enfant; n'est-ce pas? Eh bien! laisse-moi me moucher encore une fois dans mon foulard, je vais te le rendre.

— Monsieur, me répond - il en balbutiant, je ne sais ce que voulez...

— Me dire, n'est-il pas vrai? farceur! N'aie point peur; ne sais-tu point que je suis un camarade? Nous connaissons ça. Est-ce qu'on *frise un pègre* (1)?

— Comment! vous ne me trompez point! s'écria-t-il plus rassuré ; est-ce que vous seriez...

— Eh oui! un fourline comme toi. Je travaillais de mon côté quand tu me faisais le foulard. Vois plutôt ces filoches... Tu avais donc bien faim pour grinchir ainsi un foulard ?

— Ah dame! je n'avais rien mangé depuis hier matin.

— Puisque tu n'es pas bien *rupin* (2), vends-moi ton foulard, ou faisons un échange ; tiens cette bourse, la première qui tombe sous ma main, et donne le foulard... Parbleu! regarde, combien l'as - tu vendu? Il ouvre sa *filoche*, et, montrant de grands yeux :

— De l'or! s'écria-t-il; je n'ai pas perdu à l'échange : soixante-cinq francs!

— Tant mieux pour toi! je garde mon foulard ; adieu, et surtout bonne chance! »

A ce trait, qui peint le caractère du fourline en cours de fortune, nous pourrions en ajouter bien d'autres encore.

Le *carreur* est le compère du fourline. Pendant que celui-ci *travaille* et qu'il exploite les bourses des curieux et

(1) *Friser un pègre*, voler un voleur.
(2) *Rupin*, *être rupin*, signifie un homme bien mis, riche, etc.

des badauds, le carreur lui sert de second, se tient à ses
côtés et le protège. Quand l'objet est enlevé, il le lui passe
et dépiste ainsi les recherches. Le carreur est un compère
fort adroit, et même indispensable.

On appelle *grinche*, un volereau d'étalage de boutique en
plein vent, etc. C'est, dans la catégorie des voleurs, celui
dont on fait le moins de cas. Les grands voleurs le mépri-
sent, le repoussent de leurs sociétés, et, en termes de mépris, le relèguent dans la *basse pègre*, qui est, par rapport à la masse des malfaiteurs, ce que la canaille est au
peuple.

Sous le nom de *costel*, on entend un souteneur de
filles publiques. Cette race d'individus, dont la police ne se
préoccupe point assez, est la pire espèce des pègres. Au
métier qu'exerce le *costel*, il joint encore la spécialité du
vol et du recel; dans une bande de pègres, il est le chef, et
par droit de ruse, de friponnerie, d'audace, et par droit
de position et d'homme établi. La facilité qu'il a de faire
disparaître les objets dérobés, au moyen des femmes qu'il
fréquente, le rend un des ennemis les plus dangereux de la
société.

Enfin, le *chanteur* est un industriel de création nouvelle.
Il faut le dire à la honte de notre époque, il s'est introduit
dans les mœurs des hautes classes un genre de vice qui fait
honte à la nature. Au lieu de vouloir rester hommes et de
respecter l'union des deux sexes, nos modernes Alcibiades
ont trouvé qu'un seul sexe était suffisant. De là l'origine
des brutales passions qui prennent aujourd'hui un développement effrayant.

Mais comme, à côté du vice, la Providence, toujours sage,
semble avoir placé à propos la correction, ce genre de brutalité aristocratique a donné naissance à une espèce de voleurs qui ont pris le nom de chanteurs. Leur manière de
travailler s'appelle *chantage*. Elle consiste à lancer sur les
boulevarts, sur les promenades et dans les lieux publics de
jeunes garçons, ou bien à les introduire dans les hôtels et
les palais de nos grands libertins jeunes et vieux. Dès que

le chanteur a formé ainsi une clientèle d'habitués, s'il veut les exploiter, il se présente dans leur domicile ; il intervient alors tout-à-coup, soit comme parent, soit comme officier de paix, et, au milieu des cris, des menaces, fait rançonner le riche capitaliste. Par ce moyen, la recette du *chantage* est abondante et sûre. Le nombre de cette espèce de spéculateurs est effrayant à Paris et dans les environs ; mais, ce qui est plus effrayant encore, c'est de trouver au nombre de leurs clients, des députés, des pairs de France, des banquiers, des officiers supérieurs et des magistrats des tribunaux et des cours royales. O temps ! ô mœurs !

Toute cette fourmillière de malfaiteurs grouille, se meut, s'agite en sens divers dans les mille quartiers de la capitale. Voleurs de toute sorte, ils pillent pour se livrer à l'orgie, et, dans l'orgie, ils dépensent des sommes énormes avec la même facilité qu'ils mettent pour les soustraire, car la prodigalité est un des principaux traits du caractère des voleurs de profession. Dépourvus de tout sentiment moral, sans affections, sans croyances, la vie n'est pour eux qu'une lutte, un combat où la victoire appartient au plus adroit, et où le vaincu doit se soumettre forcément à la loi du vainqueur.

Ainsi s'expliquent leur inconduite dans la société, leur patience dans les fers, et leur matérialisme à l'heure de la mort. C'est une chose digne d'observation, que la double nature qui distingue le voleur de profession étudié, soit en liberté, soit en prison. Qui croirait que le même individu qui, dans le monde, vit dans un certain bien-être, dans le confortable, dans l'aisance, puisse se résigner à subir sous les verroux toutes les privations, affronter toutes les exigences ? Rien n'est pourtant plus vrai ; son cynisme seul le dispute à sa patience.

A cette nomenclature de gens perdus qui se livrent au crime, à cette haute et basse pègre, à ces habitués des prisons, nous ne devons point négliger d'ajouter les faiseurs du grand monde, connus sous le nom d'escrocs : ceux-ci foisonnent dans la capitale. Comme les caméléons, ils re-

vêtent diverses formes qui les rendent plus ou moins in-
saisissables.

Cet homme de bon ton que vous rencontrez dans les
brillants salons de la haute aristocratie, qui vous étonne par
son luxe, par ses bonnes manières, par sa conversation
fine, légère et pleine d'esprit, savez-vous ce qu'il est? —
Un escroc. Ce jeune marquis à la toilette toujours irréprochable, que vous voyez en plein midi traverser les boulevarts dans un magnifique équipage, et, le soir, occuper
une loge d'avant-scène à l'Opéra, c'est encore un escroc.
Et ce haut fonctionnaire qui abrite sa réputation derrière
la noblesse de son nom et celle de sa famille; qui assiste
aux plus brillantes soirées de la capitale, qui se fait remarquer par ses paris et par les sommes considérables qu'il
gagne avec un bonheur inouï, qu'est-ce encore? Un escroc.
Enfin, l'escroquerie qui consiste à obtenir par des manœuvres frauduleuses du crédit, des marchandises, etc., est
maintenant à l'ordre du jour. On pourrait citer plus d'un
grand personnage qui, jouissant d'une certaine considération
dans les hautes régions de la société, use et abuse étrangement de ce crédit. Celui-là, il est vrai, ne figure jamais sur
les bancs de la police correctionnelle. Les grands escrocs rui-
nent leurs créanciers et ils échappent à la justice; les petits
escrocs ont le plus souvent l'intention de solder leurs em-
prunts, ils sont punis selon toute la rigueur des lois.

C'est en prison principalement que les faiblesses du siècle, les vices de la société, les erreurs de la nature humaine sont dévoilés dans toute leur nudité; c'est dans les
prisons que les magistrats et les philanthropes devraient venir étudier l'homme, les lois et les réformes qu'ils sont appelés à connaître. Bonnes gens! ils ne se doutent même
point de ce que peuvent être ces lieux de détention où ils
plongent, la loi à la main, tant de malheureux qui y gémissent sous le poids de leurs propres injustices.

Parcourons ensemble ces vastes salles, et, au milieu de ces
hommes viciés que la société a rejetés de son sein, nous trou-
verons les victimes des désolantes distinctions qui perdent

tant d'individus. A côté de ces êtres incorrigibles qui révoltent par leur cynisme, sont placés, comme contrastes, de tristes victimes des aberrations humaines. Voyez-vous cette espèce de crétin qui n'a de l'être raisonnable qu'une apparence informe ? — Il est accusé du crime de viol, commis sur une jeune personne de moins de quinze ans. La loi le destine aux travaux forcés à temps. S'il faut en juger par lui et par le petit nombre des prévenus de ce même crime, dont le naturel et les manières grotesques forment un ensemble bien bizarre, le vice des individus de cette catégorie est une énigme inexplicable. Est-ce que le viol, par exemple, serait chose rare dans la société ? Nullement ; il est malheureusement très-ordinaire. Mais, comme son impunité s'achète, et que les acheteurs sont des gens riches et souvent très-haut placés, les cas de viol tombent dans le domaine de l'oubli ; ce qui explique, au reste, l'exception qui les fait peser seulement sur la tête de ces quelques misérables sans caractère comme sans position.

Le même fait arrive pareillement pour les cas d'adultère. Dans le haut et dans le bas de la société, l'adultère, en France, est passé en quelque sorte en mode. Ainsi, en dépit des bonnes mœurs, on trafique de son honneur domestique, de sa femme et de sa réputation, avec la plus entière indifférence ; on vend et on achète la honte à la face de la société. D'où vient que les tribunaux voient comparaître si rarement à leur barre les auteurs de ce délit, réputé crime autrefois à l'époque où les adultères étaient brûlés en place de Grève ? C'est que les bonnes mœurs s'en vont avec l'impunité, et que l'on ne fait rien pour les conserver. Ceci nous rappelle l'aventure scandaleuse de ce ministre qui, surpris en flagrant délit d'adultère avec la femme d'un conseiller à la Cour royale, arrêta les poursuites commencées en faisant nommer le mari irrité à une première présidence. Et ce pair de France, académicien qui.... Mais hélas !

Si l'on est tolérant envers l'adultère, qui sape les fondements de la morale publique, on est, au moins, d'une sévérité outrée pour les *abus de confiance*, qui ne portent atteinte qu'au crédit privé. Que cela peint bien notre siècle égoïste, notre siècle d'argent! A Paris, les justices-de-paix, les tribunaux de commerce, les tribunaux civils sont déchargés d'un nombre considérable d'affaires qui, distraites de leurs juridictions particulières, sont portées, par une étrange confusion, devant la police correctionnelle. Cet abus, qui naît d'une fausse interprétation de la loi, s'est tellement enraciné dans les usages de la capitale, qu'il est presque passé en coutume écrite. Un marchand quelconque, un maître d'hôtel, un commerçant, le premier créancier venu qui tient à faire solder une dette contestée ou non contestée, a un moyen très-simple à sa disposition : il porte une plainte en *abus de confiance*.

Or, comme la confiance est un sentiment très-illimité en droit, et qu'avec l'élasticité des articles 405 et 406 du code pénal, on peut facilement établir son abus, il arrive qu'on saisit l'individu, objet de la plainte; on lui fait subir d'abord une détention préventive plus ou moins longue; on dirige ensuite une instruction contre lui, et, débiteur avec la meilleure foi possible, ou non débiteur, il est jugé. Voilà un homme perdu! Devant toute autre juridiction civile, il aurait pu prendre des accommodements, acquitter sa dette ou faire valoir ses droits, on a trouvé plus commode de le flétrir par un jugement.

C'est surtout dans les prisons qu'on peut se convaincre combien sont déplorables, arbitraires, souvent illégales, les arrestations pour abus de confiance; combien la promiscuité de l'action civile et de l'action publique devant la police correctionnelle entraîne d'abus! combien, en un mot, de conséquences désastreuses se produisent de la législation actuelle qui l'autorise!

Ainsi, à côté de malfaiteurs de profession, à côté de vils scélérats, à côté de vagabonds et de gens sans aveu, on emprisonne des fils de famille, des hommes qui occupent un rang dans la société, de pauvres ouvriers, etc., dont le seul tort, à tous, n'est souvent qu'un emprunt qui, examiné au fond, n'offre point la moindre culpabilité. Cependant rentrés dans le monde, ces hommes emporteront de leur séjour des prisons, la connaissance du crime, de l'injustice humaine et d'un langage digne des lieux malfamés auxquels il est emprunté. Voilà comment la justice corrige les vices et moralise la société !

Parmi les prévenus et dans la catégorie des crimes et des délits dont nous venons de faire l'énumération, il faudrait placer les mendiants et la mendicité. Mais nous leur consacrerons un article spécial. On aura ainsi une idée générale de ce peuple singulier qui remplit les prisons, et à la réforme duquel semblent vouloir se consacrer d'une manière exclusive certains réformateurs modernes.

CHAPITRE V.

Révélateurs. — Origine des bandes. — Instruction préliminaire. — Liberté sous caution. — Experts en écriture. — Chambres du conseil et des mises en accusation. — Avocats des prisons. — Police correctionnelle.

En adoptant, comme base de son administration, le système de révélation, le chef actuel de la police secrète, conséquent avec lui-même, a dû aviser d'abord aux moyens de recruter et de former des RÉVÉLATEURS. C'est ce qu'il a fait avec un soin tout particulier.

La maison de détention de Sainte-Pélagie a un quartier destiné aux condamnés politiques ; il porte le nom de bâtiment et cour du greffe. L'un et l'autre ont été spécialement consacrés, en partie, aux révélateurs ou *coquins*, ainsi que les appellent les autres détenus. Là, ils jouissent de tous les privilèges, de toutes les franchises et de toutes les faveurs. Dispensés du travail auquel sont condamnés les autres prisonniers, choyés, respectés par les gardiens eux-mêmes, entourés de prévenances par tous les autres employés, ils reçoivent, en outre, régulièrement des secours du *meg*, c'est-à-dire du chef de la police. Ces secours consistent ordinairement en une pièce de cinq francs que chaque révélateur reçoit par semaine.

Au nombre de ces *coquins* se trouvent des condamnés

aux travaux forcés à temps, des réclusionnaires, des forçats libérés, des récidivistes, etc. Les motifs qui les font agir, motifs personnels, égoïstes, sont : une commutation ou diminution de peine qu'on leur promet; la liberté et la protection de la police qu'on leur fait entrevoir. Attirés par ces appâts, il arrive que ces hommes dégradés portent, dans la révélation et la dénonciation, le cynisme et les mensonges les plus éhontés. Voici un exemple de la délicatesse de ces gens-là.

Il y avait naguère, s'il n'y est encore, un individu condamné à vingt ans de travaux forcés pour fausse monnaie. Afin d'avoir une commutation de peine, que fit-il? — Il dénonça comme complices, son père, sa mère et sa femme, par des indications qu'il donna à la justice. Ceux-ci furent jugés et condamnés selon toute la rigueur des lois. Mais aussi on a tenu compte au révélateur de son service signalé : l'humanité seule a dû gémir ; car malgré la protection que lui a accordé la loi, que fera-t-il, un jour, de sa liberté?

Au reste, cette manière d'alléger sa peine est passée aujourd'hui en système parmi les criminels. Si l'on demande à de grands coupables quels sont les motifs qui les portent à déceler leurs camarades, ils répondent naïvement : « Une fois pris, nous avons intérêt à gagner l'indulgence des juges. On se fait révélateur, puisqu'il ne reste plus d'autres ressources pour se sauver. D'ailleurs, en dénonçant, on connaît bien son affaire; car on ne dénonce que ceux que l'on veut bien perdre. »

— Ainsi, la révélation est encore, pour vous autres, un moyen de vengeance?

— Plus d'une fois; il le faut bien.

Aussi, qu'arrive-t-il le plus souvent? C'est que les véritables complices restent ignorés de la police, et que les individus qui ont eu déjà malheureusement des démêlés avec la justice, deviennent victimes de fausses dénonciations. Comment pourrait-il en être autrement avec les procédés qu'on emploie pour avoir des révélateurs? En voici un exemple.

La police arrête ou fait arrêter des *pègres* bien connus, des réclusionnaires qui ont fait de longues détentions dans les maisons centrales ; on les appelle dans les bureaux, et on tient à chacun d'eux, en particulier, le langage suivant :

— Tu sors du *Pouech* (Poissy), n'est-il pas vrai? et tu es des bons?

— Oui, je sors du pouech; est-ce que la *rousse* me *remouche* encore?

— Nullement ; mais tu dois connaître des camarades en *surbine* (surveillance).

— Sans doute que j'en connais ; et puis...

— Ah ! tu en connais... Eh bien ! donne-m'en trois ou quatre, et tu *décarreras* (sortiras) d'ici, foi du *meg!*

Si le *pègre* accepte la proposition, le chef de la police le fait mettre immédiatement en liberté. Il prend néanmoins des informations, et si la révélation est exacte, il laisse le révélateur courir les rues de Paris, jusqu'à ce qu'il tombe de nouveau dans les filets de la police. Si, au contraire, il est trompé, ce qui lui arrive souvent, il fait saisir et emprisonner le trompeur. Quelle autorité que celle de ce magistrat!

Quelquefois le *pègre* se montre revêche; alors le *meg* lui *file une tune*, lui fait des promesses, l'entoure de bienveillance, le *moutonne*, emploie enfin tous les moyens possibles de séduction pour lui délier la langue. Mais souvent on le *fait trop aller,* ce qui lui arrive d'ordinaire; il use alors d'autres moyens.

Dans une affaire scandaleuse qui vient d'avoir un grand retentissement, celle de la *rue du Rempart,* les révélateurs du dépôt de Sainte-Pélagie indiquèrent au chef de la police un jeune homme qui pouvait lui donner de bons renseignements. Il le mit d'abord en état d'arrestation, ce qui est très-facile avec le système de complicité; puis il le fit comparaître devant lui. Promesses, menaces, séductions échouèrent cette fois devant une persistance négative des plus opiniâtres. Il ordonna alors qu'on le mît pendant douze jours au secret, au dépôt de la préfecture ; et comme, au bout de ce temps, il persistait encore à ne pas vouloir révéler, il le fit interner dans la prison des Madelonnettes, où il fut entouré d'individus qui ne cessaient de le *remoucher*. Il résista encore à ce nouveau genre d'inquisition, au point qu'on désespérait de pouvoir le faire *coquer* (révéler). En définitive, on tenta un dernier moyen plus ingénieux que tous les autres : il fut transféré à Sainte-Pélagie, dans la cour des *Coquins*. Là, les révélateurs reçurent l'ordre de le séduire, en lui montrant l'argent, le tabac et la nourriture dont ils étaient redevables à la générosité du grand *meg*. Le jeune homme hésita quelque temps ; mais circonvenu, à tous les instants du jour, par ses compagnons d'infortune, excité par l'appât du gain et plus encore par le besoin, il *mangea le morceau*, et donna CINQUANTE-SIX individus.

Il ne faut pas croire néanmoins que cette générosité du chef de la police s'étende bien loin, et que les fonds secrets mis à sa disposition, et dont il n'est tenu de rendre aucuns comptes, soient épuisés par de telles générosités. Il est très-économe dans ses largesses. Lorsqu'il a recueilli par ces voies détournées un certain nombre d'affaires suffisantes pour le mettre en relief, il abandonne les révélateurs dont il n'a plus besoin. Aussi ce genre d'exploitation des secrets intimes a-t-il fait ouvrir les yeux des *coquins* eux-mêmes, qui ont fini par se montrer fort mécontents de ce genre de procédés à leur égard. Plusieurs d'entre eux ont éclaté en plaintes, en regrets et en menaces. Ce mécontentement général doit tuer un jour la révélation organisée.

Mais ce qui portera indubitablement le dernier coup au système actuel de police, dont la révélation est la base, ce sont les affreuses vengeances qui, dans les prisons et dans la société, s'exercent et s'exerceront à l'avenir contre les révélateurs. La crainte de la mort, de l'assassinat et de la trahison renversera, dans un temps plus ou moins éloigné, la base de ce système policier. Pourquoi faut-il que la justice qui, par son origine et sa nature, doit être placée au-dessus des basses régions de l'espionnage et de la délation, se fonde en partie sur ces instruments qu'emploie la police, pour condamner ou pour absoudre des coupables ou des innocents?

C'est, en effet, depuis que la révélation est en crédit, qu'on a imaginé ces dénominations de *bandes* inconnues avant l'administration actuelle, et qui ont eu tant de retentissement dans les salles des tribunaux et des cours royales. Quelle idée les habitants des provinces ne doivent-ils point se faire de Paris, lorsqu'ils lisent, dans les journaux judiciaires, le compte-rendu des jugements de ces troupes d'individus, connus sous les noms de *bandes d'escarpes*, de *bandes de carroubleurs*, de *bandes des habits noirs*, etc.? A leurs yeux, la capitale doit leur sembler une caverne d'assassins et de voleurs. Et pourtant rien n'est moins vrai.

Le mot de *bande* est d'invention de police, et il n'est pas d'invention plus fausse, plus mensongère que celle-là. Selon la rigoureuse acception de ce mot, il n'existe point de bandes de malfaiteurs, il est même impossible qu'il en existe. Si cela était, tout le tort retomberait sur l'imprévoyance et sur l'ineptie de la police. A moins de supposer son chef actuel un niais, comment ne découvrirait-il point des troupes d'individus organisés pour piller les maisons, dépouiller les passants et troubler l'ordre? Un individu se soustrait facilement aux recherches de la police; le moyen à des bandes nombreuses de les éviter? Mais il n'en existe point; voilà pourquoi, à défaut de toute autre désignation, on impose celle-là à des malfaiteurs, lorsqu'ils sont seulement sous la main de la justice.

Voici, au surplus, l'origine et le sens de ce mot. La police, on le sait, est inhabile pour prévenir les crimes et les délits; elle peut tout au plus saisir quelques coupables lorsque leurs méfaits sont éclatants, et que le public les lui livre. Alors, que fait-on? Avec deux ou trois voleurs de profession qui se font révélateurs, on se met à la poursuite des autres. C'est là tout le secret du chef de la police. Les voleurs, à Paris, ne *travaillent* pas ensemble, par troupes, ni par bandes. Ils en donnent eux-mêmes la raison : « Quand on *grinche* (vole) seul, disent-ils, on a plus de bénéfices pour soi, et l'on ne s'expose pas à être *pigé* (pris) aussi facilement. Lorsqu'on est deux, l'un peut bien vendre l'autre. » Mais ce qui leur est nuisible, c'est que tous les voleurs se connaissent entre eux, qu'ils se racontent leurs méfaits ; de sorte que chacun, individuellement, peut faire l'histoire de ses voisins avec lesquels il a été acteur ou auditeur du récit de leurs vols.

Au moyen de la révélation, on groupe ainsi plusieurs affaires différentes ; on les réunit en une seule, et l'on fait comparaître sur le banc des assises plusieurs accusés qui ont à répondre individuellement sur quelques points de l'acte d'accusation. On donne à ces individus, ainsi groupés par le juge d'instruction, le nom collectif de *bandes*. Or, le plus souvent, et presque toujours, sur douze, quinze et vingt accusés, la plupart ne se sont jamais vus ; ou, s'ils se connaissent, ils n'ont point à répondre pour les mêmes faits. Voilà ce que la police et les journaux judiciaires appellent des *bandes*. C'est, comme on voit, un jeu de mots, une espèce de réclame inventée simplement pour captiver l'attention du public et tromper sa crédulité.

Pourquoi s'étonner maintenant si, avec de tels éléments, la prévention est traînée de longueurs en longueurs. La cause en est toute trouvée. En France, nous sommes très-arriérés en fait de législation judiciaire et criminelle, puisque la liberté individuelle est laissée à la merci d'un juge. Qu'on examine la législation des peuples voisins, et l'on verra si l'arbitraire de la prévention existe ! Chez eux, au moins, le temps de la détention préventive est limité ; ce temps expiré, le prévenu doit être jugé ou mis immédiatement en liberté. Pourquoi ne limiterait-on point, dans nos codes, le temps de la prévention ? Ne serait-il pas possible de classer les affaires par catégories, de sorte que la prévention la plus courte serait, au plus, de *quinze jours*, et la plus longue de *quatre mois* ? — On parviendrait ainsi à faire cesser bien des actes arbitraires.

Qu'est-ce, en effet, que l'instruction d'une affaire ? — A

cette question , un homme de sens et de raison répondra qu'instruire une affaire c'est rechercher les faits qui peuvent éclairer l'opinion d'un juge sur la culpabilité ou la non-culpabilité d'un prévenu ; c'est l'impartiale appréciation des dires de l'inculpé, du plaignant et des témoins, s'il y en a ; c'est, en un mot, recueillir tous les éléments capables de former la conviction des magistrats , soit en faveur de l'accusation, soit contre l'accusation. Voilà ce qui devrait être ; voilà précisément ce qui n'est pas.

Un juge d'instruction , au contraire , se préoccupe toujours et uniquement de l'accusation ; il dirige toutes ses recherches dans ce sens, et laisse le soin de sa défense au prévenu. On ne peut nier qu'instruire de la sorte, c'est condamner d'avance sans preuves ; c'est juger avant le tribunal ; c'est substituer l'opinion d'un seul homme à celle des magistrats sur leur siège.

Qu'on ne vienne point dire que l'inculpé a la faculté de produire ses preuves devant le tribunal ! Outre une détention préventive qu'il subit arbitrairement, l'inculpé n'a pas souvent l'argent nécessaire pour faire citer correctionnellement ses témoins ; souvent encore l'appui d'un avocat lui manque, de sorte que le tribunal juge et condamne conformément à l'instruction. Et l'instruction, comme on voit, c'est l'opinion d'un homme ; c'est sa conviction propre formée avec des éléments qu'il est impossible d'avouer impartiaux ; c'est donc l'instruction qui condamne.

A ce vice inhérent à nos codes de procédure et d'instruction criminelle, se rattachent encore deux faits qui donnent au pouvoir déjà trop exclusif du juge d'instruction une latitude immense ; nous voulons parler de la liberté sous caution et de l'expertise en écritures. Nous avons émis notre opinion sur la faculté abusive dans un sens, et trop restreinte dans un autre, qu'on a de mettre provisoirement en liberté un individu qui dépose une somme d'argent. Nous ne reviendrons point sur ce sujet. Mais nous dirons toute notre pensée sur cette espèce de témoignage qu'on nomme, in jurisprudence, l'expertise en écritures.

Il est attaché au ressort de chaque cour royale un certain nombre d'experts jurés qui, moyennant rétribution, sont appelés pour constater la vérité ou la fausseté des écritures, soit privées, soit publiques. La justice, pour s'éclairer, a besoin de ces hommes de l'art, afin de s'aider de leurs lumières et d'arriver à la connaissance de la vérité. Mais quelles objections n'est-on pas en droit de soulever à ce sujet ? Ces experts sont-ils bien capables d'apprécier les faits qu'on soumet à leurs décisions ; ces faits sont-ils toujours de nature à ne pas tromper leur science ; les experts eux-mêmes apportent-ils à leur investigation, à leur travail, la conscience, l'exactitude et la bonne foi que l'honneur et la liberté du prévenu ont droit d'exiger d'eux? Notre opinion est qu'il leur est matériellement impossible d'affirmer la vérité, et que leurs décisions, le plus souvent, ne sont basées que sur des erreurs. En voici un exemple sur bien d'autres qu'on pourrait citer.

Une escroquerie avait été commise naguère à l'aide d'un faux par lettres écrites sous un nom emprunté. Soumises à un expert avec plusieurs feuillets d'un grand livre de comptes, tenu par un caissier dont on soupçonnait la probité, l'homme de l'art affirma que les lettres et les feuillets étaient écrits de la même main. A la suite de cette déclaration, on arrêta le caissier qui, après vingt jours de détention préventive, fut reconnu innocent. Voici dans quelles circonstances favorables pour lui. Pendant son incarcération, de nouvelles lettres écrites de la même main que celles qui étaient incriminées, furent envoyées à d'autres adresses et saisies par le parquet. On constata alors avec certitude que l'auteur du faux n'était pas celui qu'on retenait en prison, et que l'expert avait commis une erreur. Cette preuve matérielle servit fort à propos à l'élargissement du prisonnier, qui, sans elle, aurait passé en jugement, et probablement aussi aurait été condamné sur la foi du rapport de l'expert.

Que de faits de cette même nature ne pourrions-nous point énumérer?

Mais si la faillibilité des experts s'explique par l'impossibilité même de constater certains faux, leur manière de procéder ne peut encore que les confirmer dans leurs opinions erronées, tant il est difficile à la vérité de se produire elle-même ! Ainsi, au cabinet de chaque juge d'instruction sont attachés un ou deux experts qui se font de gros revenus de leur place ; ce sont des privilégiés de ce magistrat. Lorsqu'un cas de faux se présente, cet expert est appelé auprès du juge ; là, au lieu de lui soumettre uniquement la pièce arguée de faux avec les écritures de comparaison, ce qui serait bien plus impartial, on lui donne connaissance directement ou indirectement de l'instruction écrite.

Dès qu'il a été mis sur les traces des présomptions, et qu'on a formé en quelque sorte son opinion, il opère son expertise. Qu'arrive-t-il ? C'est que d'avance il a un commencement de préjugé sur un fait matériel qui, dans tout état de cause, ne doit se prouver que par lui-même. Au reste, ce qui témoigne du peu d'infaillibilité des experts en écriture, ce sont les décisions contradictoires de plusieurs experts appelés à se prononcer sur le même fait. Leurs dissentiments ne sont-ils point une preuve évidente de la faiblesse de leur intelligence humaine ? Quels motifs plus graves peut-on invoquer contre leurs opinions que leur propre fragilité ?

C'est après un temps plus ou moins illimité, absorbé par l'instruction préliminaire, que l'affaire d'un prévenu est portée devant la chambre du conseil. Que de souffrances, de plaintes et d'alarmes n'a-t-il point fallu essuyer avant d'arriver à cette première épreuve de la vie de prison ! — Le législateur, en établissant dans l'ordre judiciaire un second degré de juridiction connu sous le nom de la chambre du conseil, a voulu, par cette institution, donner une garantie de plus à l'accusation, et imposer en même temps un frein à l'action illimitée du juge d'instruction. Le législateur a agi ainsi avec sagesse. Mais son intention est loin d'avoir été réalisée, car la chambre du conseil aujourd'hui, à Paris surtout, au lieu d'être une garantie, s'est transformée en une espèce de bureau de contrôle pour viser le rapport du juge d'instruction.

Le moyen, après tout, que cela puisse être autrement ! Cette chambre ne se compose que d'un président, d'un juge et du juge d'instruction. Ces trois magistrats, surchargés d'affaires dans le ressort de la cour royale de Paris, ne peuvent point, en deux ou trois jours par semaine, nous ne dirons point réviser, mais lire seulement de nombreuses et longues procédures. Cela est de toute impossibilité. Ils sont forcés alors, pour l'expédition des dossiers, à adopter les conclusions du rapport; le plus souvent encore, ils signent de confiance.

Ainsi, selon qu'un juge d'instruction conclut pour le renvoi à une juridiction supérieure ou pour la mise en liberté, le prévenu passe en jugement ou est élargi de prison par suite d'une ordonnace de non-lieu. On ne contredit jamais son rapport, à moins que des influences supérieures n'agissent auprès du président et du juge, qui, malgré les conclusions du rapport, se prononcent alors contradictoirement en faveur du prévenu.

Ce fait d'opposition fort rare est arrivé tout récemment dans l'affaire d'un ecclésiastique qui, prévenu d'attentat aux mœurs, fut, mis néanmoins en liberté par ordonnance de non-lieu, malgré des témoignages évidents, malgré l'instruction elle-même qui avait recueilli contre lui des preuves accablantes; malgré, en un mot, sa culpabilité. Deux membres du conseil se prononcèrent en sa faveur contrairement aux conclusions du rapport. C'est là un cas exceptionnel et que nous citons, tout en conservant pour la justice le respect qu'elle mérite, parce que le ministère public lui-même a mentionné, en portant la parole devant le tribunal contre les complices de cet ecclésiastique, cette espèce d'infraction aux règles rigoureuses de la procédure.

Les décisions de la chambre du conseil portent le nom d'ordonnances. Elles ont pour objet ou la mise en liberté du prévenu qui, dans ce cas, sort de prison, après avoir subi une détention arbitraire plus ou moins longue, ou son renvoi devant le tribunal de police correctionnelle sous l'inculpation d'un délit, ou bien son renvoi devant une juridiction supérieure, appelée la chambre des mises en accusation. Le fait à lui imputé rentre alors dans la catégorie des crimes.

L'accusation de crime portée contre un individu est toujours chose fort grave. Car si, dans l'état actuel de nos mœurs françaises, un simple jugement de police correctionnelle suffit pour faire perdre à un individu, dans l'esprit de l'opinion publique, toute considération personnelle, eût-il été, pendant toute sa vie, le plus honnête homme possible, combien l'effet d'un jugement criminel ne doit-il pas être plus désastreux encore?

L'Assemblée législative, pénétrée d'un noble sentiment de respect pour la liberté individuelle et pour la justice, avait institué sous le nom de *Jury d'accusation*, un tribunal spécial chargé de se prononcer sur la décision de la chambre du conseil, ou plutôt sur le rapport du juge d'instruction. Ainsi, avant de comparaître devant la cour d'assises, c'est-à-dire avant d'aller affronter la plus terrible épreuve judiciaire, le prévenu avait la garantie de six jurés choisis parmi les citoyens les plus honorables, qui décidaient s'il y avait, oui ou non, motif à le renvoyer devant le grand jury ou cour souveraine.

Le jury d'accusation qui constituait, dans la juridiction criminelle, une espèce de cour de premier degré, fonctionna pendant tout le temps du Consulat et du Directoire, jusqu'à la codification des lois françaises sous l'Empire. Alors on le remplaça par la chambre des mises en accusation, qui fut composée de sept magistrats pris parmi les conseillers de la cour royale, au lieu de six jurés et d'un président. Elle est aujourd'hui telle que le code de Napoléon l'institua; c'est-à-dire qu'elle offre moins de garanties que le jury d'accusation.

Comme la chambre du conseil, celle d'accusation n'est qu'une institution de pure formalité, une hiérarchie de dossiers. Il suffit, au reste, pour s'en faire une idée, de connaître son organisation intérieure. Le dossier d'une affaire passe de la première des deux chambres à la seconde, et cela dans un délai fixé par la loi. Un substitut du procureur général est chargé d'examiner tous les éléments de l'instruction, le rapport du magistrat instructeur et l'ordonnance de la chambre du conseil. Muni de ces pièces, il élabore, à son tour, un rapport qui confirme ou infirme le rapport présenté aux premiers juges et sanctionné par eux, et prend, dans ce sens, des conclusions analogues. Si le parquet, par l'organe de l'un de ses membres qui émet ainsi sa propre opinion d'homme, se prononce pour l'acquittement, le prévenu est mis en liberté; si, au contraire, il conclut à son renvoi soit devant la police correctionnelle, soit devant les assises, il est très-rare qu'il trouve une opposition au sein de cette chambre, et le renvoi est prononcé.

Lorsqu'un détenu, après des délais, des longueurs, des renvois et des formalités interminables, est arrivé au moment d'être jugé, c'est presque du bonheur pour lui, tant la prison abrutit, écrase l'homme. Le jour et l'heure de l'audience, les motifs de l'inculpation qui pèse sur lui, si elle constitue un délit, lui sont notifiés quelque temps à l'avance. La justice, comme on voit, n'est point avare de formalités. Alors arrive pour le prévenu le moment où il doit se préparer pour la grande lutte judiciaire. C'est, il est vrai, un moment bien solennel, que celui où un homme innocent ou coupable va comparaître devant la justice représentée par trois magistrats!

Un acte a été commis; cet acte qualifié du nom de délit, l'est plus ou moins selon l'intention de l'auteur, les causes qui l'ont produit, les circonstances qui l'ont accompagné, et la nature même qui le constitue tel. Il faut donc que des magistrats sages, impartiaux, éclairés, parviennent à se former une opinion sur des faits souvent obscurs, à débrouiller un chaos d'hypothèses, à redresser des assertions mensongères au fond, mais qui offrent en apparence le caractère de la vérité; il faut, enfin, qu'ils soient assez perspicaces, assez infaillibles pour pouvoir prononcer une sentence juste. Car c'est, d'un côté, de l'honneur d'un homme qu'il s'agit, et d'un jugement qui doit le flétrir; c'est, de l'autre, l'innocence peut-être d'un prévenu; la légèreté d'une action qualifiée faute légale qu'il faut apprécier avec équité et mesure. Placée entre ces deux extrémités, quelle n'est point la responsabilité morale d'un tribunal?

Aussi, pour éclairer la justice, la loi a-t-elle accordé au justiciable la faculté de faire défendre sa cause. Celui qui est chargé d'une si haute et si sainte mission s'appelait, dans le code romain, patron (*patronus*), c'est-à-dire *père*, *protecteur*; la jurisprudence française l'a nommé avocat. Quelle noble fonction que celle de protéger, de défendre l'infortuné!

Qui mieux qu'un prisonnier peut esquisser le caractère de l'avocat? Entendez cette voix qui retentit au fond des cachots et qui crie à des compagnons d'infortune: « Si vous êtes riches, « si vous avez de la fortune, si vous occupez une position « dans le monde, votre cause est gagnée d'avance, parce « que votre or vous procurera l'appui d'un homme d'un ta- « lent supérieur qui vous défendra devant vos juges! Si « vous n'avez point de ressources; si, de votre côté, ne se « trouvent que Dieu, le bon droit et votre conscience, gé- « missez en secret, paraissez le front haut devant vos juges, « vous courberez votre tête sous le poids d'une condamna- « tion; car vous ne trouverez point ce haut et puissant pa- « tron qu'il vous faudrait pour gagner votre cause, surtout « si elle est de celles dont les principes de droit et l'inter- « prétation des faits ouvrent un vaste champ à la discussion. » Combien de malheureux prévenus succombent, en effet, ou sont frappés rigoureusement par la justice, faute d'avoir eu l'appui d'un défenseur!

Cependant certains détenus auxquels leur position de fortune ne permet point d'avoir un de ces membres du barreau qui, comme on dit, *ont l'oreille des juges*, trouvent quelquefois l'appui d'un défenseur. Ce défenseur, qui est la providence des malheureux, se nomme *l'avocat des prisons*, titre bien modeste et qui n'est pas dépourvu d'une certaine originalité.

L'avocat des prisons est le plus souvent un jeune homme qui débute dans la carrière du barreau ; il a besoin de s'exercer, de s'enhardir, de faire un noviciat. Pour cela, il lui faut des causes à plaider et des clients à défendre. Pour lui c'est presque une bonne fortune que la défense d'un prisonnier. Aussi, voyez-le plein de bienveillance pour son client ; on dirait que son zèle craint de lui faire défaut. C'est qu'au train où vont nos facultés de droit, le nombre des causes ne peut suffire à celui des avocats ; heureux celui qui trouve sur son chemin un infortuné qui lui confie le soin de son honneur.

Mais à ces défenseurs de complaisance, à ces zélés de l'ordre, il s'est adjoint une espèce d'avocats qui se sont immobilisés dans les prisons, qui en ont fait leur domaine, et qui les exploitent absolument comme une ferme-modèle ; on les connaît, dans le langage des détenus, sous les noms de *parrains jaspineurs*, c'est-à-dire *avocats bavards*.

Le caractère de cet avocat se fait remarquer par des soins empressés à offrir ses services ; il a ses commettants, ses courtiers, ses cartes de visite et ses adresses. Il donne même des primes : *tant par tête !* Plus généreux et moins exigeant que la plupart de ses confrères, sa défense n'est pas cotée à un prix fixe ; son tarif varie depuis les sommes les plus modestes jusqu'aux plus minimes. Voyez-le venir au greffe de la prison ; il porte la tête haute ; il a la parole abondante, il aborde et salue tout le monde. Devant son client, il est plus fier, plus tranchant encore ; pour lui, la cause la plus difficile n'est rien, il est certain de la gagner d'avance. Le prévenu, rassuré par la confiance excessive que lui a inspirée son avocat, rentre dans sa cellule, satisfait et content. « Quel bon génie, se dit-il à lui-même, la Providence a envoyé là à mon secours ! » — Mais ces joies, ces espérances s'évanouissent au jour du jugement. Qu'importe à son avocat une condamnation ? il est habitué à ces sortes de défaites ; d'ailleurs, il ne reverra plus son client.

Il est une chose qui nous a singulièrement frappés dans l'histoire des prisons, c'est l'espèce d'oubli, la froide indifférence que les avocats montrent envers ceux de leurs clients dont ils ont pris la défense. Initiés aux secrets intimes de la conscience des prévenus, assurés d'avance de leur innocence ou de leur culpabilité, pénétrés, à l'audience, de la justice de leur cause, témoins, en quelque sorte, des erreurs des tribunaux, comment ne se préoccupent-ils plus d'eux, après leur condamnation? Leur ministère, à leurs propres yeux, ne serait-il qu'un rôle d'acteurs? Et la sentence prononcée, n'importe à quels titres, doit-elle leur paraître un fait tellement accompli qu'il ne reste aucun enseignement à en tirer? On est porté à le croire, surtout s'il faut en juger par cette espèce d'abandon dans lequel ils laissent les condamnés; on dirait qu'ils ignorent leurs souffrances, qu'ils ne les soupçonnent même point. Qui, néanmoins, tient de plus près à l'intérêt des justiciables, que l'avocat qui, par profession, s'est dévoué à leur défense? Qui, mieux que lui, pourrait étudier le régime des prisons et contribuer à son amélioration? N'est-ce point par son organe que les abus sans nombre de la détention préventive, les réformes de nos lois criminelles devraient être dénoncés à la publicité? Les membres les plus influents du barreau ne font rien dans ce sens, tant il semble que le sort des malheureux leur tient peu à cœur!

Le théâtre que l'avocat des prisons, dont nous venons de parler, choisit de préférence pour y déployer son infatigable éloquence, est la police correctionnelle. Qui n'a entendu parler de la police correctionnelle ? Qui ne connaît le public vil, ignoble, qui compose son auditoire? Quel est l'homme de sens et de raison qui n'ait gémi intérieurement à la vue des nombreuses condamnations que ce tribunal rend tous les jours? Si jamais vous n'avez assisté à ses séances, si vous ne connaissez de la police correctionnelle que la police correctionnelle des provinces, où une affaire suffit souvent pour occuper les juges pendant toute une audience, entrez dans une des trois chambres qui composent ce tribunal séant au Palais-de-Justice.

Certes, nous professons un grand respect et une vénération bien profonde pour la magistrature ; nous sommes convaincus qu'elle est formée d'hommes honorables et consciencieux. Mais que penser, lorsque nous voyons, dans une seule audience de *cinq heures*, rendre *vingt-cinq* à *trente* jugements? Comment, dans un espace de temps si court, a-t-on pu entendre, examiner et juger un nombre aussi considérable d'affaires? Est-ce que les causes seraient jugées avant d'être entendues, et la défense deviendrait-elle ainsi chose inutile? Il faudrait le croire, puisque telle est l'opinion d'un premier magistrat, qui disait avec la meilleure bonne foi : « En police correctionnelle, l'avocat est une superfluité; les juges savent d'avance à quoi s'en tenir, l'instruction ayant d'ailleurs fixé leur conviction. » — Il est donc bien avéré que ce ne sont point les débats, mais bien l'instruction, c'est-à-dire l'opinion d'un seul homme, comme nous l'avons démontré, qui juge et condamne. A quels abus, grands dieux! une semblable doctrine, mise en pratique, ne devrait-elle point entraîner la justice?

Nous ne devons plus nous étonner si, en prison, les détenus eux-mêmes, professant cette croyance, respectent si peu les décisions du tribunal qui doit les entendre et les juger. Ils déterminent d'avance les chances bonnes ou mauvaises de leurs affaires d'après la chambre et la composition des juges devant lesquels elles seront portées, et nullement d'après la nature des délits qui leur sont reprochés. Ainsi, parmi ces prévenus qui, transportés dans le *panier à salade*, font tous les jours le voyage du Palais-de-Justice, il n'en est point qui ne reviennent étourdis, soit de l'excessive indulgence, soit de la sévérité rigoureuse du tribunal : « Je m'attendais à une plus forte peine, dit ce repris de justice, les *gerbiers* ont été bons *zigues*; à telle chambre, j'aurais eu une condamnation double. »

Dans certains cas, deux délits identiques, jugés le même jour par deux chambres différentes, sont punis de deux peines opposées. D'où naît cette différence dans la pénalité lorsque les délits sont semblables? Comment expliquer le contraste de ces deux sentences?

Mais sans porter atteinte à la considération publique des

magistrats, nous pouvons penser qu'il est impossible à trois juges de se former une opinion impartiale sur une affaire soumise à leur décision, lorsqu'ils ne consacrent que dix à quinze minutes aux débats. Est-ce que l'encombrement des dossiers serait la cause de cette précipitation dans le cours de la justice? Qu'on augmente alors le nombre des tribunaux. La vie et l'honneur des citoyens ne doivent pas être estimés si peu, qu'on leur préfère une économie d'argent.

Il reste, il est vrai, à un condamné de la police correctionnelle, la ressource de l'appel en cour royale. Un des premiers et des plus grands inconvénients de ce recours est d'entraîner avec lui des délais de deux mois et plus de prévention. Ces délais dépassent, il est vrai, le temps fixé par le code, ce qui constitue l'autorité judiciaire dans un cas flagrant d'illégalité; mais on n'y regarde point de si près. Les formes judiciaires, sauf l'augmentation du nombre des juges, sont à peu près les mêmes que celles qui sont suivies en première instance. C'est l'instruction qui a déterminé les magistrats de la police correctionnelle à prononcer une sentence; c'est encore la même instruction qui sert de base au jugement des conseillers de la cour royale.

Il est certains cas où l'appel, cette superfluité judiciaire, devient une nécessité; c'est lorsque de nouveaux éléments de défense se trouvent à la disposition de l'appelant, et que des vices de forme ont été reconnus évidents dans la procédure. Alors le condamné de la police correctionnelle peut et doit user des moyens qu'offre la loi, tels que le droit de requête, la demande en nullité et autres. On ne devrait point négliger ces formalités légales. Malheureusement, les avocats des parties qui font appel ne se donnent jamais la peine d'envisager le droit de leurs clients sous ce point de vue. C'est si peu de chose pour eux qu'un jugement de police correctionnelle! Aussi, qu'arrive-t-il? C'est que de tous les jugements qui sont portés en cour royale, et le nombre en est considérable, il n'en est pas un seul qui ne pût et qui ne dût être cassé, soit dans le fond, soit dans la forme. Mais on n'est pas bien difficile, en France, à l'endroit de la chose jugée.

Aussi est-il passé en principe, dans les prisons, qu'afin de ne point s'exposer à de nouveaux frais et à une perte de temps irréparable, le parti le plus sage et le plus prudent est de s'en tenir à la décision bonne ou mauvaise des premiers juges. Le tribunal de police correctionnelle et la chambre des appels diffèrent trop peu ensemble, pour que la réforme de l'une n'exige point la réforme de l'autre; il faut attendre du temps cette révolution importante.

CHAPITRE VI.

Cour d'assises. — Circonstances atténuantes. — Journaux judiciaires. — Transfert des condamnés. — Maisons de correction. — La Petite Roquette, Sainte-Pélagie et les dépôts de mendicité. — Régime de ces prisons. — Administration et entreprise du travail. — Des inspecteurs généraux.

» La loi accorde au juge d'instruction le pouvoir de faire appréhender au corps et de mettre en état d'arrestation tout citoyen; elle lui accorde le pouvoir non moins exorbitant encore de le retenir préventivement en prison aussi longtemps qu'il lui plaît, et cela sans aucune responsabilité. Ainsi, il est des exemples d'arrestations opérées au nom de ce droit, tellement inouïs, qu'il faudrait remonter à des époques bien éloignées pour en trouver de semblables. Quand un juge d'instruction retient deux et trois ans des individus sous les verroux; quand un tribunal, après une longue incarcération, reconnaît leur innocence, ou bien ne les condamne qu'à cinq jours d'emprisonnement, ainsi que nous pourrions en citer de nombreux exemples, que faut-il penser du droit accordé par nos codes au magistrat instructeur? — Sinon que le pouvoir qu'il a de faire arrêter, et celui de retenir dans les cachots tout prévenu aussi longtemps qu'il lui plaît, sont deux monstruosités légales.

Mais lorsque le juge d'instruction, imposant lui-même des bornes à son autorité absolue, a cru convenable de faire son rapport à la chambre du conseil, dès ce moment, la justice commence seulement à suivre une marche régulière. Si le prévenu est inculpé d'un délit, son assignation pour comparaître devant la police correctionnelle lui est signifiée cinq ou six jours après l'ordonnance de la chambre du conseil. Si, au contraire, il est accusé d'un crime, dans les cinq jours qui suivent cette dernière ordonnance, son affaire est portée devant la chambre des mises en accusation. Il doit alors subir les délais de rigueur jusqu'au grand jour du jugement de la cour d'assises.

Dans ce dernier cas, il s'opère, le 10 et le 25 de chaque mois, un mouvement général dans le personnel des prévenus de chaque prison. Car ces jours-là sont consacrés à transporter à la Conciergerie tous les détenus des diverses maisons de la Seine, destinés à passer en jugement dans le cours des sessions mensuelles qui vont s'ouvrir. Quel tableau que celui qu'offre ce déménagement judiciaire!

Dans une cour immense apparaissent çà et là, dispersés en groupes, quelques vieillards pâles, tristes, amaigris, et presque couverts de haillons; des jeunes gens frais, dispos, dont une gaîté factice surmonte à peine un noir chagrin qui ronge leurs cœurs; des repris de justice joyeux, turbulents, et peu soucieux de l'avenir incertain qui les menace; des hommes perdus par les séduisantes illusions du monde, appelés à rendre compte devant la justice des méfaits autorisés par le libertinage du siècle; et parmi ces infortunés de tout âge, de toute condition, infectés de toutes sortes de vices, se cachent quelques figures respectables, empreintes d'une sombre tristesse, et qui rougissent en secret de se trouver ainsi confondus au milieu de ce peuple des prisons. De tous ces individus ainsi réunis, groupés, assemblés, et prêts à monter sur la fatale voiture qui porte inscrit en gros caractères, ces mots : SERVICE DES PRISONS, il n'en est pas un seul qui n'ait en perspective une horrible condamnation. L'un, calme et tranquille en apparence, voit se dresser de-

vant lui, comme un spectre sanglant, le terrible échafaud
qui attend sa tête; l'autre se console par de froides plaisanteries et par le cynisme du sort qui doit le conduire au bagne; celui-ci, redoutant d'avance le *système* ou *prison centrale* dont il a éprouvé les affreuses rigueurs, se promet bien,
par des aveux outrés et par des mensonges, de grandir son
affaire à tel point, que la cour d'assises ne l'enverra plus à
Melun ou à Poissy; celui-là compte sur la justice divine,
alors que la justice humaine viendrait à lui faire défaut.
Tous enfin, innocents ou coupables, espèrent néanmoins en
la justice du pays.

C'est une chose remarquable que la confiance qu'inspire
le jury dans l'ame des prévenus. Parcourez toutes les prisons
de la Seine, vous ne trouverez pas un détenu qui ne préfère
au jugement de la police correctionnelle, celui de la cour.
d'assises. « Celle-là, vous diront-ils, condamne toujours;
devant celle-ci, au moins, vous êtes écoutés et jugés. »
Voilà donc des hommes qui déclarent aimer mieux avoir un
crime à se reprocher qu'un délit. N'est-ce point là une
preuve évidente de la nécessité d'une réforme dans l'état
actuel de la justice?

Après un recensement des têtes destinées à comparaître
devant la cour d'assises, la voiture du transport les conduit
et les dépose dans ce bâtiment lugubre, empreint de si sombres souvenirs, qu'on appelle la maison de justice ou *Conciergerie*. Quel voyage et quel séjour! Tous les prévenus
sont parqués là dans des cellules étroites, jusqu'au moment
où chacun monte l'humide escalier de granit qui conduit
dans la salle où siège le jury. C'est un spectacle bien imposant que celui de douze citoyens réunis dans ce lieu sacré
pour juger leurs semblables. Ce sont aussi de terribles émotions que celles qui doivent remuer les cœurs de ces malheureux qui vont affronter une sentence toujours incertaine.
Nous ne retracerons point ici la physionomie de la cour d'assises; on peut s'en faire une idée par le caractère des membres qui composent ce tribunal suprême, et par la nature des
affaires soumises à sa juridiction. Nous ne dirons qu'un seul

mot sur les fonctions de l'avocat général ou accusateur public.

Il est passé en principe dans les mœurs du Palais, nous ne savons à quel titre, que le ministère de l'avocat du Roi doit consister uniquement à faire ressortir les charges de l'accusation. Fidèles à cet usage traditionnel, tous les avocats généraux qui portent la parole en cour d'assises, ne manquent point, en conséquence, de s'animer, de se passionner, de s'exalter en présence des faits reprochés aux accusés. A leurs yeux, l'innocence n'existe point ; il n'est pas même de degrés de culpabilité. Voyez cet accusateur public, comme il se cramponne à la perte de ce malheureux ! Sa voix s'enfle avec indignation, ses gestes sont menaçants, sa parole sort toute baveuse de sa bouche, il ne voit que vices, scélératesses, crimes dans la vie de l'accusé qu'il écrase sous le poids de son discours furibond. Est-ce que, dans la longue existence de ce criminel, il n'est point là plus pétite action d'honnête homme à invoquer en sa faveur ? — Il en est assurément ; mais il n'est pas d'usage que l'accusation les fasse ressortir.

Quand donc viendra le temps où l'avocat général, calme, froid et impartial comme la justice, paraîtra devant les jurés, non plus pour les émouvoir ou les effrayer, au nom de la société, mais avec la ferme intention de les convaincre, en exposant les faits tels qu'ils lui apparaissent dans sa conscience de magistrat, c'est-à-dire avec ses doutes et ses craintes! Quand donc les membres du parquet finiront-ils par bien comprendre que si le zèle de l'amour public et l'intérêt de la société les portent à être accusateurs, ce même zèle et ce même intérêt ne doivent pas les aveugler au point de ne voir que le mauvais côté d'une affaire criminelle! En bonne logique, la certitude d'un fait ne s'acquiert point de la sorte! Voici, au reste, deux exemples que nous soumettons à leurs sérieuses méditations.

« Il y a peu d'années, un procureur général qui vit encore, portait la parole dans une affaire capitale; il s'agissait d'une tentative d'assassinat. Ce magistrat soutint l'accusation avec le talent éminent qui le distingue. Les preuves qu'il invoquait, les charges qu'il faisait peser sur la tête de l'accusé paraissaient accablantes. Elles furent groupées et présentées avec tant d'art et tant d'habileté, que la cour, les jurés et l'auditoire, émus et subjugués par son éloquence, cédèrent à la conviction de l'orateur. Le doute n'était plus possible devant l'évidence, et l'accusé, reconnu coupable, devait payer de sa tête la faute de son crime, lorsque son avocat, jeune homme sans expérience, écrasé lui-même sous le poids des faits invoqués par l'accusation, loin de le défendre, aggrava encore la position de son client. Jamais situation plus triste que celle de cet infortuné, qui, convaincu de son innocence, se voyait sur le point d'être condamné. Alors le procureur général prenant de nouveau la parole, demanda à la cour de présenter en faveur de l'accusé des moyens de défense que le jeune avocat avait négligés. Après avoir exposé ces différents moyens, il les développa avec une lucidité et une impartialité remarquables, au point qu'il fit naître d'abord le doute dans l'esprit des juges, et parvint successivement à les intéresser en faveur de l'accusé, qui fut acquitté à l'unanimité des suffrages. Que fût-il arrivé si le procureur-général ne s'était laissé entraîner par ce sentiment de justice qui lui fit prendre ainsi la défense de cet infortuné ? La tête d'un innocent aurait roulé sur l'échafaud. »

A ce trait de généreuse intervention, nous ajouterons un autre exemple qui témoigne combien les suites d'une erreur judiciaire peuvent être déplorables.

« Un procureur du roi portant la parole devant une cour d'assises, persistait avec acharnement, selon les traditions des parquets, à établir la culpabilité d'un pauvre berger accusé d'un meurtre. L'intérêt de la société, les circonstances du crime, la vindicte publique, sa propre conviction, invoqués tour-à-tour, fournirent ample matière à son réquisitoire. Avec le système des interprétations, rien ne paraît impossible, et l'on peut tout prouver. Il usa et abusa sans doute de ce système si faux en lui-même, avec tant de bonheur, que l'accusé fut condamné à mort et exécuté. Ce verdict était donc bien le fait du zèle ardent du procureur du roi.

« Mais quelques mois après l'exécution, par suite d'une découverte toute providentielle, il fut établi que la mort du malheureux berger n'avait été qu'un assassinat juridique. En conséquence, la justice humaine eut à gémir sur une de ses plus déplorables erreurs. Le procureur du roi qui, seul, avait contribué avec un zèle outré à la condamnation de l'innocent, fut tourmenté à son tour par de continuels remords, qui produisirent dans son esprit troublé des images de terreur. Tantôt, depuis ce moment, il croyait entendre retentir à ses oreilles les cris menaçants de la victime qui demandait vengeance; tantôt il semblait voir se dresser devant lui la tête du supplicié qui lançait des regards foudroyants. A table, dans son cabinet, sur chacun de ses meubles, cette tête lui apparaissait dans toute son affreuse laideur. Un soir, poursuivi par cette horrible vision, il aperçut l'image sanglante s'arrêter tout-à-coup sur le lit où reposait son enfant. Transporté d'horreur à cette vue, et voulant se débarrasser de sa présence importune, il saisit une arme pour la frapper. Mais, trompé par une fatale hallucination dont il était le jouet, il tua son propre enfant. Revenu à peine de son erreur, ce père infortuné reconnaissant le corps inanimé de son fils, perdit dès ce moment toute sa raison. »

Ainsi, le pouvoir illimité du juge d'instruction et l'influence trop exclusive du ministère public, ont exposé souvent et exposent tous les jours la justice des tribunaux et des cours royales à commettre des erreurs malheureusement irréparables. Aux yeux de la raison, il ne suffit point au magistrat d'avoir le droit de punir, il faut encore qu'il l'exerce avec mesure et équité. Quelques publicistes modernes ont compris que, dans l'état actuel de notre législation, ce droit était trop abusif, et, n'osant point l'attaquer directement en demandant la réforme complète des codes pénal et d'instruction criminelle, ils ont proposé, sous forme d'amendement, les circonstances atténuantes.

La loi des *circonstances atténuantes* n'est donc qu'un commencement de modification de ces codes, et c'est déjà un grand pas de fait dans la carrière des réformes judiciaires. Mais, par une étrange aberration de l'esprit humain, il s'est trouvé des légistes partiaux qui ont blâmé cette loi d'impérieuse nécessité.

Et pourtant, jusqu'à la publication de la loi sur les circonstances atténuantes, quelle était en police correctionnelle l'échelle de la pénalité? — Un véritable niveau de fer qu'on passait sur la tête de tous condamnés. Ainsi, les actes qualifiés d'escroquerie ou d'abus de confiance étaient punis d'un emprisonnement que le code fixait entre deux et cinq ans. Le magistrat, forcé à borner sa sentence entre ces deux chiffres, se voyait obligé, dans plusieurs cas, d'appliquer à regret une peine qu'il jugeait le plus souvent trop élevée. Il arrivait alors que dans l'impossibilité d'établir une proportion entre la peine et le délit, on frappait d'une peine égale des délits différents. Pouvait-il exister quelque chose de plus inique et de plus inhumain?

Mais les exigences du code pénal étaient bien autrement cruelles devant la cour d'assises. Antérieurement à la loi des circonstances atténuantes, le jury était en quelque sorte paralysé dans son action judiciaire. Ainsi, sa fonction ne consistait qu'à prononcer affirmativement ou négativement sur l'existence d'un fait. Là se bornait toute son intervention.

On conçoit à combien d'arbitraires et d'abus devait donner lieu cette décision abstraite. Il arrivait d'abord, qu'étranger à l'appréciation plus ou moins grave des faits, et voyant la loi transformée, pour lui, en un lit de Procuste, il prononçait un verdict négatif, dans la crainte de frapper un accusé d'une peine trop rigoureuse. C'était là un accommodement blâmable, quoique nécessaire, qu'il faisait avec sa conscience. Quelquefois encore il n'émettait son opinion qu'avec des considérations restrictives qui entravaient la marche de la justice. Il fallait donc faire cesser le plus tôt possible cet état de choses, en réformant certaines dispositions de notre code pénal. En ce sens, la loi des circonstances atténuantes a eu des résultats avantageux.

Nous savons que certains moralistes, qui ne voient toujours

que le côté matériel d'un crime, désapprouvent cette faculté d'appréciation accordée au jury. Les motifs qu'ils invoquent en faveur de leur opinion, sont dans les circonstances atténuantes, qu'ils regardent, sous le rapport de la pénalité, comme faisant retomber la cour d'assises bien au-dessous de la police correctionnelle, en confondant ce que ces deux juridictions ont de plus distinct : la sanction pénale.

Mais cette opinion est combattue par l'opinion contraire, qui désapprouve l'intervention du jury, comme nuisible à l'intérêt même de l'accusé, en ce sens qu'avec le système des circonstances atténuantes, on prononce plus facilement une condamnation qu'un acquittement. Ainsi, d'une part, c'est l'aveugle rigueur de la loi qu'on invoque ; de l'autre, c'est son relâchement qu'on demande. Ces deux opinions extrêmes démontrent la nécessité de réviser notre législation criminelle dans le sens de la raison et de l'équité naturelles.

Lorsque l'accusé, que le glaive de la loi a frappé, a descendu les marches humides qui conduisent de la cour d'assises dans ce tombeau de granit qu'on nomme la Conciergerie, une nouvelle existence commence alors pour lui. Le premier pas qu'il fait dans cette carrière de douleurs et de souffrances qui s'ouvre devant lui, et qu'on appelle la vie des prisons, est marqué par un hourra de malédiction que la société jette sur son avenir. Ce cri de réprobation est poussé par les mille voix de la publicité ; c'est le glas de sa mort civile que le journalisme prend sur lui d'annoncer aux contemporains. Quel métier que celui-là !

Il existe à Paris des journaux dont la spécialité consiste à ne traiter que des matières judiciaires. Procès scandaleux, assassinats et empoisonnements, crimes atroces, vols audacieux, aventures nocturnes, récits graveleux de la police correctionnelle, drames de la cour d'assises, turpitudes honteuses, ces feuilles périodiques recueillent tout cela et le jettent tous les jours en pâture à la vorace publicité. Ainsi, loin de travailler à la réforme de nos lois ou à celle des mœurs publiques, il semble qu'elles n'aient voulu borner leur mission qu'à étaler les plaies honteuses de notre société. La liberté de la presse est assurément une excellente chose, mais elle doit être contenue dans de justes bornes; poussée à l'excès, elle dégénère en licence. Aussi, par suite de ce faux esprit qui préside à leur direction, le mal que font les journaux judiciaires est-il incalculable.

En Angleterre et dans les États-Unis, la mission du journaliste est bien autrement comprise. Dans ces pays, le journalisme est la sauvegarde des lois; il protège les intérêts des prévenus, il surveille et dirige l'action de la justice; il est, en un mot, une sentinelle vigilante préposée à la défense des libertés publiques. Le contraire a lieu en France, où les journaux judiciaires semblent n'avoir été créés que pour mettre en relief le crime, qu'ils représentent avec des couleurs séduisantes afin de l'inoculer en quelque sorte dans l'esprit de leurs lecteurs. Tantôt, ce sont des détails mensongers qu'on donne sur un fait dont la qualification appartient seulement à la justice. S'il s'agit, par exemple, d'un crime qui vient de se commettre, ces journaux s'empressent de livrer à la publicité une relation qu'ils en font et qui est presque toujours inexacte. Tantôt on lit dans leurs colonnes, longtemps avant le jugement, les actes d'accusation concernant certains criminels de haute distinction. Ils égarent ainsi l'opinion sur la nature d'un fait qui doit rester inconnu et en dehors de toutes les influences. Quelquefois, à l'occasion d'un crime ou d'un délit, ils font connaître les noms des prévenus qu'ils flétrissent d'avance, alors que ces prévenus sont mis plus tard en liberté par des ordonnances de non-lieu. Enfin, ils produisent au grand jour des comptes-rendus d'une partialité révoltante, et toujours au préjudice des condamnés.

Nous avons vu un journal judiciaire déclarer qu'un accusé s'était avoué coupable, à l'audience, d'un crime qui lui était reproché, alors qu'il n'avait cessé, au contraire, de protester de son innocence. Dans une autre circonstance, il relatait contre l'accusé des griefs accablants dont il n'avait pas été même question aux débats; et, amplifiant encore le prononcé du jugement, il inventait la surveillance et la réclusion, dans un procès où rien ne les motivait. Rapporter des faits controuvés, aggraver la peine qui a frappé un condamné, déverser le ridicule et la plaisanterie sur des malheureux qui comparaissent devant leurs juges ; intéresser des abonnés *quand même*, c'est-à-dire aux dépens de la morale, du bon sens, de la réputation des individus, tel est l'esprit qui préside à la rédaction de ce déplorable journal.

Si nous insistons sur ce sujet, ce n'est point sans raison et par esprit de pure critique. Nous avons pu apprécier dans les prisons, où sont les types des personnages exploités par les feuilles judiciaires, toute l'étendue des mensonges qu'elles inventent sur leur compte, et comment elles égarent la crédulité publique. On se rappelle, sans doute, le fameux procès dit de la *Tour de Nesle*. S'il fallait en croire les détails rapportés par les journaux judiciaires, ce procès devait offrir de monstrueuses révélations. Les horreurs de Marguerite de Bourgogne et les orgies que l'on voyait dans le drame qui porte ce nom, étaient, cette fois, outrepassées. La curiosité publique, tenue ainsi en éveil, paraissait étrangement excitée longtemps avant le jour du jugement. De quoi s'agissait-il donc? D'un pauvre garni situé dans un quartier obscur de Paris, qu'on avait désigné sous le nom de la *Tour de Nesle*; de cinq à six ouvriers hantant les salles de bal de la rue Mouffetard, la Babylone des chiffonniers, et à qui la fantaisie était venue de se désigner entre eux par les noms de Buridan, de Delaunay et autres noms de ce genre; enfin, de trois filles publiques contraintes ou non contraintes à assister aux dégoûtantes orgies que ces personnages organisaient entre eux. Voilà tout l'intérêt dramatique de ce procès monstrueux, dont ces feuilles annonçaient d'avance les plus étranges détails. On se rappelle encore que, selon ces véridiques journaux, la *Tour de Nesle* était un repaire de brigands de distinction qui enlevaient les femmes et les filles, les prostituaient et les faisaient ensuite disparaître; que leur audace n'avait point de bornes, puisqu'ils la portaient jusqu'à bâillonner des mineures de douze et quatorze ans qu'ils transportaient de force dans leurs souterrains, afin de les faire servir à leur libertinage ; en un mot, que ces modernes lovelaces employaient le fer, le poison et tous les narcotiques, ni plus ni moins que les héros ou héroïnes de la pièce de ce nom, qu'ils surpassaient encore en infâmes machinations.

On sait aujourd'hui, par le jugement rendu contre le Buridan de la nouvelle *Tour de Nesle*, qui n'a été condamné, comme principal accusé, qu'à cinq ans d'emprisonnement, combien les récits des journaux judiciaires étaient non-seulement exagérés, mais encore controuvés.

C'est surtout en prison, où l'on voit de près les types des personnages créés par les gazettes des tribunaux, que l'on s'étonne du génie audacieusement inventif de leurs rédacteurs. Un pauvre homme, un niais, des individus quelque peu excentriques sont, par eux, transformés tout-à-coup en de notabilités auxquelles ils prêtent le ridicule, l'esprit, les travers ou le génie qu'ils n'ont jamais eus. Le but de ces journaux est de viser à l'effet, et pour cela, ils tracent des charges ou des caricatures, quand, toutefois, ils n'achèvent pas de tuer moralement leur victime.

Qui croirait qu'un tribunal a prononcé la condamnation d'un insensé sur la foi d'un journal judiciaire qui avait accrédité que sa folie était feinte ? On s'est aperçu, plus tard, de la triste réalité ; et le malheureux, atteint d'aliénation mentale, est mort deux ans après dans une maison de fous. Aussi nous osons publier bien haut que si généralement on a des idées fausses sur les prisons et sur les prisonniers, la cause en est, en partie, aux journaux judiciaires qui contribuent de tout leur pouvoir à les populariser.

Quand la justice a prononcé son arrêt, une barrière impénétrable s'élève alors entre la société et le condamné, qui est arrivé au terme de cette première partie de l'existence du prisonnier qu'on appelle la prévention. Si, portant ses regards sur le passé, depuis le jour de son arrestation jusqu'à celui du jugement, il embrasse, dans son ensemble, cet enchaînement de peines et de tribulations, quelle triste revue !

Qu'il est à plaindre, celui qui est passé au travers de ces innombrables filières, que nos codes désignent sous le nom de formalités judiciaires !

Les peines dont nos lois punissent les condamnés sont ou doivent être proportionnées aux crimes et aux délits qui leur sont reprochés. L'échelle de la pénalité se divise en quatre degrés : l'emprisonnement, la réclusion, les travaux forcés et la mort. Chacune de ces peines est, de droit, distincte et proportionnée à la faute; mais elle ne l'est point toujours, de fait, ainsi que nous aurons bientôt l'occasion de le démontrer. Dans tous les cas, le condamné, soit en police correctionnelle, soit en cour d'assises, commence le premier temps de sa peine par le préliminaire de rigueur connu sous le nom de *transfèrement*. En style ordinaire, le transfèrement n'est autre chose que le transport du condamné par le *panier à salade*, de la prison de la Conciergerie dans la maison de correction qui lui a été destinée.

Si le condamné est mineur, frappé par la loi de la peine de l'emprisonnement, il est dirigé, pour le ressort de la cour royale de Paris, dans la maison de correction de la Petite-Roquette, dite des *Jeunes Détenus*.

Paris, par une heureuse exception, offre ce désolant spectacle d'une foule de jeunes enfants qui errent dans les rues de la capitale où ils sont abandonnés sans parents, et souvent par leurs propres parents. Vagabonds, sans domicile et sans ressources, ils se livrent à toutes sortes d'industries et de dissipations, depuis les jeux les moins innocents jusqu'au vol. A peine entrés dans la carrière de la vie, ils s'exercent ainsi à ces coupables métiers, et deviennent dans la suite des malfaiteurs consommés. On voit tous les ans, sur les bancs de la police correctionnelle, des bandes de ces enfants perdus qui vont rendre compte à la justice des actes d'inconduite dont ils n'ont pas même la conscience. Dans les provinces, à défaut de parents, la charité publique les recueille et les protège; chez les peuples voisins, l'État se charge de les élever avant qu'ils aient eu le temps de se lancer dans la carrière du crime. Dans la capitale du monde civilisé, ces enfants, sans asyles et sans protecteurs, vont répondre de leurs méfaits devant les tribunaux, qui, pour les corriger, les flétrissent par un jugement.

Les philanthropes modernes ont inventé bien des systèmes pénitentiaires pour amender ces jeunes condamnés de différents âges, depuis huit jusqu'à seize ans. Enfermés d'abord à Bicêtre, au milieu de forçats, de voleurs de profession et de repris de justice, ils apprenaient avec eux le langage des bagnes, les propos les plus obscènes, et la science du vol et du crime, tandis que leur jeune imagination se corrompait insensiblement à la vue des plus hideux tableaux. La scène du ferrement des forçats, dont la chaîne partait de Bicêtre; le cynisme et les quolibets des galériens qu'on soumettait à cette rigoureuse précaution; les froides plaisanteries, les mépris les plus insultants qu'ils déversaient sur la magistrature, sur nos lois et sur leurs propres compagnons d'infortune; tels étaient les exemples qu'on mettait sous les yeux des jeunes détenus. L'expérience démontra bientôt combien une pareille école devenait dangereuse pour eux, et ce fut alors qu'on les sépara des grands condamnés, pour les réunir en communauté.

Ce nouveau système ne parut pas satisfaire tout-à-fait aux vues réformatrices qu'on se promettait de réaliser; et sous prétexte que ces jeunes enfants se gâtaient, se viciaient entre eux, on imagina de les soumettre au système cellulaire ou de l'isolement.

On construisit à cet effet, dans le voisinage du cimetière du Père-Lachaise, la prison de la Petite-Roquette, telle qu'elle existe aujourd'hui. Le plan intérieur de cet édifice se compose de nombreuses salles, autour desquelles sont formées des cellules demi-circulaires, disposées de manière que les ouvertures ne puissent avoir aucune communication entre elles. Chaque détenu est enfermé séparément dans une cellule, d'où il ne sort qu'un quart d'heure par jour, afin d'aller respirer l'air dans une cour particulière.

A part ce temps de récréation qu'il passe seul dans la cour contiguë à son quartier, il est continuellement clôturé dans sa cellule, où il n'est visité que par un gardien spécialement affecté à ce service, et par un contre-maître. C'est là qu'il mange, qu'il dort, qu'il travaille à un métier manuel qu'on lui apprend; c'est là, dans sa cellule, qu'on l'instruit, qu'on le fait prier, qu'on l'admoneste, qu'on le punit, qu'on le corrige; c'est là, en un mot, qu'il vit tant qu'il lui est possible de vivre, c'est-à-dire jusqu'à ce qu'il ne succombe point à la peine. Dans aucun cas, il ne peut communiquer avec nul être vivant; il ne peut voir personne, il ne peut parler à aucun de ses semblables; et cette précaution est portée si loin, que les dimanches et les jours de fête il n'assiste aux offices que d'intention, et par la lecture que fait à haute voix, dans le corridor du quartier, un détenu préposé à ce service; s'il est malade, on le dépose à l'infirmerie, disposée aussi en cellules; enfin, s'il doit sortir de son cabanon, pour aller, par exemple, auprès de l'aumônier, on lui voile la tête d'un capuchon qui cache toute sa figure aux yeux de ses camarades.

Par suite de cet isolement, qui dure deux, trois, cinq et jusqu'à sept ans, il arrive que la plupart des jeunes détenus meurent atteints, les uns d'aliénation mentale, les autres de congestions cérébrales, le plus grand nombre de maladies scrofuleuses; ceux qui ont eu assez de tempérament pour résister à ce régime, conservent le reste de leur vie des traces physiques des souffrances et des tortures qu'ils ont endurées. Ces faits paraissent d'abord étranges, surtout lorsqu'on a lu les rapports faits par les inspecteurs de ces maisons, qui se félicitent toujours des bons résultats obtenus par ce système. Mais comme nous tenons, avant tout, à être vrais, et à ce qu'on ajoute foi à nos assertions, voici des questions que nous voulons adresser aux administrateurs de la prison de la Petite-Roquette:

Est-il vrai qu'à la faveur du système cellulaire mis en pratique dans cette maison, les jeunes détenus sont frappés d'une façon brutale, et qu'ils peuvent l'être encore avec plus d'impunité?

Est-il vrai que la mortalité est la plus considérable que

dans toute autre prison; et que les maladies chroniques sont les conséquences inévitables du régime qu'on y observe?

Est-il vrai que le moral des détenus y est plus affecté qu'ailleurs, sans qu'il soit pour cela plus amendé?

Est-il vrai que le progrès que font ces enfants dans le métier qu'ils exercent est imperceptible, au point qu'ils en sortent tous mauvais ouvriers? que le prix de leur travail mis à la masse est si minime, qu'il suffit à peine, lorsqu'ils rentrent dans la société, à leurs premiers besoins?

Il est impossible qu'à toutes ces questions on puisse répondre d'une manière avantageuse, tant elles ont de gravité.

Mais la preuve la plus manifeste qu'on puisse invoquer des dangers de ce système pénitentiaire, est non-seulement la grande mortalité dont il frappe les détenus, mais encore les effets négatifs de moralisation qu'il produit. Ainsi, on retrouve dans les autres prisons, en état de récidive, un nombre considérable de ces jeunes enfants qui ont été élevés à la Petite-Roquette. Il faut donc regarder l'isolement comme moyen insuffisant, incomplet, de moralisation.

Si le condamné est majeur, et qu'il ait à subir la peine de l'emprisonnement au-dessous d'un an, on le transfère à Sainte-Pélagie. Cette prison est destinée soit aux condamnés pour simples contraventions de police, qui ont un quartier spécial nommé le *Quartier des Conducteurs*; soit aux condamnés politiques qui occupent la partie aristocratique de l'édifice, appelée le *Pavillon des Princes*; soit aux autres condamnés au-dessous d'un an, auxquels est réservé le quartier de la détention.

Aux termes de l'art. 40 du code pénal ainsi conçu : « Quiconque aura été condamné à la peine d'emprisonne-« ment, sera renfermé dans une maison de correction; il y « sera employé à l'*un des travaux établis dans cette mai-* « *son*, A SON CHOIX; » tout condamné, sans distinction, est soumis au travail.

La loi n'admettant aucune exception, il peut arriver et

il arrive souvent qu'un peintre, un écrivain, un artiste, un architecte, un avocat, un légiste, un professeur, ou tous autres individus exerçant des professions libérales et qui subissent des condamnations intermédiaires entre six jours et un an, soient contraints et soumis à un travail manuel. Or, comme dans la maison de détention de Sainte-Pélagie les travaux établis se bornent à des ateliers de tailleurs, de chaussons, de bourrelets, de boutous et à la fabrication d'allumettes chimiques, il s'ensuit qu'ils doivent être employés à ces travaux.

Est-il bien convenable de confondre ainsi la nature des délits, le caractère des détenus, leur position sociale, pour les mêler et les jeter indistinctement dans la plus dégradante abjection ?

On objecte, il est vrai, qu'on peut se soustraire à l'obligation du travail en payant *vingt-cinq centimes* par jour. Outre qu'il est possible que la plupart des condamnés qui ne sont point habitués à exercer un métier manuel, n'aient pas cette somme à leur disposition, le règlement en lui-même qui les soumet au travail est absurde et de plus illégal.

Avant tout, si l'on veut appliquer les dispositions de l'article 40 précité, et cela sans distinction, il faut établir dans la prison un assez grand nombre d'ateliers divisés par catégories et variés selon les différents genres de professions les plus usitées. Un artiste, un littérateur, un architecte, par exemple, que l'on force à faire des chaussons pendant leur détention d'un ou deux mois, ne sortiraient point de leur condition en travaillant dans un atelier de réglure, de dessin ou d'autres objets de ce genre.

Nous pensons que l'art. 40 du code pénal qui, jusqu'à ce jour, n'a été mis à exécution que par voie d'ordonnance, a besoin d'être réglé par une nouvelle loi. Puisqu'il y a des degrés dans la faute, et que par cela même il doit exister des degrés dans la peine, pourquoi la loi ne les établirait-elle point clairement par une disposition du code, concernant surtout les condamnés au-dessous d'un an d'emprisonnement? Nous le répétons, l'art. 40, trop exclusif dans sa disposition générale, doit être révisé comme tant d'autres articles du même code; nous en ferons ressortir plus tard l'urgente nécessité.

Si le condamné est un vieillard pauvre, un mendiant ou un vagabond, on le transfère au dépôt de Saint-Denis, dit *dépôt de mendicité.*

Nos lois agissent à l'égard de la vieillesse pauvre, infirme, sans asyle, comme envers l'enfance; elles la flétrissent avant de la secourir ou de la corriger. N'est-ce pas le comble de l'injustice? La vieillesse n'est-elle donc plus respectable? Un octogénaire sans parents, sans amis, sans ressources, est jeté dans la rue; l'âge a épuisé ses forces; il ne peut plus gagner son pain. L'État, représenté par un municipal ou par un sergent de ville, loin de venir à son secours en lui donnant un abri et du pain pour le reste de ses jours, le conduit d'abord dans une maison d'arrêt. Puis, comme il a institué des dépôts de mendicité, avant de l'y faire admettre il commence par le déshonorer en le frappant d'une condamnation judiciaire. Ce n'est qu'après avoir été flétri par un jugement, que le vieillard est conduit au dépôt où il vit mal et où il meurt vite.

Le dépôt de mendicité de Saint-Denis est encore destiné aux vagabonds et aux mendiants dans la force de l'âge, qui, ne justifiant point de leurs moyens d'existence au sortir de prison où ils ont subi une détention, sont condamnés à se faire une masse. A cet effet, on les enferme au dépôt où ils sont employés à divers travaux dont ils perçoivent un salaire. Mais ce salaire est fixé à un si bas prix que, pour parvenir à composer une masse de *soixante francs,* un ouvrier ordinaire est obligé de travailler pendant dix et quinze mois. Qu'on songe combien de temps doit passer dans le dépôt un ouvrier impotent ou inhabile, qui ne peut obtenir sa liberté qu'au prix d'une masse élevée.

Le régime intérieur de chacune de ces trois maisons peut différer et diffère essentiellement entre elles ; car la Petite-Roquette, Sainte-Pélagie et le dépôt de Saint-Denis représentent diverses catégories de détenus qu'on ne saurait soumettre à un règlement uniforme, par ce motif que ces détenus ne sont point eux-mêmes dans des conditions semblables d'âge et de moralité. Mais il est un côté par lequel ces trois maisons de détention se ressemblent beaucoup, c'est celui qui a rapport à l'administration et à l'entreprise des travaux qui les concernent.

L'administration supérieure des prisons se compose, dans le département de la Seine, du préfet de police, d'un conseil particulier et des inspecteurs généraux, qui relèvent eux-mêmes du ministère de l'intérieur. Le chef naturel de cette administration est le préfet de police, auquel s'adressent les plaintes, les demandes et les réclamations des détenus; il exerce sur ces derniers une domination souveraine.

Cette domination a pour objet la solution de ce problème : trouver le moyen, en utilisant la punition légale du détenu, de lui faire produire de manière que non-seulement il ne coûte rien au trésor, mais encore qu'il lui procure des bénéfices ; et ce problème, elle le résout en organisant le système des entreprises des travaux.

Tous les ans, le gouvernement afferme à un entrepreneur général, pour une période de temps déterminée, tous les prisonniers renfermés dans les maisons de détention qui se trouvent sous sa dépendance. Les conditions de ce bail à ferme sont stipulées réciproquement comme suit :

L'État fournit, avec les individus à exploiter, les locaux et tout le matériel qui les compose, d'après un inventaire qui en est dressé ; de plus, il paye *trente-six centimes* par jour pour chaque prisonnier, et il concède, en outre, les produits de la *cantine*.

On appelle cantine, un quartier spécial affecté à la vente de certaines provisions autorisées par les règlements.

Tous les employés de l'administration particulière de chaque prison mise ainsi en fermage, sont aux frais et à la charge du Gouvernement.

L'entrepreneur général, de son côté, s'engage à nourrir, à vêtir et à entretenir tous les prisonniers à lui concédés ;

n'importe le nombre, le sexe et l'âge. Moyennant ce, il a le droit de les employer à tels travaux qu'il juge convenable, et, afin de rendre cette exploitation la plus lucrative possible, il sous-afferme à des entrepreneurs particuliers son droit de fermage.

Alors commence le rôle de la spéculation. On organise les travaux, on forme des ateliers de toute sorte, à la convenance de l'entrepreneur, et l'on distribue la tâche à chaque détenu.

Les règlements qui concernent les travaux des maisons de détention, diffèrent peu de ceux qui régissent les habitations de nos colonies où se fait l'exploitation des noirs. Dans la société, tout travail mérite salaire. On pense bien autrement en prison, où le détenu est assimilé au nègre, aux termes des nouvelles ordonnances de 1842, c'est-à-dire qu'il ne travaille plus que pour un maître.

Ainsi, sous l'empire des lois pénales encore en vigueur, le détenu doit être employé à des travaux manuels établis dans la maison où il est enfermé; cela devient incontestable. Mais nos codes disent-ils qu'il ne recevra point de salaire? Nullement. Le contraire a existé jusqu'à ce jour, puisque, dans les prisons, le travail a été convenablement rétribué.

Maintenant, le prix de la main-d'œuvre, fixé d'après un tarif bien inférieur au prix de la main-d'œuvre réglé dans la société, se fractionne en trois parts : la moitié pour le détenu, le tiers pour l'entrepreneur, le sixième pour l'État.

Ainsi, le salaire d'une journée de travail, fixé à 75 c. (*quinze sous*), est distribué de la sorte : 37 c. (*sept sous et demi*) au prisonnier, 25 c. (*cinq sous*) à l'entrepreneur, et 15 c. (*deux sous et demi*) au trésor. Les *trente-sept centimes*, ou la moitié du salaire du travail du condamné, se divise encore en deux parts égales : l'une est destinée à lui former une masse de réserve, et l'autre lui est donnée à la main.

D'après ces règlements, l'entrepreneur général a, pour couvrir ses charges :

1º Les *trente-six centimes* que lui accorde l'État par jour pour chaque prisonnier;

2º Les produits considérables de la cantine;

3º La différence dans le prix de la main-d'œuvre des objets fabriqués ou confectionnés dans la société;

4º Enfin, un *tiers* sur le salaire de tous les travaux de la maison.

Les bénéfices de l'entreprise sont généralement considérables; de sorte que les entrepreneurs s'enrichissent aux dépens des labeurs du pauvre prisonnier, qui suffit lui-même à sa nourriture et à son entretien. Loin de coûter à l'État, les prisons produisent donc des bénéfices.

Nous verrons, dans le chapitre des maisons centrales, combien le sort du prisonnier, déjà si malheureux dans les simples prisons de correction, est digne de pitié et de commisération dans les maisons régies par le système.

Le législateur, qui n'a pas voulu néanmoins que l'arbitraire présidât à la destinée des détenus, a eu soin de prescrire en leur faveur certaines dispositions règlementaires. Afin de tenir la main à leur exécution, le préfet de police et les inspecteurs généraux sont tenus de faire, au moins une fois par mois, la visite de ces maisons. Cette obligation n'est pas et ne saurait être une vaine formalité.

Nous avons assisté à une de ces visites officielles que le préfet de police, le procureur général et un des inspecteurs généraux faisaient dans une des maisons de détention de Paris. L'arrivée de ces trois personnages était d'abord annoncée quelques jours d'avance, afin que l'ordre, la propreté et la discipline fussent observés strictement dans les divers quartiers de la prison. Ils en inspectèrent quelques uns, les plus commodes par leur disposition intérieure, par la distribution convenable des locaux et par leur agréable situation. Quant aux autres quartiers, ceux qui étaient situés sous les combles, où le froid en hiver et la chaleur en été règnent avec tant de rigueur qu'ils deviennent inhabitables, ceux du rez-de-chaussée, dont l'obscurité sombre et l'humidité dévorent les parois des murailles; ceux, enfin, qui sont occupés par des cellules étroites, noires, où le jour et l'air arrivent à peine à travers des persiennes en fer, et dans l'intérieur desquelles gisent trois ou quatre malheureux ; quant à ces quartiers, ils ne furent point honorés de la visite de ces trois fonctionnaires. Nul doute qu'un jour, s'ils sont appelés, par la nature de leurs fonctions, à faire un rapport sur cette prison, ils ne parlent avec enthousiasme du bien-être dont y jouissent les détenus. Car ils se sont retirés, en effet, pleins de cette idée que les prisonniers ne sont pas des gens trop malheureux dans leur séquestration.

Qu'auraient dit ces hauts fonctionnaires si, au lieu du beau côté de la prison, on leur eût montré le côté hideux, laid, ignoble ? Nous ne parlerons point des réclamations individuelles qu'ils pourraient recueillir, s'ils tenaient à s'éclairer, en s'adressant indistinctement à un certain nombre des détenus ; ni des informations qu'ils devraient prendre au sujet de la nourriture, de l'entretien et du régime de la maison ; ni moins encore de l'inspection des cachots et des autres instruments de punition dont il leur serait facile de constater les atroces destinations. Ces honorables visiteurs, sans doute, ne devaient point s'occuper de toutes ces bagatelles.

Et voilà pourtant des personnages qui se disent fort instruits sur le régime des prisons, qui écrivent et pérorent sur l'amélioration des maisons de détention, et qui, bien convaincus, bien renseignés de la sorte, proposent, comme le plus beau résultat de leurs investigations philanthropiques, le système cellulaire ou l'isolement des prisonniers.

————

CHAPITRE VII.

La Grande-Roquette. — Maisons de réclusion dites *centrales*. — Administration et organisation des travaux intérieurs. — Le salaire et la
masse de réserve. — PUNITIONS : le silence absolu, le mur, le cachot,
le solitaire, les séparés, les fers. — TORTURES : l'étouffoir, le cachot
à lattes, la table de marbre, la canne du tambour-major, la rotonde,
le poteau et les anneaux. — Maladies et hygiène des maisons de
force et de correction.

La loi, fort sage dans son esprit, a distingué, non sans
motifs, entre la peine de l'emprisonnement et celle de la réclusion. « Quiconque , dit-elle, aura été condamné à la
« peine de l'*emprisonnement*, sera renfermé dans une *mai-
« son de correction.* » — « Tout individu de l'un ou l'au-
« tre sexe, condamné à la peine de la *réclusion*, sera ren-
« fermé dans une *maison de force.* »
Cette double distinction entre ces deux peines n'est pas
une vaine classification, puisque la peine qualifie toujours
la faute. L'une n'atteint que les délits qui ne sont justiciables
que de la police correctionnelle ; l'autre s'applique toujours
aux crimes qui relèvent de la cour d'assises. Mais par suite
des modifications qu'a subies notre code depuis quelques an-

nées, et notamment par la loi des *circonstances atténuantes*, la cour d'assises peut condamner à la peine du simple emprisonnement.

Le régime lui-même des prisons se ressent de cet état de confusion. Comment pourrait-il en être autrement ? puisque, de fait, aujourd'hui, la même peine frappe le délinquant et le criminel, celui qui est condamné à l'emprisonnement et le réclusionnaire.

Tout individu condamné à la peine de l'emprisonnement *au-dessus d'un an*, est renfermé dans une maison de force avec les réclusionnaires, malgré le vœu de la loi qui veut qu'on l'enferme dans une maison de correction. Là est, en principe, le mal des prisons sur lequel doivent porter spécialement les réformes pénitentiaires à établir un jour.

Lorsqu'un individu a donc été condamné soit à l'emprisonnement fixé au-dessus d'un an, soit à la réclusion, il est dirigé vers une des maisons de force appelées aussi *centrales*. Mais comme si, avant tout, on voulait le soumettre à une espèce de noviciat, on le transfère, après son jugement, de la Conciergerie à la maison de détention de la Grande-Roquette.

Là commence, pour lui, le règne dur, sévère, du système. Ce vaste monument de pierre avec ses cours étroites, ses cellules, ses ateliers ; la discipline rigoureuse de cette maison, où le silence et la mort semblent régner sur des physionomies tristes, sombres et mélancoliques ; tels sont les premiers objets qui s'offrent à lui en perspective. Il séjourne un temps plus ou moins limité dans ce lieu de malheur, espèce de halte placée exprès là, sur le chemin qui doit le conduire à un lieu plus affreux encore.

Après être resté huit, quinze et souvent quarante jours à la Grande-Roquette, le condamné est transféré dans une des nombreuses centrales situées aux environs de la capitale, telles que Poissy, Gaillon, Melun, Fontevrault, etc. Le transport des condamnés s'opère au moyen d'une voiture cellulaire divisée en douze cases.

Arrivés à la maison de force ou *centrale* qui leur a été

désignée, les condamnés sont enfermés pendant vingt-quatre heures dans une salle de police consacrée aux nouveaux venus. Ce délai expiré, on procède à leur toilette, qui consiste à revêtir le costume de la maison, composé d'une veste et d'un pantalon de drap grossier et de couleur grissale; d'un chapeau rond de la même couleur et d'une fabrication plus grossière encore ; enfin, d'une paire de sabots. On leur coupe, en outre, les cheveux et on leur rase entièrement la barbe.

Dès qu'ils sont habillés, ils comparaissent devant les membres qui composent l'administration de la maison et qui sont : le directeur, l'inspecteur, le major, chef des gardiens, le brigadier sous-chef, le maître d'école, l'entrepreneur des travaux et les gardiens, au nombre environ de *trente-six*, selon l'importance de la maison centrale. Cette espèce de cérémonie ou d'exhibition se nomme audience. Le lieu où se tient cette audience est formé d'une vaste salle distribuée sur le plan d'une chambre de justice. Les sièges des juges sont placés sur une estrade élevée; ceux qui les occupent et qui forment un espèce de tribunal sont : le directeur, remplissant les fonctions de président, l'inspecteur et le maître d'école, celles d'assesseurs; le major, en uniforme, exerce l'office du ministère public.

C'est devant cette cour ainsi constituée qu'on fait aux condamnés la lecture du règlement dont voici quelques unes des dispositions : le silence le plus absolu doit être observé pendant tout le temps de la durée de la peine.—Toute boisson, vin, bière, liqueurs sont interdits aux détenus. — L'usage du tabac est rigoureusement défendu. — Lorsqu'on s'adresse à un gardien, il faut lui parler à voix basse, poliment et la tête nue. — Le rapport d'un gardien fait toujours foi. — La moindre infraction au règlement sera punie de huit jours de cachot. — Tout détenu est astreint au travail, etc.

Dès qu'on leur a fait cette lecture, l'inspecteur les appelle devant lui, et les classes par ateliers. La manière dont a lieu cette classification est des plus curieuses. On va juger, par les questions suivantes que l'inspecteur adresse individuellement à tous les condamnés, de l'esprit philanthropique des prisons.

— Comment vous nommez-vous ?

— Jérôme Baboulard.

— C'est bon ; voici le n° 120 que vous mettrez à votre chapeau. Dorénavant voilà votre nom.

— Combien de temps avez-vous à faire ?

— Cinq ans.

— C'est bon ; ça se tire. Quel est votre métier ?

— Tailleur.

— Eh bien ! qu'on envoie cet homme aux serruriers.

S'il est charron, l'inspecteur le classe dans l'atelier des ciseleurs ; s'il est horloger, dans celui des cordonniers ; s'il est ébéniste, dans celui des bonnetiers, etc.

Une fois admis dans un atelier, le système commence à peser d'un poids bien lourd sur le condamné. Dans sa nouvelle condition, les plus affreux de ses devoirs à remplir sont le silence et le travail intérieur. Cette double peine ne souffre jamais aucune exception. On pourra s'en convaincre par l'exposé des faits suivants. — Depuis quatre heures et demie du matin, en été, jusqu'à sept heures du soir, le détenu est soumis à un travail continu qui n'est suspendu qu'à deux courts intervalles, ceux des repas. Chacun de ces intervalles est suivi d'une demi-heure de récréation, qui forme l'aspect le plus bizarre, par la manière dont les détenus la subissent.

Que le lecteur s'imagine de longues et vastes cours dans chacune desquelles s'agitent cinq à six cents prisonniers de tout âge et de différents caractères. Un silence absolu, le mutisme le plus complet règnent parmi eux. Le mouvement et le repos, ces deux besoins indispensables de la vie de l'homme, fonctionnent là avec ordre et méthode. A l'instant du repos, les détenus sont assis silencieusement sur des bancs en pierre, les uns à côté des autres ; si quelques uns d'entre eux veulent marcher et prendre de l'exercice, ils s'avancent vers le milieu de la cour, l'un à la file de l'autre, sur une même ligne. Échelonnés ainsi en forme de chapelet ou en *queue de cervelas*, comme on dit en centrale, ils exécutent diverses évolutions en tous sens, selon la direction que prend le chef de la colonne qui grossit ou diminue irrégulièrement le nombre de ceux qui la composent. A un signal donné, les évolutions cessent, et tous les prisonniers se formant aussitôt en deux rangs, rentrent en cet ordre dans les ateliers.

Le silence rigoureux, le travail sans fin et sans variété, la monotonie des lieux et l'uniformité de pareils exercices, durent ainsi, pour quelques uns d'entre eux, pendant cinq, dix, quinze et vingt années. Quelle existence !

En France, avec les plus louables intentions de moraliser le condamné, on a complètement manqué ce but; et la loi, en voulant lui imposer un travail qui l'occupe utilement, qui lui procure un salaire et surtout qui le rende meilleur, a été comprise dans un sens à réaliser le contraire.

Voici les preuves que nous en donnons :

Les ateliers des centrales occupent-ils utilement les détenus? Pour répondre à cette question, il suffit de savoir comment se font les classifications dans les ateliers. Un chapelier est envoyé aux serruriers, et un serrurier au nettoyage de la paille, selon que tel ou tel métier manque d'ouvriers, et suivant le caprice de l'inspecteur, de l'entrepreneur ou contre-maître. On ne consulte jamais le détenu.

Les ateliers des centrales, leur discipline, leur régime réforment-ils le moral des détenus, et exercent-ils sur eux une influence salutaire? Dans tous les cas, on ne pourrait attribuer cette amélioration qu'aux effets de la loi du silence strictement observée. Nous verrons dans la suite si le silence en lui-même peut avoir des vertus moralisatrices.

Le travail du système procure-t-il un salaire aux ouvriers? On sait que l'État diminue tous les jours leurs bénéfices; qu'il les rogne au point que nos réformateurs proposent de les faire cesser entièrement, c'est-à-dire de les abolir. Les détenus travaillent ainsi gratuitement.

Néanmoins, la loi dit textuellement, art. 21 du code pé-

nal : « Tout individu de l'un et de l'autre sexe, condamné
« à la peine de la réclusion, sera employé à des travaux
« dont *le produit pourra être appliqué à son profit.* » —
Art. 41 : « Les produits du travail de chaque détenu pour
« délit correctionnel seront appliqués, partie aux dépenses
« communes de la maison, *partie à lui procurer quelques*
« *adoucissements,* s'il les mérite ; partie à former pour lui,
« *au temps de sa sortie,* UN FONDS DE RÉSERVE, ainsi qu'il
« sera ordonné par des règlements d'administration pu-
« blique. »

Quelles sont les raisons qu'on invoque pour soustraire
aux détenus le produit de leur travail et le fonds de réserve
prescrits par la loi ? L'inutilité de la masse de réserve
comme moyen moralisateur, et le mauvais usage qu'en font
quelques uns d'entre eux au sortir de prison.

Nous répondrons d'abord que si l'on ôte le salaire au prisonnier, les ateliers en souffriront, car l'intérêt est le premier mobile de l'ouvrier. On imposera alors, il est vrai, la
tâche du travail. Ce moyen bon en lui-même, et applicable
dans un petit nombre d'ateliers, est impraticable dans les
nombreux et vastes ateliers de nos centrales, où la tâche,
cette appréciation de la quantité d'ouvrage à faire, ne saurait
s'appliquer à des métiers dont les travaux échappent à toute
fixation humaine. Et puis, quelle surveillance, quels employés, quelle comptabilité, quelle inspection n'exigerait-
elle point ?

Le salaire seul est le plus sûr moyen de forcer toute sorte
d'ouvriers à s'acquitter de leurs labeurs. Est-il convenable
ensuite de renvoyer sans ressources, au sein de la société,
tant de malheureux détenus, qui invoqueraient le prétexte
de leur dénuement pour excuser de nouveaux méfaits qu'ils
pourraient commettre au sortir de la prison ?

La suppression du fonds de réserve serait un crime impardonnable aux yeux de la raison et de la morale publique,
si on osait jamais l'abolir.

En fait de réformes économiques, nous pensons que le
gouvernement est arrivé aujourd'hui, au sujet du salaire

des prisonniers, à la plus simple fraction possible. A moins de réduire la condition du travailleur à un bénéfice négatif, on ne saurait fixer plus bas le tarif actuel.

Tout détenu, simple prisonnier ou réclusionnaire, qui entre pour la première fois dans une centrale, a son salaire coté aux *cinq dixièmes* ;

Celui qui est récidiviste n'a droit qu'aux *quatre dixièmes* de son travail ;

Le condamné qui revient trois fois au système n'a que les *trois dixièmes* ;

S'il y revient une quatrième fois et plus, on ne lui accorde que les *deux dixièmes*, c'est-à-dire *dix centimes* par jour.

Cette partie du salaire de chaque détenu se divise en deux : l'une forme le fonds de réserve ; l'autre, qu'on lui donne à la main, tous les mois, lui procure quelques adoucissements.

Ces adoucissements se composent des produits de la cantine, qui se bornent à du mauvais beurre, des pommes de terre bouillies et du fromage ordinaire, dont la quantité est encore fixée par les règlements. Ces comestibles et la nourriture de la prison, qui consiste en légumes tels que haricots, lentilles, riz et pommes de terre, distribués par portions fort minimes, une fois par jour, constituent tous les vivres de la prison.

Voilà le régime que nos philanthropes trouvent encore trop doux, et auquel ils veulent substituer un autre : celui de l'isolement et de la cellule.

Le taux le plus élevé du salaire que gagne, par jour, un détenu, est *un franc*, qui se subdivise comme nous l'avons indiqué ci-dessus ; le taux le moins élevé est de *dix centimes*.

L'État et l'entrepreneur perçoivent l'autre moitié du salaire des prisonniers. Cette moitié couvre les frais d'entretien, de nourriture et au-delà, puisqu'elle produit de grands bénéfices en sus, au profit de l'entreprise générale.

Afin de gouverner et d'administrer les centrales, il a

fallu établir des règlements, prescrire des devoirs et des obligations, déterminer des prohibitions, inventer des châtiments ou punitions, en un mot, organiser pour régir.

On connaît déjà quelques unes des prohibitions, telles que le silence, la privation du tabac, l'exactitude au travail, le respect envers les gardiens, le calme le plus absolu en présence des plus criantes injustices, la non-introduction des objets, soit argent, soit denrées, du dehors, etc. Voici maintenant la nature, le genre, l'étendue des punitions en usage dans les centrales. Nous recommandons cet article à l'attention des lecteurs vraiment philanthropes.

La première des punitions qu'on peut regarder comme constitutivement inhérente au système pénitentiaire des centrales, est le *silence*.

Nul détenu, à partir du jour où il entre dans une de ces maisons, jusqu'au jour où il en sort, ne doit le rompre sous aucun prétexte. Les réformateurs ont pensé que le moyen le plus sûr de corriger le coupable était de le forcer à réfléchir.

Mais est-il bien vrai qu'un silence de deux, trois, cinq et dix années qui fourniront à l'esprit un temps relatif pour les réflexions les plus étendues, puisse contribuer à la moralisation du criminel? Le silence a-t-il par lui-même la vertu d'inspirer de bonnes, d'utiles et de salutaires pensées? — Sans doute, une ame religieuse se repliant dans son intérieur, doit trouver, en elle, non-seulement un fonds d'inépuisables consolations, mais encore une force surhumaine qui la portera vers la perfection morale. Elle a d'ailleurs, dans sa conscience, une prédisposition naturelle à la vertu, but unique de ses actions. Ce qui explique, au reste, le silence absolu auquel se condamnaient volontairement, pendant des années entières, des hommes religieux pour lesquels la loi du silence était une vertu, un sacrifice, un instrument de perfectibilité chrétienne.

Le détenu est loin d'être placé dans des conditions aussi favorables. Peut-il trouver en lui ces ressources morales qui, seules, pourraient servir à l'amender et à le corriger? N'a-t-il pas, au contraire, l'occasion de lire dans le livre de sa vie intime, dans ses propres réflexions, des pages remplies de ses crimes ou de ses projets criminels ? L'expérience confirme tous les jours ce fait : Les condamnés ordinairement portés au mal préparent longtemps d'avance leurs combinaisons coupables, et c'est à leur sortie de prison qu'ils les mettent à exécution. Tous les grands criminels qui, vers ces dernières années, ont offert le spectacle de la plus audacieuse scélératesse, étaient sortis du système. Le silence absolu est donc un mauvais moyen de moralisation.

La punition du *mur* est la plus douce des corrections en usage dans les maisons centrales. Elle consiste à mettre le coupable dans l'angle d'une des cours, la face tournée contre la muraille, pendant que ses compagnons d'infortune se promènent ou prennent silencieusement leur repas. Exposé ainsi l'hiver comme l'été aux rigueurs de ces saisons, sa pénitence dure et se prolonge un temps illimité. Pour encourir cette peine, il suffit d'avoir été surpris parlant, une première fois, à un de ses voisins.

Peu de personnes, dans la société, se font une idée juste de la punition appelée *le cachot*. On croit généralement qu'elle consiste à renfermer le patient dans une pièce isolée où l'on n'est privé seulement que de la liberté limitée à un certain espace. Dans les maisons de force, la peine du cachot a une toute autre importance.

Un souterrain de quatre à cinq pieds carrés, recevant à peine le jour à travers une petite ouverture grillée sans vitrages; l'ombre et le froid couvrant les parois humides des murailles; pour lit, des dalles glacées ; de l'eau et du pain noir pour nourriture ; un baquet infect, l'obscurité du tombeau et la solitude de la mort , tel est le lieu que l'administration des prisons nomme cachot. Comment retracer les souffrances physiques atroces, les horreurs de l'isolement qu'éprouve le malheureux qui est condamné à y rester enfermé depuis huit jours jusqu'à trois, six et neuf mois ! En été, par exemple, la chaleur l'étouffe, le suffoque ; en hiver, le froid saisit tous ses membres, les engourdit et les paralyse; il n'est pas rare de voir ceux qui ont subi cette peine pendant un espace de temps assez long, en sortir la vue affaiblie et après y avoir contracté des maladies incurables. Quelques uns d'entre eux ont été arrachés de ce triste séjour morts ou moribonds.

Quelle faute doit-on avoir commis pour mériter le cachot? D'après les règlements, il suffit d'être surpris une seconde fois, adressant la parole à voix basse à son voisin, de répondre impoliment à un gardien, de ne pas le saluer lorsqu'il passe à vos côtés, d'avoir en sa possession un objet prohibé, etc.

Le *solitaire* est un genre de punition en usage dans quelques maisons centrales. On l'a emprunté au régime pénitentiaire américain, qui, comme on sait, repose sur le système cellulaire ou l'isolement. Celui qui a été condamné à le subir est renfermé seul dans une cellule garnie d'un lit en paille et d'une cruche d'eau. L'administration lui accorde, en outre, une livre de pain et une heure de récréation par jour. Sauf ces derniers adoucissements, la peine du solitaire ressemble beaucoup à celle du cachot simple, à laquelle la faute la plus légère expose le détenu.

La punition des *séparés* diffère de celle du *solitaire*, en ce sens qu'elle est supportée en commun. Les détenus qu'on veut frapper de la peine des *séparés* sont enfermés dans un quartier isolé, d'où ils ne peuvent communiquer avec les condamnés des autres quartiers. Des salles particulières sont disposées de manière à recevoir deux, trois, et jusqu'à six individus soumis, par le fait de leur incarcération exceptionnelle, à un régime sévère. Ainsi, leur nourriture est bornée à du pain et de l'eau; ils perdent le salaire de leur travail, et ne sortent de leurs cellules qu'un quart-d'heure, matin et soir, pour aller dans une cour entièrement perdue au milieu des bâtiments. Le temps de cette punition, si cruelle par sa monotonie et son uniformité, dure quelquefois soixante jours et plus. Pour encourir la peine des *séparés*, il faut seulement être surpris avoir du tabac en sa possession.

Une insulte à un gardien ou une réponse inconsidérée à une de ses obse:vations, sont regardées comme des fautes si graves, que la discipline les punit du supplice des *fers*.

Nous donnons le nom de *supplice* à la position d'un homme renfermé dans une cellule exactement mesurée à la largeur de son corps, et aux pieds duquel on rive des fers. Placé dans cette situation, qui se prolonge pendant vingt-quatre et quarante-huit heures, ses membres restent forcément inactifs, sauf les bras dont il se sert pour prendre un pain noir qui compose toute sa nourriture. Afin d'augmenter encore la rigueur de ce supplice, dans certaines prisons on attache aux fers une chaîne qui, au moyen d'une coulisse, communique au-dehors de la cellule, afin que les gardiens de ronde, qui passent toutes les nuits auprès du cabanon, puissent secouer violemment la chaîne et réveiller le patient. Ce manège atroce se renouvelle de la sorte, à de courts intervalles, dans l'espace de douze heures. Quel supplice, et quel métier !

A ces punitions, les philanthropes de nos maisons centrales en ont ajouté d'autres que nous avons désignées avec intention par le nom de *tortures*, et que nos lecteurs ne manqueront point d'apprécier à leur juste valeur.

Dans le langage des détenus, on appelle *étouffoir* un cachot à double forme. Dans certaines centrales, il consiste en un salle étroite, très-basse et creusée dans le sol; une minime quantité d'air y pénètre à travers une espèce d'œil-de-bœuf imperceptible. Le jour n'éclaire jamais cet intérieur sombre où il est presque impossible de faire trois pas. Le malheureux ou les malheureux qui y sont renfermés (car souvent on entasse plusieurs prisonniers dans cet antre), heurtent de leur tête et de leurs bras les parois de ce tombeau carré, qui, par le haut, par le bas, par les côtés, a été bâti exactement d'après les dimensions de la taille ordinaire de l'homme.

Dans quelques autres maisons de force, l'*étouffoir* existe sur un plan de construction non moins barbare. Il se compose d'un long couloir de la largeur du corps humain, et de la hauteur environ de cinq pieds. Ceux à qui cette peine est infligée, sont introduits dans cette allée les uns après les autres, de manière que, debout et collés ensemble, ils en remplissent toute la capacité. Lorsque le dernier, qui vient en serre-file, est placé sur le seuil de ce corridor, on ferme la porte sur ses pieds, de sorte qu'il foule, qu'il presse, comme un étau, tous ses compagnons d'infortune qui se trouvent devant lui. La position de douze, quinze de ces malheureux, selon la capacité de l'*étouffoir*, est intolérable. Serrés les uns contre les autres, ils ne peuvent se tourner ni à droite ni à gauche, avancer ni reculer, et sont forcés malgré eux à se tenir dans une désolante immobilité. Ce supplice dure quatre, six et huit heures, c'est-à-dire jusqu'à ce que l'asphyxie se déclare.

À la cruelle invention de l'*étouffoir*, il faut ajouter celle non moins cruelle du *cachot à lattes*. Ce genre de supplice a été emprunté aux Prussiens, qui, pendant les guerres de l'Empire, le faisaient subir aux prisonniers français. Le parquet de ce cachot, disposé en forme de persiennes, est composé de planches tailladées en lames de couteau. Le patient, qu'on y enferme pieds nus et à demi-habillé, ne peut se tenir debout sur ce bois tranchant sans éprouver des souffrances atroces. S'il marche ou s'il se tient immobile, les lattes pénètrent dans les chairs, y laissent leur empreinte et les meurtrissent. La seule posture supportable qu'on puisse garder pendant quelques instants, consiste à se tenir horizontalement le dos appuyé aux murs du cachot, et les pieds arrêtés sur les revers des lattes. Cette position, qu'il faut renouveler souvent, devient intolérable par l'impossibilité où l'on est de trouver un point d'appui.

La *table de marbre*, ou supplice des *planches*, vient d'avoir un triste retentissement dans une cour d'assises du département du Nord. On se rappelle que dans un procès criminel, où figuraient deux détenus accusés de tentative d'assassinat sur la personne d'un gardien, il s'éleva un incident au sujet des tortures qu'on faisait endurer aux prisonniers. Au nombre de ces tortures, dont le président des assises voulut entendre le récit, était le supplice des *planches*, appelé aussi de la *table*.

Voici le détail qu'en donna un des surveillants de la maison de force où il était en usage comme moyen de correction: « La punion des *planches* consiste dans l'emploi d'une large table en chêne, du poids de cent cinquante à deux cents livres. Au milieu est un rond en forme de lunette, par où elle se divise et s'ouvre en deux compartiments. On y introduit le cou du patient, autour duquel la lunette se rejoint et se ferme au moyen d'une charnière.

« La table ainsi posée sert de cravatte au condamné qui en supporte le poids sur ses épaules. Mais comme sa superficie a une dimension plus étendue que la longueur de ses bras, il arrive qu'il lui est impossible de soutenir cette masse avec ses mains. Alors sa tête et tout son corps ballottent à droite, à gauche et dans tous les sens, selon l'impulsion que lui imprime cet instrument. Dans l'impossibilité de s'en débarrasser, attendu que son cou est engagé dans le bois, et ne pouvant alléger ce poids inerte, incommode, écrasant, il s'affaisse et tombe sur le sol.

« Afin d'empêcher les suites inévitables d'une strangulation, deux gardiens le relèvent aussitôt, et le forcent à se tenir debout jusqu'à ce qu'il tombe de nouveau. Ce cruel exercice se continue de la sorte plusieurs fois, dans l'espace de trois et quatre heures, temps limité pour cette punition. »

Dans quelques centrales, le bois dont se compose l'instrument qui sert au supplice des *planches*, est remplacé par une table de marbre de forme ronde. La manière de l'employer ne diffère point de l'autre. Ces deux instruments, semblables entre eux quant à leur construction et à leur destination, servent au même usage.

La *canne-major* est le raffinement du supplice dans le supplice même. Une barre de fer d'environ cinq pieds de hauteur et d'un pouce et demi de diamètre, a donné son nom à ce genre de supplice. Attachée au corps du condamné par

ses pieds, par ses reins et par ses épaules, elle le force malgré
lui à se tenir debout, raide et immobile ; ses membres deviennent alors aussi inflexibles que le fer lui-même autour duquel ils sont liés. Quelquefois on cumule ce supplice avec la
punition du cachot. Dans ce dernier cas, on dépose le patient ainsi garrotté à la *canne-major* dans un lieu obscur.
On réunit de la sorte l'isolement aux plus horribles souffrances physiques et morales. C'est en voyant se débattre
inutilement, et avec des efforts inouïs, le malheureux dans
cette affreuse position, qu'on peut juger de la violence atroce
de ce supplice infâme.

En réfléchissant à l'origine de ces tortures dignes de l'é-
poque de Torquemada, nous n'éprouvons qu'un seul regret,
c'est que les inventeurs qui en font l'application aux détenus des maisons centrales, ne soient pas connus du public.

Ainsi, tout récemment encore, un ingénieux réformateur
vient de grossir la liste des punitions usitées dans les maisons de force, en créant un nouveau genre de torture nommé
la *rotonde*. C'est un cachot-modèle, construit sur le plan
d'une figure géométrique.

Imaginez une boule, une véritable sphère creusée, dont
le diamètre serait de vingt pieds, et la circonférence en pier-
res de taille cimentées s'arrondirait en murs d'une large
épaisseur, et vous aurez une idée imparfaite de ce cachot.
Pénétrez ensuite par une porte basse, espèce de trappe toute
bardée de fer, dans l'intérieur de cette sphère cylindrique.
Tout-à-coup, votre imagination s'exalte d'effroi ; vos yeux
étonnés ne rencontrent, là, que la ligne courbe ; le cercle,
ce symbole de l'infini, leur apparaît aussitôt dans toute sa
désolante uniformité. Vos pieds même ne portent que sur
un sol formant l'arc de cercle ; point de surface plane où ils
puissent marcher. Eh bien ! dans cette sphère creusée, dans
cette espèce de four en rotonde, dont la vue seule frappe de
terreur l'imagination des curieux visiteurs, on place des
condamnés qui sont forcés d'y séjourner deux et trois
jours.

Si la *rotonde* est un supplice infernal de conception, le *poteau* ou *piton* est une ignominieuse exécution. Le premier révolte l'esprit à la seule idée de son invention; le second inspire du dégoût à l'ame pour le mépris qu'il fait rejaillir sur la dignité humaine.

Le *poteau* ou *piton* consiste en un arbre équarri planté en terre. Lorsqu'on veut le faire servir à une punition, on passe à son extrémité des cordages qu'on fixe à une certaine hauteur; puis, on lie autour du tronc le condamné, de façon que son corps reste cloué, tandis que ses mains sont attachées en forme de croix. On le laisse dans cette position, les bras étendus, pendant deux, trois et quelquefois cinq heures. La souffrance, les besoins les plus pressants de la nature, une indisposition subite, rien ne saurait le délivrer de ce supplice avant la fin du temps déterminé pour le subir. Les prescriptions du règlement sont inexorables à ce sujet : la punition d'abord, la nature ensuite ; telle est la loi des prisons.

Enfin, la plus cruelle de toutes les tortures est celle des *anneaux.*

Il existe dans certaines maisons centrales, une chambre isolée, un cachot obscur, un lieu horrible qu'on dérobe à tous les regards et probablement aussi à ceux des inspecteurs généraux. Dans les murs de ces cachots, et à une hauteur d'environ huit pieds, sont scellés, de distance en distance, six énormes cercles en fer, destinés au plus infâme des supplices. Les patients que l'on condamne à le subir sont amenés, ordinairement en nombre au moins égal à celui des anneaux, dans ce réduit horrible où ils ne parviennent qu'après de nombreux détours.

Dès qu'ils sont arrivés à ce lieu d'exécution, on commence d'abord par leur attacher les mains derrière le dos, ainsi qu'à de criminels que l'on mènerait au supplice. On les fait monter ensuite sur un escabeau en bois placé le long des murs, au-dessous des anneaux auxquels ils tournent les épaules. Alors un gardien, espèce d'exécuteur des basses-œuvres, coule dans chaque anneau une grosse corde qu'il rattache aux bras liés derrière le dos de chaque victime. La corde ainsi disposée, il s'en sert comme d'une poulie, soulève le patient en l'air, où il reste suspendu, les pieds légèrement appuyés encore sur l'escabeau. Dès qu'il a opéré cette demi-ascension du malheureux, il ôte tout-à-coup le siège de bois qui lui servait à peine de soutien ; et, retombant aussitôt de tout le poids du corps, les os de ses bras craquent et se disloquent, la corde pénètre dans les chairs, et des cris affreux s'exhalent de sa poitrine. Le moindre de ses mouvements augmente encore ses tourments. Enfin, succombant à la peine, il s'évanouit et tombe en syncope avant même le délai fixé pour supporter ce supplice, qui est ordinairement de deux heures.

Le spectacle le plus déchirant qu'offre ce genre de supplice est celui de cinq à six jeunes gens qui, torturés à la fois, face à face les uns des autres, s'encouragent mutuellement. Quelquefois le voisin oublie ses propres souffrances pour plaindre son voisin, et, touché des cris qu'il fait entendre, il supplie le gardien d'avoir pitié de ses douleurs. Souvent aussi tous font entendre, en même temps, des cris déchirants qui retentissent en vain dans ce cachot. Ce genre de torture, digne du temps de l'inquisition, inspire une si grande horreur aux employés eux-mêmes, qu'on en trouve difficilement quelqu'un qui veuille servir d'exécuteur. On a vu des gardiens donner leur démission, afin de n'être pas témoins de tels spectacles, qui soulevaient d'indignation leurs cœurs d'honnêtes hommes.

Il ne faut pas croire que, pour mériter ces punitions et ces tortures, il soit nécessaire d'avoir commis des fautes graves ; au point qu'on ait porté atteinte à la discipline rigoureuse de ces maisons. Nullement. On peut, au reste, en juger par l'extrait suivant du code des prisons.

« Tout détenu surpris une première fois, parlant même à voix basse dans les ateliers ou ailleurs, sera privé de *huit jours* de cantine, et son pécule du mois sera diminué d'*un franc*, qu'on ajoutera à sa masse ou fonds de réserve. »

La rigueur de cette dernière punition est d'autant plus

8

grande, que la privation de cantine réduit le condamné aux vivres de la prison. Or, une livre de pain par jour, un mauvais bouillon, quelques légumes et de l'eau (car on ne boit jamais de vin aux centrales, contrairement aux maisons de force de Berne, qui tolèrent le vin et la viande), ne peuvent suffire à la subsistance du corps, qui s'étiole et dépérit insensiblement. Tandis qu'à la faveur de la cantine, le détenu ne meurt pas au moins de faim, puisqu'il peut acheter des pommes de terre bouillies, du fromage et du pain en quantité limitée, il est vrai, mais suffisante à sa nourriture. — La diminution du pécule ou salaire du travail qu'on reçoit tous les mois, équivaut aussi à la privation de cantine. Car si l'on est privé de ce salaire, unique et seule ressource du condamné, on est forcé de se borner aux vivres grossiers et malsains de la maison.

Tout détenu, accusé une seconde fois d'avoir rompu le silence, sera puni de *quatre jours* de cachot et privé de son pécule de tout le mois.

Tout détenu convaincu une première fois de fraude, par exemple, s'il a du tabac dans sa bouche, subira pendant *huit jours* la peine du cachot. De toutes les privations, celle du tabac est la plus dure et la plus sensible aux prisonniers. La punition du cachot entraîne de droit toutes les autres peines ci-dessus mentionnées, et borne la nourriture au pain noir et à l'eau.

S'il est reconnu une seconde fois coupable du même fait, il subira *quinze jours* de cachot.

S'il commet une troisième fois la même faute, sa peine augmentera *d'un mois* de cachot, jusqu'à *six mois* du *solitaire* ou des *séparés*.

Tout détenu qui aura manqué au respect dû aux gardiens, qui n'aura pas été poli à leur égard, etc., subira des peines plus fortes encore. Les degrés des fautes et des peines seront appréciés à l'audience.

Dans tous ces cas de punition, non-seulement le prisonnier est privé de son pécule actif, mais on fait des retenues sur son pécule à venir. De sorte que, délivré de sa peine,

il est condamné, en outre, par le fait, à se suffire des vivres
de la maison. De plus, en punition, il est obligé de solder
le prix de son travail journalier ; l'entrepreneur, auquel il
appartient comme une terre exploitable, ne veut rien perdre
de son droit de main-morte ; et, comme lorsqu'il est au cachot, il ne produit point, on prend *cinquante centimes*
par jour, non plus sur son pécule, mais sur sa masse. De
sorte que, lorsqu'il sort de prison, à l'expiration de sa peine,
son fonds de réserve se réduit à peu de chose, et souvent à
rien. S'il meurt, au contraire en centrale, sa masse appartient de fait à la maison.

L'appréciation des fautes, l'application des peines sont
réservées à un tribunal appelé *audience* par les détenus,
composé du directeur, de l'inspecteur, du maître d'école et
du major, faisant les fonctions du ministère public. C'est
ordinairement sur les rapports écrits des gardiens, sur leurs
affirmations, que le tribunal prononce les condamnations.
Ces employés subalternes étant ordinairement des hommes
durs, sévères, sans instruction, d'une nature bizarre et d'un
caractère excentrique, il arrive que leurs rapports se ressen-
tent toujours de ces imperfections humaines. Aussi, Dieu seul
peut savoir de quelle nature sont les jugements rendus sur
leurs affirmations ou négations !

Tels sont, en abrégé, les moyens de moralisation qu'on
emploie dans les centrales : le silence qui tue le moral, le
travail qui enrichit les entrepreneurs, et les tortures qui révoltent les esprits.

L'état sanitaire des maisons de force et de correction n'est
pas plus satisfaisant que leur état pénitentiaire. Dans l'opinion de certains moralistes, la vie d'un prisonnier paraît
avoir si peu de valeur, qu'il n'est pas rare que ce mépris
inhumain se traduise en système. Qui pourrait affirmer, par
exemple, que la nourriture, dans les centrales, est toujours
saine et même suffisante ? que le travail est organisé et rétribué avec mesure ? que les maladies sont traitées, sinon
avec zèle, du moins avec conscience et humanité ? que la
négligence n'est pas la cause de la mortalité qui sévit dans

leur sein ? — On nous opposera sans doute les visites, les rapports, et surtout la bonne foi des inspecteurs généraux pour démentir des assertions qu'un caractère officiel, dont nous ne sommes point revêtu, pourrait seul accréditer.

Mais nous affirmons, à notre tour, comme faits irrécusables, que les vivres des prisons, composés de riz avarié, de haricots blancs et rouges vieillis et mal cuits, d'herbages préparés avec négligence, et d'autres légumes dans lesquels peut-être la science trouverait, en les décomposant, des éléments malfaisants, tels que la potasse, etc., ne peuvent que nuire à la santé des prisonniers. Ainsi, l'administration elle-même n'ignore point que la viande qu'on donne deux fois par semaine dans les maisons de correction, et une seule fois dans les centrales, est toujours de mauvaise qualité, sans être jamais cuite. Et, s'il fallait ajouter d'autres faits à ceux-là, nous en appellerions à ces refus nombreux que signifient les prisonniers de recevoir les vivres de la journée, fatigués qu'ils sont de leur mauvaise préparation ; refus qui nécessitent l'intervention du directeur, qui, dans de pareilles circonstances, invoquant cet axiôme, souvent injuste : *force doit rester à l'autorité*, donne tort quand même aux réclamants et les fait mettre au cachot, au lieu d'user à leur égard des moyens de conciliation qu'un cœur paternel sait si bien employer lorsqu'il a pour guide la raison et le bon sens.

CHAPITRE VIII.

Population des condamnés. — De la police dans les centrales. — Mœurs, physiologie et types. — Effets de la surveillance. — Organisation de l'espionnage à l'égard des repris de justice. — Résultats infructueux de la répression légale. — Biographie d'un récidiviste.

« *Entré innocent en prison, j'en sortirai coupable,* » écrivait le grand Condé, enfermé à la Bastille par ordre du cardinal-ministre.

Ces désolantes paroles peuvent malheureusement s'appliquer à un bon nombre de condamnés qui, comme ce chef de la Fronde, se vengent cruellement envers la société, leur mortelle ennemie, de leurs affronts juridiques.

Plongez vos regards dans les sombres retraites de ces maisons, dans l'intérieur de ces bâtiments entourés de remparts crénelés et garnis de soldats, où s'agitent, dans un cercle perpétuel de souffrances et de privations, douze et quinze cents détenus de tout âge et de toute condition ; qu'y voyez-vous ? — Un amas de tous les délits et de tous les crimes ; un pêle-mêle de cœurs honnêtes et de cœurs corrompus ; un ensemble de toutes les misères humaines. Quel spectacle ! A côté d'un jeune homme sans expérience, coupable d'une faute irréfléchie, vous trouvez un profond scélérat, un de ces êtres vicieux par nature ; un vieillard respectable dont la justice aura peut-être un jour à se faire pardonner la condamnation, marche de pair avec le malfaiteur de profession, à qui l'honneur n'a été qu'une spéculation et la vertu qu'un vain nom ; et l'homme de la police correctionnelle confondu avec l'homme de la cour d'assises.

Pour gouverner tout ce peuple de condamnés qu'on renferme dans les centrales, il faut, sans doute, établir une administration forte, des règlements rigoureux, une discipline sévère ; ce sont là des moyens indispensables. Mais il en est d'autres encore que l'on emploie, et qui sont désignés sous le nom de police occulte. Chaque quartier, chaque section, chaque atelier, chaque dortoir renferment un nombre limité d'individus qui font métier de surveiller la conduite des autres détenus. Quand l'œil du gardien est en défaut, ceux de l'argus mystérieux sont en éveil ; il voit tout, il entend tout, il devine et suppose tout. Une parole échappée au silence d'une bouche ordinairement muette, quelques brins de tabac, des actes de fraude, etc., rien n'échappe à sa perspicacité.

Certes, si l'exemple des bonnes mœurs devait être offert quelque part, c'est surtout dans ces hospices des maladies de l'ame qu'on appelle centrales. Est-il, en effet, de lieu où la décomposition morale présente des éléments plus hétérogènes que dans ces tristes séjours ? Or, pour avoir une idée exacte de ce qu'elles renferment de caractères divers, il faudrait entrer dans le détail du personnel qui les compose. On trouverait alors à constater trois catégories de détenus : celle des incorrigibles, celle des naturels faibles et timides, celle enfin des cœurs encore honnêtes et résolus.

L'amélioration des prisons dépend entièrement de la connaissance exacte de cette triple distinction, appliquée aux réformes pénitentiaires.

Ceux qui appartiennent à la première catégorie ont été élevés au sein de la société, sous l'influence des mauvaises passions. Enfants perdus du siècle, la religion n'a jamais pénétré dans leurs cœurs, étrangers à tous les sentiments honnêtes ; et si quelquefois la pensée du bien a germé dans leur ame, elle a été bientôt étouffée par le souffle des relations infâmes qu'ils se sont créées dans le monde.

Voyez-les de plus près encore, dans les fers ! Ces êtres dégradés semblent avoir fait de la prison un autre domicile, tant ils s'y trouvent à l'aise. Ils ont transporté là leurs vices, leurs habitudes et leur mauvaise nature. Aussi les rigueurs du système n'opèrent-elles point sur eux ; insensibles à tout, ils n'ont qu'une seule ambition, celle de rentrer dans la société pour continuer avec plus de succès, de bonheur et d'adresse, la carrière du crime, des plaisirs et du libertinage. Voilà ce qu'ils emporteront de la prison : la haine, l'abrutissement et la science du mal.

L'autre catégorie des détenus est celle qui comprend les individus d'un caractère faible et timide, qu'on pourrait comparer à une matière molle qui prendrait toutes les empreintes. Coupables par faiblesse, par défaut d'énergie, par imprudence ou par légèreté, ils se sont laissé entraîner au mal, à leur insu et comme par contrainte. Un fait dans leur vie, un seul fait, les a conduits au délit ou au crime, et maintenant ils expient, par le repentir, dans les cachots, la faute d'un instant d'oubli. Tels sont de modestes marchands tombés en faillite, des employés trouvés en déficit par un seul abus de confiance ; des fabricateurs d'un simple billet faux ; des condamnés pour menaces par écrit ; des complices du fait d'associations illicites ; des commis infidèles, etc. Bien différents en cela, par la nature même de leurs fautes, de ces voleurs de profession, de ces malfaiteurs incorrigibles, de ces criminels consommés dans le vice, au milieu desquels ils vivent de la vie de prison, ils ne trouvent point assez de regrets ni de larmes à offrir en expiation d'un acte qualifié par la loi crime ou délit. Peut-on affirmer que ce soit là des hommes dangereux ? Et si la justice inflexible les a cruellement frappés, n'est-ce point le code qu'il faut accuser de trop de rigueur à leur égard ?

Voici, au reste, un exemple sur une infinité d'autres, des effets d'une excessive sévérité pénale : — « Un jeune homme appartenant à une famille fort honorable, et orné des brillantes qualités du cœur et de l'esprit, remplissait l'emploi de caissier dans la maison d'un riche négociant en vins. Le patron et le commis eurent d'abord l'un pour l'autre une estime réciproque qui se changea plus tard en la plus intime amitié. Les meilleures relations, la confiance la plus absolue et la mieux méritée régnaient depuis plusieurs années entre eux, lorsque le caissier, par une excessive complaisance envers un père de famille malheureux, engagea sa signature pour une somme de treize cents francs. A l'échéance, et contre son attente, étant obligé de rembourser, il prit dans la caisse le montant de l'effet, persuadé qu'il serait en mesure de les restituer sous peu de jours.

« Mais ses espérances furent déçues : la fin du mois approchant, il néglige d'arrêter ses comptes, et, par une honorable délicatesse, il fait l'aveu de sa faute. Les reproches du patron ne devaient point être sévères, ils furent convenables. Un jour, cette soustraction devenant le sujet de leurs causeries, il montra au commis tout le danger auquel il s'était exposé s'il eût porté plainte. Celui-ci se sentant froissé dans son amour-propre, animés d'ailleurs l'un et l'autre par le feu de la conversation, lui dit qu'il n'oserait point réaliser ses menaces.

« A la suite de ces vives explications, le patron ne consultant que l'irritation du moment, adressa une plainte au parquet du procureur du roi, dans laquelle il relatait le fait reproché à son commis. Cette dénonciation resta huit mois pendante, et ce ne fut qu'au bout de ce temps qu'on y donna suite, malgré les démarches que fit le plaignant lui-même pour la retirer. Poursuivi seulement au nom du ministère public, le caissier fut mis en état d'arrestation. En vain son patron multiplia ses démarches en sa faveur, adressa des supplications, demanda sa mise en liberté, on fut inexorable. Après quatre mois de prévention, la cour condamna le malheureux commis, dont les antécédents étaient des plus honorables, à *cinq ans* d'emprisonnement ! »

Pour celui-ci comme pour ceux-là, la prison, loin d'être un lieu de repentir, deviendra une cause de démoralisation.

L'homme, en effet, abandonné à lui seul, dans la captivité, se laisse aller malgré soi au découragement et aux plus funestes impressions. Tout ce qui frappe ses yeux ne sert-il point d'ailleurs à l'humilier et à l'abattre? Ces habits grossiers et flétrissants qui le couvrent; ces figures malheureuses, sinistres ou ignobles qui s'agitent autour de lui; ce travail avilissant, et ces règlements de fer sous lesquels il plie ses forces; des gardiens qui, par leurs ordres impérieux, semblent insulter à sa dignité d'homme; et par-dessus tout cela encore, ce cercle indéfini de jours, de nuits et d'années qu'il parcourt heure par heure, souffrance par souffrance, larme par larme. Tel est le tableau de sa nouvelle vie.

Et s'il porte ses regards plus loin encore, au-delà de ces hautes murailles qui l'enserrent, quel spectacle plus affligeant ne s'offre pas à sa vue? Une société qui l'a rejeté de son sein, une famille qui le désavoue pour son membre, une existence souvent des plus honorables entièrement anéantie, et un avenir sombre, désolant qui l'attend, voilà en perspective sa destinée! Eh bien! cet homme perdu, puisque la société, en lui fermant toutes les portes à la réhabilitation, l'a impitoyablement brisé, délivré de sa peine et formé à l'école du crime et de l'ignominie, deviendra un malfaiteur d'autant plus dangereux, qu'on aura usé d'une plus grande injustice à son égard. C'est ordinairement l'effet immédiat que produit le régime des prisons sur le moral de presque tous les condamnés.

Combien sont plus déplorables encore les effets du système pénitentiaire des centrales, lorsqu'ils portent sur des hommes au cœur ferme et honnête! Victimes des erreurs de la justice, qui n'a vu en eux que des coupables, ils subissent les conséquences malheureuses d'une sentence hasardée. Comme tous ceux qui souffrent de l'iniquité humaine, ils maudissent les magistrats et la société. Ainsi, la prison transforme entièrement ceux qu'elle rend à la liberté. Et, chose digne de remarque, celui qui entre criminel dans les centrales en sort plus porté au crime, tandis que celui qui n'était point coupable ni méchant y devient dépravé; et s'il avait des sentiments honnêtes, ils y sont étouffés. Pour le libéré des prisons, le monde moral est complètement renversé; car, à ses yeux, l'existence n'est plus qu'un jeu du hasard, la société qu'un amas de dupes, la loi qu'un frein au service de l'arbitraire, et la justice qu'un instrument de la force aveugle. Songez maintenant ce qu'avec de pareilles idées, cent mille individus se renouvelant tous les ans pour former un demi-million de gens flétris, peuvent, en dix années, exercer d'influence sur les mœurs de la société française!

Il est juste de dire aussi que la société, de son côté, ne fait rien pour améliorer le sort des libérés de justice. Elle semble, au contraire, avoir tout disposé pour l'aggraver encore. Prisonniers, elle ne sait point les moraliser; libres, elle les poursuit sans cesse de sa vengeance, car un des plus grands obstacles qu'elle oppose à leur amélioration, est la surveillance. Pour eux, c'est le boulet qu'ils traînent aux pieds, le vautour qui ronge leur cœur, le fer brûlant qui les marque du stigmate de l'infamie. Tous aimeraient mieux subir une double détention que ce surcroît de punition.

En effet, la surveillance constitue une seconde peine, plus rigoureuse souvent que la première. Poursuivant sans relâche celui qu'elle frappe, il perd sa liberté individuelle; il ne s'appartient plus. A la discrétion du Gouvernement qui peut l'éloigner d'un lieu, ou le forcer à une résidence continue dans un autre, il porte avec lui, partout et toujours, l'opprobre de sa condamnation. Les mépris ostensibles des autorités locales, la publicité donnée à son état de libéré de justice, l'impossibilité de se créer une position et une occupation dans les endroits qui lui sont désignés, tels sont les moindres inconvénients auxquels est exposé l'individu mis sous la surveillance de la haute police.

Ce qui explique, du reste, le nombre considérable de prévenus pour rupture de ban, qui comparaissent devant la police correctionnelle, et dont la devise à tous est : *mieux vaut mourir que d'être en surveillance!*

Loin de chercher à améliorer le sort des libérés de justice, soit en abolissant la surveillance, soit en organisant, pour eux, le travail, le Gouvernement ne se préoccupe que de les poursuivre lorsqu'ils sont en état de rupture de ban. Les soins que se donne, dans ce sens, l'administration de la police, sont incroyables ; elle dépense plus en frais de bureaux, en salaire pour ses agents, en recherches actives, qu'il n'en faudrait pour construire des ateliers de travail. Le nombre de ceux qui se dérobent à la surveillance étant considérable, il arrive que la police et les tribunaux eux-mêmes ne suffisent point aux arrestations et aux condamnations. Combien d'entre eux n'échappent-ils pas encore aux plus minutieuses poursuites ?

Comment la police reconnaît-elle les repris et les libérés de justice sujets à la surveillance ? Par les indications qui lui sont données par des libérés eux-mêmes. Chacun des agents attache à sa personne un certain nombre de révélateurs qui l'accompagnent dans ses tournées et dans ses courses officielles. L'indication des lieux, le signalement des individus et le mot d'ordre de convention sont donnés avec la plus rigoureuse exactitude. Lorsque le moment est arrivé, et à un signal connu, les agents opèrent dans des bouges, sur les places publiques, en pleine rue, l'arrestation d'individus dont ils ne soupçonnaient même point l'existence. Dans ces circonstances, les agents donnent la prime offerte à la dénonciation, et les révélateurs la reçoivent d'après ce tarif :

Si l'individu arrêté est mineur, et appartient à la classe de ces petits vagabonds qui courent les rues de Paris, la prime accordée est de *deux francs.*

Si l'individu livré est un simple repris de justice soumis à la surveillance, la prime augmente ; elle est de *cinq francs.*

Si, au contraire, celui qu'on a *vendu* est un de ces grands criminels de renom, un forçat libéré ou un réclusionnaire, on accorde une prime qui s'élève à *dix francs.*

Le nombre des individus qui exercent un pareil état, s'il faut en croire des confidences secrètes, est plus grand qu'on ne saurait le penser. On appelle cela rendre un service à la société, et nous en convenons. Mais la société ne serait-elle pas mieux, à son tour, de pouvoir se passer de ces instruments de répression, et de n'employer que des moyens préventifs? La raison et le bon sens semblent l'indiquer.

Au reste, nous ne croyons pouvoir mieux faire connaître l'insuffisance de la répression légale, qu'en citant textuellement une notice biographique écrite par un récidiviste. On jugera par là combien les réformes de nos codes, en ce qui concerne la surveillance et le régime des prisons, sont d'une impérieuse nécessité.

« Né en province, de parents riches et honnêtes, j'avais reçu une brillante éducation, lorsque, à l'âge de dix-huit ans, j'eus le malheur de perdre mon père. Fils unique et resté seul auprès de ma mère, je résolus d'aller compléter mes études à Paris. Afin de les rendre utiles et profitables à mon avenir, je les appliquai à la connaissance des sciences médicales.

« Mais la vie parisienne, loin de servir à mon instruction, ne fit que me détourner du but que je m'étais proposé d'atteindre. Fasciné par l'éclat des plaisirs et des fêtes inconnus à nos goûts simples de la vie de province, entraîné malgré moi dans leur tourbillon, je m'endormis insensiblement au sein des voluptés. Lorsque je me réveillai, l'argent et une partie de ma fortune s'étaient épuisés, et au bout de trois ans d'une existence atrocement déréglée, je me vis sans ressources. Pressé alors par mes nombreux créanciers, face à face avec le besoin, ne sachant plus où donner de la tête, il me fallait de l'argent à tout prix. Il s'offrit à mon esprit un moyen de m'en procurer : je ne le croyais pas déshonorant. Je fabriquai un effet de commerce de 600 fr., que je fis escompter. Je savais qu'il serait soldé à son échéance : l'exactitude de ma mère ne m'avait jamais fait défaut; ne pouvais-je point compter sur elle?

« Par une de ces fatalités qu'on expliquera comme on voudra, le billet, à peine escompté, fut dénoncé au parquet du procureur du Roi, comme faux. Arrêté et incarcéré pour ce fait, je comparus devant la cour d'assises sous le poids d'une accusation criminelle. J'avouai ma faute ; la partie lésée avait été désintéressée, et, malgré mon jeune âge, ou peut-être à cause de mon jeune âge, la cour me condamna à trois ans d'emprisonnement et à une surveillance de cinq ans. Quelle histoire que la mienne ! A peine sorti pour la première fois du toit domestique, je tombe, naïf et sans expérience, au sein de la ville la plus corrompue du siècle, je cède à un moment d'entraînement coupable, il est vrai, et je me vois tout-à-coup flétri à tout jamais.

« Ce jugement fut ma perte et le tombeau de ma vie.

« La maison centrale ruina mes forces et m'inspira peu d'estime pour la dignité humaine. La raison et ma pauvre mère, qui, dans mon malheur, ne voulut point m'abandonner, soutinrent mon faible courage. Car, trois ans de prison, c'est la mort physique et morale du détenu. A l'expiration de ma peine, je sortis de la centrale contrit, humilié et converti.

« Mais, libéré de l'emprisonnement, je n'avais satisfait encore qu'à demi à la justice ; il me restait à accomplir la peine de ma surveillance. Je l'avoue en bonne conscience, je me sentais capable d'être encore un honnête homme. Au défaut de ma volonté, les conseils de ma mère, son dévouement héroïque et ses prières, auraient suffi pour me contraindre à le devenir. Que ne peut le cœur d'une mère ! Elle demanda, et j'obtins le permis d'aller faire mon temps de surveillance à Poitiers. Elle voulut m'y accompagner et habiter avec moi pour être mon bon ange.

« Dans ma nouvelle résidence, j'avais besoin de me créer un travail, une occupation quelconque. Un huissier me prit d'abord en qualité de simple clerc, puis il me confia sa caisse. Pendant deux ans, je remplis fidèlement mon emploi ; et, je puis le confesser, chargé de la comptabilité, du maniement des fonds, je n'eus jamais la moindre idée du vol. Econome, sage, rangé et ne fréquentant que mon étude et le domicile de ma mère, j'étais présenté comme un modèle aux jeunes gens de mon âge. J'avais alors vingt-six ans. La confiance que j'inspirais était si grande, et ma conduite si régulière, que je pouvais contracter un mariage fort avantageux et très-honorable, quand survint un évènement étrange qui a brisé toute mon existence.

« Un soir, au moment où je sortais de mon étude, un jeune homme, dont la vue seule me fit une terrible impression, m'aborde :

— Eh! bonjour, mon cher, me dit-il d'un air sans façon ; comment, vous ici ?

— Mais vous vous trompez, sans doute, lui répondis-je en balbutiant, étonné de cette fatale rencontre ; je n'ai pas l'honneur de vous connaître.

« Et, en prononçant ces mots, je continuai ma route, maudissant en secret la présence si inopportune de cet individu, qui, à son tour, me poursuivit de ces paroles :

« — Tiens, il ne me connaît point ; il est devenu bien fier; nous nous sommes vus pourtant à Poissy. Eh bien! tu me reconnaîtras plus tard.

« Ces derniers mots, qu'il fit retentir en ricanant à mes oreilles, me bouleversèrent, et j'arrivai pâle, tremblant, auprès de ma mère, à qui je dénonçai l'horrible rencontre que je venais de faire. Pendant toute la nuit de sinistres pressentiments troublèrent mon sommeil.

« Le lendemain, à l'heure où je rentrais à l'étude, le patron me fit appeler dans son cabinet, et, d'un air contraint, embarrassé, me demanda si j'étais un libéré de justice. Je niai avec force le fait, dont il pouvait acquérir la certitude à la mairie de la ville, et, comme il insistait avec une certaine intention, je pris la clef de la caisse que je portais toujours sur moi, et, en la lui remettant, je lui signifiai que je n'étais plus son caissier ni son maître-clerc. Dans cette circonstance, l'amour-propre me donna une énergie surnaturelle. Après avoir réglé nos comptes ensemble, je rentrai dans mon domicile, accablé de chagrin, et je racontai à ma mère ma rupture avec le patron. Le malheur qui venait de m'arriver changeait tout mon avenir. A la suite de cette scène, qui allait faire connaître ma honte et mon déshonneur, je ne pouvais plus rester à Poitiers. Aussi, le soir du même jour, ma mère, les larmes aux yeux, et moi, le cœur navré, nous revînmes à Paris. Que pouvais-je craindre désormais ? La surveillance ne m'avait-elle point tué entièrement ?

« La capitale m'était donc interdite pour ma résidence. Ma mère se chargea de m'y faire tolérer. Et comme, provisoirement, je pouvais y être reconnu par la police, je n'habitai point avec elle, et je pris une petite chambre de garçon auprès de la barrière de l'Étoile. Au moment où, après bien des démarches, j'obtenais du ministre de l'intérieur le permis de séjour, je vis mourir presque subitement ma mère, et en même temps s'éteindre une rente viagère de douze cents francs, seuls débris de notre ancienne fortune.

« Il fallut donc me suffire désormais à moi-même. Sans ressources, sans appui, sans secours, je demandai au travail le pain de chaque jour. Quel genre de travail pouvait me convenir ? Je l'ignorais moi-même. Néanmoins je me mis en quête, et j'allai me faire inscrire pour un emploi dans les pensions, dans les études d'avoués et de notaires, dans les bureaux de placement, en un mot dans tous les lieux où je croyais que l'on m'accepterait. Ma mauvaise étoile fit que nulle part on ne voulut de mes services. Ici, on désirait voir mes certificats : je n'en avais point ; là, on cherchait à connaître mes antécédents : ils étaient mauvais ; ailleurs on m'aurait donné une condition, il fallait produire des recommandations ; à qui, de mes anciennes connaissances, aurais-je pu en demander ? Quinze jours de recherches infructueuses, de souffrances et de privations de toute sorte, avaient cloué le désespoir dans mon ame. Dans ces moments, j'aurais voulu maudire le ciel, mais je ne le pouvais sans maudire ma mère ; je maudissais alors les hommes et la société. Ainsi, toutes les issues de la vie semblaient se fermer devant moi, comme la porte de fer d'un cachot sur la tête d'un condamné.

« Néanmoins, afin qu'on ne pût m'adresser aucun reproche immérité, si je venais à faillir de nouveau aux yeux de la société, je tentai un dernier effort sur ma destinée. Parmi tous les états, toutes les professions, tous les métiers auxquels j'avais demandé inutilement un emploi, j'en remarquai un que j'avais oublié, celui de loueur de cabriolets. En conséquence, j'allai offrir mes services au propriétaire d'un immense établissement de voitures, situé faubourg du Rople. Je me présentai à lui à neuf heures du soir, dans son bureau contigu à la remise.

« — Que savez-vous faire? me demanda d'abord cet honnête industriel.

« — Tout ce que vous voudrez, fut ma réponse laconique à sa question plus laconique encore.

« — Mais, quelle est votre spécialité? Où sont vos certificats de moralité? Qui êtes-vous, enfin? répliqua-t-il.

« — Ma spécialité, lui dis-je, est d'être homme de peine; quant à mes certificats de bonne conduite, je n'en ai point.

« Aussitôt je lui fais l'aveu de ma triste position. Il paraissait m'écouter avec attention; une certaine émotion se trahissait même sur les traits de sa figure. Dès que j'eus terminé mon récit dans tous ses détails les plus circonstanciés:

« — Mon ami, me dit-il, je vous plains, mais je ne prends jamais à mon service des libérés des prisons.

« Et, accompagnant cette réponse froide d'un mouvement de sa main, il déposait dans la mienne quatre pièces de cinq francs, que je refusai d'accepter, en répondant, à mon tour, que je n'avais pas l'habitude de demander l'aumône. Et pourtant j'étais à jeûn, car je n'avais rien mangé depuis quarante-huit heures.

« Depuis ce moment je sentis se réveiller en moi une vieille haine, et, rompant tout-à-fait avec mon passé d'honnête homme, car je l'avais été et je l'étais encore bien sincèrement, je pris la résolution de me faire voleur. Dès ce même jour, j'allai m'installer dans un mauvais garni du quartier latin, afin de me livrer plus à mon aise à ma nouvelle industrie. Mon premier coup d'essai sur une montre marine d'une grande valeur, fut des plus heureux. Je marchai progressivement de succès en succès dans la carrière que je venais d'embrasser. Les femmes, les industriels les plus habiles, les lieux publics, les hôtels, les bouges, je fréquentai les uns et les autres; c'était une nécessité de ma position ; en un mot, je *travaillais* en grand et sur une vaste échelle.

« Ainsi, parmi mes hauts faits, je pourrais vous raconter le vol commis dans le domicile d'un docteur de la rue Saint-Martin, celui des diamants et des couverts d'argent dans la rue Montorgueil, la soustraction des billets de banque de l'escompteur du Palais-Royal; il me serait facile de vous faire connaître mes associations avec les plus adroits *marlous* de la capitale, mes bonnes fortunes, mes chances heureuses, etc.; mais ce n'est point le roman de ma vie que je désire publier encore. Qu'il vous suffise de savoir que j'ai été en relation avec tout ce que la *haute pègre* a de plus remarquable : n'avais-je pas d'ailleurs levé le masque ?

« Mais, dans notre métier, tout n'est pas fleurs de roses. Je m'étais mis si souvent à découvert, que je fus enfin arrêté sous la prévention précisément du vol de la montre marine, et condamné, pour ce seul fait, à quinze mois d'emprisonnement. Voilà la justice des hommes ! Autrefois j'avais commis un faux, il est vrai, mais sans intention déloyale, dans un instant d'absence de raison ; le montant de l'effet réputé faux avait été soldé, je pouvais invoquer des circonstances favorables à ma cause, telles que mon jeune âge, mes antécédents de famille et autres : la cour me condamna à trois années d'emprisonnement et à cinq ans de surveillance. Cette fois, pour le vol d'une montre de la valeur de trois mille francs, commis dans les circonstances les plus graves d'intention et de préméditation, par moi, récidiviste et mal famé, la justice ne jugea à propos de m'appliquer que la peine de quinze mois d'emprisonnement. J'accomplis le temps de cette nouvelle condamnation comme je l'avais déjà fait cinq ans auparavant, mais dans des dispositions d'esprit bien différentes. Ce ne fut plus un homme repentant qui sortit cette dernière fois de prison, mais un

9

homme irrité, froissé, qui devait se venger plus tard de l'injustice humaine à son égard.

« En effet, à peine libre, et le soir même que je fus rendu à la société, je tentai et réussis la plus belle prise possible dans les magasins d'un bijoutier que je dévalisai entièrement. J'avais appris, par ma propre expérience, qu'en volant seul, on a moins de chances de danger à courir, et plus de profit à gagner; j'exerçai donc seul mon industrie. L'histoire de la sacoche, dont je vais rendre compte incessamment à la cour d'assises, est une des plus curieuses épisodes de ma vie. Enfin j'ai subi, soit pour vols caractérisés, soit pour ruptures de ban, cinq condamnations. L'affaire de la sacoche, qui m'a fourni l'occasion de mystifier le chef de la police, me *donnera* cinq années de réclusion que je tiens à payer comme les précédentes, pour recommencer encore de plus belle, jusqu'à ce que la fortune me tombe dans les mains. Alors je rentrerai dans la société et je deviendrai honnête homme. En attendant, et quant à vous tous, soyez des gens honnêtes si vous le pouvez; c'est moi qui vous donne ce sage conseil.

« Tel est l'abrégé de mon histoire! Eh bien! j'en fais le serment sur les cendres de ma mère, ma perte entière date de mon premier jugement et du jour de ma surveillance. Si j'eusse été libre à l'expiration de ma peine, je pouvais être heureux, tandis que maintenant, je le sais, ma position est affreuse, désespérante, car le retour au bien est passé. Que devenir? La société m'a rejeté de son sein, elle me refuse les premiers besoins de la vie, elle me laisserait mourir de faim. Alors, ce qu'elle n'accorde pas à la nécessité, je le prends par la ruse et par la force. C'est ainsi qu'entre elle et moi s'établit l'équilibre qu'elle a rompu la première. A qui donc la faute si je me suis fait voleur? »

Ce récit désolant de vérité, quoique faux de principes, a été fait et écrit dans les prisons. Après l'avoir entendu, on se demande si les philanthropes du gouvernement, qui créent des systèmes pénitentiaires, se doutent même du mal réel qui travaille l'intérieur de ces maisons de correction.

CHAPITRE IX.

Causes de l'accroissement des crimes et des récidives. — La peine de l'exposition. — Travaux forcés. — Condamnés à mort. — Abolition de la peine de mort. — Exécution. — Caractère et types de quelques condamnés à la peine capitale.

Il est un fait constant, avéré, et que personne ne peut nier, c'est que le chiffre des crimes, des délits et des récidives va toujours croissant depuis la révolution de 1830. « La criminalité, a dit un de nos publicistes modernes, augmente chez nous dans une mesure qui ne peut qu'effrayer les esprits prévoyants. » C'est là une vérité qui nous est démontrée par les tableaux des comptes de la justice criminelle, qui établissent le mouvement de tous les crimes, délits et contraventions, tel qu'il résulte, année par année, chiffre par chiffre, depuis 1830 jusqu'à 1842 inclusivement.

Voici le résultat de ces comptes, d'après les tables officielles.

TABLEAU DES CRIMES, DÉLITS ET CONTRAVENTIONS.

ANNÉES.	ACCUSÉS des CRIMES CONTRE		TOTAL des ACCUSÉS.	PRÉVENUS des DÉLITS		CONTRAVENTIONS de SIMPLE POLICE.
	les personnes.	les propriétés.		communs.	de toutes sortes.	
1830	1,666	5,296	6,962	55,682	210,691	158,373
1831	2,046	5,560	7,605	61,619	254,758	104,571
1832	2,044	5,593	8,237	64,834	219,735	148,181
1833	2,487	4,828	7,315	62,679	205,814	150,157
1834	2,216	4,736	6,952	65,347	172,862	157,598
1835	2,463	4,760	7,223	67,799	164,886	150,460
1836	2,072	5,160	7,232	72,698	178,573	168,184
1837	2,141	5,953	8,094	75,132	193,065	180,248
1838	2,189	5,825	8,014	85,926	192,254	202,814
1839	2,256	5,602	7,858	83,844	190,642	213,591
1840	2,108	6,118	8,226	90,110	204,401	225,140
1841	2,381	5,081	7,462	88,862	187,781	226,189
1842	2,236	4,717	6,953	90,012	192,529	231,214

Le mouvement d'ascension progresssive que l'on remarque d'après ce tableau, dans le chiffre annuel de la criminalité, doit être aussi remarqué dans celui des récidives.

Or, voici ce que constatent les comptes-rendus de la jus-

tice criminelle sur le chiffre d'accroissement des récidives.
Nous livrons ce tableau, comme le précédent, à l'attention
de nos lecteurs. Nous les ferons suivre des réflexions qu'ils
nous auront inspirées naturellement.

TABLEAU DES RÉCIDIVES.

ANNÉES.	ACCUSÉS en RÉCIDIVE.	PRÉVENUS en RÉCIDIVE.	TOTAL des RÉCIDIVES.
1830	1,370	4,300	5,670
1831	1,296	4,960	6,256
1832	1,429	5,915	7,344
1833	1,318	7,132	8,450
1834	1,400	7,135	8,535
1835	1,486	8,196	9,682
1836	1,486	8,196	9,682
1837	1,732	8,944	10,676
1838	1,763	12,052	13,815
1839	1,749	12,568	14,317
1840	1,903	14,077	15,980
1841	1,772	13,716	15,488
1842	1,733	14,093	15,826

Il est évident, d'après ces chiffres, que le mal des crimes
et des récidives va toujours croissant ; il est évident encore
que plus nous remontons le cours des années, jusqu'aux
premiers jours, par exemple, de l'Empire, ces chiffres sui-

vent une progression inverse, au point que, stationnaires
sous la Restauration, ils sont, sous le règne de Napoléon,
entre une proportion moyenne qui ne varie pas.

De sorte que la différence entre ces deux époques histo-
riques et la nôtre est presque le double pour la criminalité;
elle est dans la proportion de 1 à 4 pour les récidives. D'où
naît cette énorme, cette effrayante, cette épouvantable différence?

S'il faut en croire les philanthropes modernes, les inventeurs de systèmes pénitentiaires, ces publicistes à gages qui
ne connaissent de la prison que les murs de ronde, ou bien
que ce qu'en disent les rapports des inspecteurs généraux, la
source des crimes et des récidives la plus féconde de toutes,
serait les prisons. « C'est que le régime actuel de nos pri-
« sons, disent-ils, bien qu'*immensément perfectionné* et
« *raisonné* depuis plusieurs années, n'est *ni répressif, ni*
« *intimidant, ni moralisateur.* C'est que le crime s'y recrute,
« s'y alimente, s'y refait, s'y multiplie; c'est que l'homme
« méchant y devient pire; l'homme bon, criminel; l'incré-
« dule, impie; le délinquant, bandit; le scélérat, plus per-
« vers; le débauché, plus impudique; le dépravé, plus cor-
« rompu; l'apprenti malfaiteur, passé maître. C'est qu'en-
« fin, tout ce que la prison peut engendrer de dégradation
« physique et morale, de persistance dans le mal, de vices,
« d'attentats, d'illégalités de toutes sortes, a son explication
« et sa cause dans la triste signification de ces deux mots :
« *Emprisonnement commun.* »

Et à la suite de cette mercuriale, on arrive à cette conclusion rigoureuse de la fable: *Prenez mon ours;* c'est-à-
dire : « le SEUL remède à apporter au mal est le système cellu-
« laire ou l'isolement. »

Pour réfuter les sophismes que les philanthropes intéressés à faire prévaloir leur système cellulaire débitent très-sé-
rieusement, à savoir : « que les prisons sont la source la plus
« féconde des crimes et des récidives, » nous n'aurions qu'à
leur adresser cette question : Existe-t-il des prisons depuis
1791, c'est-à-dire depuis plus de cinquante ans ? D'où vient

que cet accroissement de dépravation et d'immoralité dont vous vous plaignez si hautement, et avec raison, ne date précisément que de ces dernières années (1834 et 1835)? Antérieurement, l'emprisonnement était bien en commun. Est-ce que les prisonniers d'autrefois différaient des prisonniers de nos jours? L'Empire et la Restauration avaient-ils le privilège de former des criminels d'un autre genre que ceux de la Révolution de Juillet? Nous ne le pensons point.

Comment se fait-il que ce soit justement à dater de quelques années seulement, et depuis que vous avez, vous grands philanthropes, *immensément perfectionné et réformé* le régime des prisons, que le nombre des crimes, des délits et des récidives augmente; que les prisonniers se démoralisent et se dégradent entre eux; enfin, que les vices, les attentats et les illégalités prennent naissance dans les cachots? Est-ce que les mêmes motifs de dégradation et d'immoralité n'existaient point sous l'Empire et sous la Restauration? Mais ces motifs devaient être encore bien plus puissants alors, car le régime des prisons n'était ni perfectionné, ni réformé par les philanthropes, et que l'emprisonnement était tout-à-fait en commun, ce qu'on peut imaginer de plus commun. Et cependant aujourd'hui, de l'avis même des publicistes réformateurs, tout a augmenté, depuis quelques années, tout s'est amélioré dans le régime pénitentiaire.

« En ce moment, disent-ils dans leurs brochures, la « France compte *trois* bagnes, *vingt* maisons centrales, « *quatre-vingt-six* maisons de justice, *trois cent soixante-* « *deux* maisons d'arrêt, *deux mille huit cents* prisons mu- « nicipales de canton, *deux mille deux cent trente-huit* « chambres de sûreté dans les casernes de gendarmerie; » ce qui constitue un régime de répression quelque peu significatif. « De plus, nos prisons renferment *cent huit mille* dé- « tenus, d'après le dénombrement fait par M. Bérenger (de « la Drôme); lesquels sont libérés ou mis au-dehors, tous « les ans, au nombre de *cinquante mille*; » alors qu'il y a à peine quelques années, le nombre des prisonniers ne s'élevait au *maximum* qu'à *quarante mille*.

Est-ce à l'emprisonnement commun qu'il faut attribuer la cause de cet accroissement démesuré du nombre des prisonniers ? Avancer un pareil fait serait une absurdité. Oui, la criminalité augmente chez nous, depuis quelques années seulement, d'une manière effrayante ; oui, dans ce même laps de temps, les récidivistes ont quadruplé ; cela devient incontestable. Mais où en est la cause ? Voulez-vous la connaître ?

Eh bien ! elle se trouve en dehors des prisons ; elle est dans la société elle-même. Cherchez-la donc, et vous la trouverez dans le principe de ces scandaleuses dilapidations qui ont donné un si grand retentissement aux procès où l'on a vu figurer les noms d'un grand nombre de hauts fonctionnaires ; elle est dans ces industries coupables, flétries par l'opinion publique, et qui avaient pour origine l'insatiable besoin de faire une rapide fortune ; elle est dans ces jeux de bourse autorisés par la loi ; dans la dépravation des mœurs qui distingue les premiers rangs de la société, où les coupables semblent jouir du privilége de l'impunité ; elle est dans le vol organisé et tel qu'on l'exécute en haut lieu. Car c'est un vol que de faire, pour le compte du gouvernement, des marchés où l'on gagne des sommes énormes ; c'est un vol que de vendre sa conscience pour une place, pour un emploi et souvent pour de l'or ; c'est un vol que d'engager la responsabilité de l'État dans des tripotages où l'intérêt privé a seul d'immenses bénéfices. La cause du mal croissant des crimes est encore dans l'ambition des richesses, dans l'amour effréné des plaisirs, dans cette soif des jouissances qui tourmentent notre siècle, et dont les tribunaux nous ont fourni de nombreux exemples.

Étaient-ils des libérés ou des repris de justice, les Lafarge, les Marcellange, les Pestel, et tous ces empoisonneurs et empoisonneuses, tous ces assassins de haute distinction ? Étaient-ils des libérés de prison, ces industriels qui ont organisé le vol par compagnie et par actions, ce vol dont les audacieuses conséquences ont été la ruine d'un grand nombre de familles ? Étaient-ils des libérés de justice, ces dilapidateurs des deniers publics et tous ces agents infidèles du gouvernement, tels que les Gisquet, les Hourdequin et autres? Étaient-ils des libérés de prison, les Fabre, les Lehon, les Mérentié et ces notaires, ces commerçants qui, par leurs faillites scandaleuses, leurs frauduleuses manœuvres, ont plongé des familles entières dans la misère? Étaient-ils, enfin, des libérés de prison, ce Rousselet, ce Ducros, cet Éliçabide, et tant d'autres assassins qui ont porté leur tête sur l'échafaud?

Il n'est donc pas vrai que la cause de l'accroissement de la criminalité soit dans les prisons. Et s'il fallait la chercher encore dans un ordre d'idées plus élevées, plus générales, c'est-à-dire dans l'ordre social, nous dirions qu'elle est principalement dans le peu de respect dont on entoure la religion, contre laquelle on dirige des attaques sourdes et calculées; qu'elle est dans l'esprit qui dirige l'éducation publique, dont l'enseignement tend à répandre des doctrines matérialistes et subversives de l'ordre moral; qu'elle est dans une dépravation générale des cœurs; dans la prostitution, qui va croissant tous les jours; dans la vente des livres et des gravures obscènes; dans l'abjection de l'ouvrier oublié dans la misère; qu'elle est, enfin, dans la non-organisation du travail.

Voilà l'unique et la seule cause de la criminalité qui augmente tous les jours progressivement, parce qu'on ne sait point la prévenir. Quant aux récidives, on trouvera la raison de leur accroissement, non-seulement dans les faits ci-dessus énoncés, mais encore et surtout dans la loi sur la surveillance. Les philanthropes, préoccupés uniquement de répressions, feraient bien mieux de renoncer à leurs systèmes pénitentiaires, pour s'occuper d'un système préventif qui serait bien plus utile dans les circonstances où se trouvent placées les mœurs publiques.

Nous n'ignorons point, sans doute, que les prisons sont loin de remplir les conditions pour lesquelles le législateur les avait instituées : nous savons qu'elles ne *moralisent* point les détenus, et c'est le plus grave reproche qu'on puisse adresser généralement aux différents régimes pénitentiaires auxquels on les a soumises. Mais peut-on penser que le miracle de la moralisation des détenus qu'on n'a pu obtenir encore, se réalisera par *l'emprisonnement individuel*, c'est-à-dire par *l'isolement cellulaire* appliqué à tous les prisonniers? Ce n'est point là notre opinion, que nous développerons dans un chapitre spécial.

Quant au système *répressif et intimidant* que les philanthropes voudraient appliquer aux prisons, nous le déclarons d'avance ridicule, absurde. Si l'on ne *moralise* point le détenu; si l'on ne lui parle ni au cœur ni à la raison; si l'on ne réforme point, avant tout, sa nature vicieuse, soit par la religion, soit par l'exemple des vertus, qu'importent les punitions et les tortures, les cachots et les fers? ces peines opèreront sur le corps, il est vrai; elles n'auront aucun résultat sur l'ame. Le criminel n'en sera pas moins criminel; et la société n'aura rien gagné à ce nouveau système d'inquisition. Nous trouvons, au reste, la preuve de ces faits dans l'application des deux plus fortes peines que notre code a prescrites contre les plus grands coupables : les travaux forcés et la peine de mort.

Nos lecteurs savent, et c'est passé à l'état de trivialité dans l'opinion publique, que de toutes les peines judiciaires, la plus grande, la plus honteuse, la plus déshonorante, la plus affreuse dans ses conséquences, est celle des travaux forcés.

Tout individu condamné à cette peine qui a un caractère afflictif et infamant, perd ses droits de citoyen et encourt ce qu'on appelle la mort civile; il y a peu d'années, il était flétri sur la place publique par l'application d'une empreinte avec un fer brûlant sur l'épaule droite; on le soumet encore aujourd'hui à l'exposition, qui consiste à l'attacher à un poteau et à le montrer aux regards du public; c'est, en un mot, un être dégradé aux yeux de la société et entièrement perdu pour ses semblables. — Au bagne, lieu de sa peine, on l'emploie aux travaux les plus pénibles; il traîne à ses pieds un boulet; il est attaché avec une chaîne et supporte la vie physique la plus dure, l'existence morale, la plus affreuse qu'on puisse imaginer.

Certes, s'il existe des peines qui doivent être *répressives* et *intimidantes*, ce sont assurément les travaux forcés. Agissent-ils comme instruments moralisateurs sur l'esprit des forçats eux-mêmes et sur les membres libres de la société? nullement. Un repris de justice, un de ces hommes foncièrement mauvais, ne s'effraye jamais de la vue en perspective des travaux forcés. Il n'est pas rare, au contraire, de rencontrer, parmi eux, des individus dont les uns manifestent le désir d'aller à Brest ou à Toulon comme passe-temps, et dont les autres ne préfèrent le bagne aux prisons centrales.

Les travaux forcés, impuissants pour *réprimer* et pour *intimider* les coupables eux-mêmes, les criminels d'élite, ne le sont pas moins pour réprimer et pour intimider les membres libres de la société, c'est-à-dire pour exercer une influence salutaire sur les mœurs publiques.

C'est un fait constant, prouvé jusqu'à l'évidence, que tout individu qui commet un meurtre, un assassinat, un vol, ou tout autre crime de nature à le conduire aux bagnes, ne songe jamais à la peine et au châtiment qui le menacent : soit que la passion l'aveugle, que la vengeance l'emporte, que le besoin pressant l'excite, soit que l'intérêt avide le transporte au point de ne pas entrevoir le résultat pénal de l'acte qu'il commet, il est évident que son bras ne s'arrête pas à l'idée de la peine. Est-ce que les chances du succès, l'espérance de réussir dans son projet, ou quelques autres chimères de l'imagination qu'il se crée, composant le fond de sa conscience, cacheraient à ses yeux les dangers imminents auxquels il s'expose juridiquement ? Nous l'ignorons.

Quoi qu'il en soit, quelle preuve plus palpitante d'actualité peut-on donner du peu d'influence du système *répressif* et *intimidant*, invoqué par les philanthropes dans l'application de leurs régimes pénitentiaires, que cette immorale exhibition des condamnés sur la place du Palais-de-Justice, et qu'on appelle l'exposition publique? Où est l'action du système répressif ? Est-ce dans les regards humiliés par la honte, ou effrontément cyniques des condamnés eux-mêmes, qu'on la retrouvera ? Et puis, ces hommes, ainsi affichés à un poteau infamant, ne sont-ils pas déjà perdus à tout jamais? Comment l'exposition servirait-elle à leur répression, soit morale, soit publique?

Où est encore, parmi le public, l'action du système *intimidant* ? Serait-elle, par exemple, dans ces cris insultants, dans ces froides plaisanteries de la populace qui entoure l'échafaud ; dans ces vols que les malfaiteurs commettent autour du poteau, où figurent quelques uns de leurs complices ; dans des rires immodérés et dans une curiosité barbare? serait-elle, enfin, dans ces dégoûtants propos que les condamnés eux-mêmes lancent souvent, au milieu de la foule qu'ils interpellent sans façon? Peut-on croire qu'un pareil spectacle exerce réellement, comme moyen d'intimidation, une influence quelconque sur l'esprit des masses?

« Il faut rejeter, a dit un publiciste qui vaut bien, à
« lui seul, tous les philanthropes des prisons, il faut rejeter
« *tous* les châtiments qui, n'atteignant que le corps, entre-
« tiennent et augmentent la dégradation de l'ame. On ne
« doit admettre ni les fers, ni les boulets, ni ces *exposi-*
« *tions publiques*, uniquement propres à endurcir ceux
« qui les subissent, et à corrompre ceux qui les voient. »
Car tout cela conduit à la récidive.

Les raisons que nous venons d'exposer sur la nullité, l'inefficacité du système *répressif et intimidant*, comme agent moralisateur, relativement aux travaux forcés, peuvent et doivent s'appliquer encore à la peine de mort.

Et d'abord, avant d'entrer dans les détails du fait, abordons la question de principe, qui, selon nous, doit tendre à l'abolition de cette peine.

De tous les publicistes modernes, Beccaria a été le premier qui a eu le courage de refuser à la société le droit de mort sur ses membres, et de proclamer l'inviolabilité de la loi humaine. La société calme, forte et sans crainte, a-t-il dit, n'a pas le droit de prendre la vie d'un homme de sang-froid. Le caractère irrémissible de cette peine, la faillibilité de la justice humaine, la responsabilité d'une erreur irréparable, qui, sur de trompeuses apparences, frappe un innocent ; l'inefficacité de l'exemple, qui pousse plus vers le crime qu'il n'en détourne par la crainte ; l'horreur du spectacle qu'offre ce sacrifice sanglant d'un être plein de force, auquel la société, qui ne lui a pas donné l'existence, s'attribue, comme Dieu, le droit de l'ôter, et cela froidement, avec la possibilité de se tromper ; l'inattente et la non-préparation de celui qui va de ce grand passage de la vie à la mort, tout cela inspire une invincible répugnance pour la peine capitale.

Dans l'état actuel de notre société, à quoi sert, en effet, la peine de mort ? Un homme tue un de ses semblables ; il est évident qu'il mérite un châtiment. Mais quel doit être ce châtiment ? — Il existe un principe incontestable en droit criminel, c'est que la peine équivale au délit ; ou, comme l'a dit un publiciste : « Que le délit et la peine se « balancent en *somme* au *crédit* et au *débit* du condamné, « sur le grand livre de la justice sociale. »

Or, pour que cette proportion ait lieu, il faut que les motifs d'appréciation qui déterminent la peine, dans la conscience du juge, ne soient relatifs qu'aux causes qui ont déterminé le crime dans la conscience du coupable. Ainsi, le châtiment ne doit pas être proportionné au fait, mais à l'intention qui a porté un homme à donner la mort à un autre homme.

Le devoir du législateur et du juge est donc de bien déterminer la nature de cette intention. Mais comment la déterminer ? Par une investigation morale.

La peine capitale est-elle un moyen d'intimidation ? Non, par rapport au condamné lui-même, puisqu'on ne lui accorde point le temps nécessaire au repentir et à la pénitence. Nous répondons négativement encore par rapport aux criminels et aux meurtriers qui, comme nous l'avons déjà constaté, ne s'effraient jamais à l'idée de la peine lé-

gale qui doit atteindre leurs fautes. Il faut répondre négativement par rapport à la société, sur laquelle la peine de
mort n'exerce aucune salutaire influence.

Pour se convaincre de ce fait, il suffit d'assister à une
exécution capitale. Voyez autour de l'échafaud cette foule
qui se presse, se serre, s'agite; ne dirait-on point qu'elle se
prépare à une fête brillante ? Les physionomies gaies,
rieuses, épanouies de cette troupe bruyante, de ces spec-
tateurs bénévoles, de ces curieux de tous les rangs, de toutes les conditions et de tous les sexes, annoncent-elles la
moindre apparence de crainte, à l'aspect de tous ces apprêts pour un sanglant sacrifice ? Qui pourrait s'imaginer,
en voyant le bruit et le mouvement au milieu desquels
tourbillonnent ces hommes et ces femmes ainsi agglomérés,
qu'il s'agit d'une tête qu'on va couper ? Voilà pourtant un
moyen d'intimidation que le législateur a voulu ménager,
en élevant sur la place publique cet instrument de sang appelé la Guillotine.

La peine de mort est-elle un principe de compensation ?
Moins encore. Un homme mort ne revient plus à la vie;
et la loi du talion ne le fera point ressusciter. La mort légale d'un assassin, d'un meurtrier, ne produit donc aucun
résultat dans l'intérêt de la victime, sinon celui d'une réparation en dommages et intérêts vis-à-vis de ses descen-
dants.

La peine de mort est-elle, enfin, un acte de justice ?
Outre que, pour prononcer une telle condamnation de
science certaine, il faudrait pouvoir connaître l'intention du
coupable, et entrer, en quelque sorte, au fond de sa conscience, nous déclarons encore que, dans tous les cas, elle
est un acte d'une haute injustice naturelle. Qui peut affirmer que cet homme qui a tué son semblable, emporté par
l'ardeur d'une passion insensée, n'ait pas été l'instrument
matériel d'une aveugle folie ? qu'impuissant pour se maî-
triser lui-même, sa raison n'ait pas été débordée par la
colère, la haine ou la vengeance ? Qui oserait affirmer que
ce condamné, au nom de la loi, n'est pas innocent du

fait qu'on lui impute , alors que l'on a souvent à déplorer des erreurs juridiques malheureusement irréparables ? De combien d'assassinats, accomplis au nom de la justice, les annales des tribunaux ne sont-elles point remplies ? Dans les cas même d'aveu volontaire , nous refusons à la société le droit d'appliquer la peine de mort.

Assurément l'équité naturelle, le droit et la société veulent que tout coupable convaincu d'un meurtre soit puni ; que satisfaction pleine et entière soit accordée à la partie lésée et à la société. Mais cette punition et cette satisfaction légales sont-elles dans la peine de mort ? Celle-ci n'est-elle point, au contraire, destructive de toute réparation civile, morale et judiciaire ? Laissez donc vivre le coupable que vous n'avez pas le droit de tuer, parce que son existence n'appartient qu'à Dieu ; laissez-le donc vivre sinon pour lui, du moins pour donner à son ame le temps de reconnaître sa faute. Car, si le cœur ne refleurit pas après qu'il s'est flétri, la vie de l'homme peut reverdir encore sur un sol que fertilisent la sueur et les larmes du repentir.

Et qu'on ne dise point que les délais que la loi accorde au condamné à mort sont plus que suffisants pour reconnaître son crime et en demander pardon à Dieu et à la société ! Ce délai est une longue et atroce agonie, plus affreuse encore que la douleur même du supplice.

Voyez-vous ce malheureux qui, la figure blême, l'air consterné et l'ame abattue, descend à pas lents les degrés en pierre qui conduisent de la cour d'assises à la Conciergerie ? un arrêt de mort vient de le frapper. Suivez-le dans toutes les péripéties du drame intime dont la représentation va durer tout l'espace de temps qui précède son exécution ; et vous déciderez ensuite si cet infortuné a pu avoir, un seul instant, la conscience de ses actes humains.

Arrivé dans la cour de la Conciergerie, il passe des mains des gendarmes dans celles des gardiens qui se saisissent aussitôt de lui pour l'étreindre dans une camisole de force qui le prive de l'usage de ses membres. Cette première scène lui donne une idée du degré d'abjection dans lequel il est tombé aux yeux de la société. Jeté ensuite dans le cachot obscur destiné aux condamnés à mort, et qu'éclaire jour et nuit une lampe sépulcrale, il attend entre deux surveillants et un soldat armés qui sont sans cesse à ses côtés, que sa dernière heure vienne à sonner. Quel spectacle !

Quelles pensées de religion et de repentir peut inspirer, en effet, au condamné, la vue de ces hommes qui veillent sans cesse auprès de lui ; qui épient ses moindres mouvements ; qui couchent à côté de son grabat ; qui le couvent de leurs yeux dans la crainte que la proie n'échappe au bourreau? Car c'est encore un raffinement de cruauté que cette sollicitude de tous les instants, ces soins calculés dont ces gardes-morts entourent le condamné. Dans l'unique prévision d'un suicide, et afin de laisser à la société l'inhumaine satisfaction de le voir mourir sur un traiteau infâme, on l'endort ainsi dans une décevante sécurité ; on lui ferme toutes les issues ouvertes à la pénitence. Et lorsque, forcé à subir les apprêts mortels de la toilette, il courbe sa tête sous le poids de sa cruelle destinée, l'homme moral n'existe déjà plus. C'est un corps inanimé qui se meut et qui reste étranger à toute pensée divine et humaine. Voilà comment, sans avoir satisfait à la justice de Dieu, le condamné est conduit, à son insu, jusqu'aux pieds de l'échafaud, ainsi qu'un cadavre qu'on traînerait dans la tombe.

Cette espèce d'indifférence barbare que nos lois montrent à l'égard de la vie du condamné à mort, s'est infiltrée dans nos mœurs publiques. Aussi, quelles idées fausses ne se fait-on pas, dans la société, à son égard ? Le théâtre et le roman les ont répandues, popularisées, au point qu'elles sont devenues des erreurs triviales. Ainsi, dans l'opinion publique, ce criminel passe pour un être extraordinaire dont on trace des portraits horribles, hideux. Sa vie privée, son caractère, les traits de sa physionomie, tout cela est envisagé avec une exagération outrée. Il n'est point jusqu'à ses derniers moments qu'on n'interprète ou qu'on ne reproduise d'une étrange manière. La prose et la poésie n'ont pas peu contribué à accréditer les fausses appréciations répandues dans le public sur le compte de ces sortes de coupables dont elles font d'affreuses excentricités.

CHAPITRE X.

Codification de nos lois. — Des codes de procédure, d'instruction criminelle et du code pénal. — Révision de ces trois codes. — Origine de l'emprisonnement comme peine. — Rapports de la peine avec les délits. — De la prévention, de la caution et de la plainte. — Réforme de l'échelle de la pénalité.

Avant la révolution de 89, notre législation civile et criminelle était dans une anarchie complète. Les ordonnances des rois, lesarrêts du parlement, les décisions des jurisconsultes, les usages ou coutumes des provinces, d'un côté, une espèce de *codex* draconien interprétatif et arbitraire de l'autre, composaient l'immense arsenal des lois dans lequel la justice allait puiser les droits civils et les châtiments des coupables. On sait à combien d'abus donnait lieu un tel désordre, lorsque le comité de législation de la Constituante prit au sérieux de le faire cesser. Mais ses travaux, interrompus par la force des évènements, ne furent repris et continués que plus tard avec le plus grand succès.

Le 22 avril 1794, la Convention, voulant poursuivre l'œuvre commencée par la Constituante, avait chargé Merlin et Cambacérès d'un travail général sur la législation civile et criminelle de la France. Cambacérès s'occupa plus particulièrement de la première, Merlin de la seconde. Trois jours avant que la Convention se retirât, Merlin lui offrit le résultat

de leurs études. « Commencé, dit-il, depuis dix-huit mois, en
« exécution du décret qui avait ordonné la refonte de toutes
« les lois émanées des trois assemblées représentatives, le pro-
« jet que nous vous soumettons a exigé beaucoup de recher-
« ches, de longues méditations et un travail pénible. »Comme
c'est le code criminel rédigé par Merlin qui nous intéresse
le plus, c'est aussi de lui que nous allons nous occuper exclusivement.

Ce code rappelait les beaux principes sur lesquels repo-
saient à la fois la protection sociale et la sécurité individuelle, et embrassait, en deux livres, l'action de la police
judiciaire chargée de punir les délits, et celle de la justice appelée à en poursuivre les auteurs. PRUDENCE DES AR-
RESTATIONS, *publicité de l'instruction*, latitude de la défense, équité des juges, application *proportionnée des peines*, on pourvut à tout cela avec une rare sagacité. Jamais
la justice criminelle n'avait été envisagée sous un aspect
plus régulier et avec une plus jalouse sollicitude.

Les précautions en faveur de l'accusé s'étendirent plus
loin encore. Ainsi, le jury était appelé, par le nombre des
questions posées, à bien connaître de l'affaire ; le *jugement
de l'intention* était séparé du jugement du fait ; les causes
de nullité étaient prévues et rigoureusement appliquées ; les
droits de l'individu étaient soigneusement respectés et reconnus ; on déterminait les circonstances des délits, et l'on
soumettait ces délits du même ordre *à des châtiments invariables*. C'était là un chef-d'œuvre de justice et d'équité humaines !

Nous savons aussi qu'on a accusé les auteurs de cette législation d'un excès de scrupule et de prévision, en ce
qu'ils penchaient trop pour l'acquittement des coupables ;
qu'en n'établissant point un *minimum* et un *maximum*, on ne
laissait pas au juge la latitude de mesurer l'étendue de la
condamnation au degré de la perversité ; que ce code, en un
mot, tendait trop vers l'indulgence. Qu'importe cette accusation ? Ne vaut-il pas mieux pécher par excès de bonté
que s'exposer à une injustice rigoureuse ? Et nos vieilles

lois , d'accord en cela avec la raison , ne disent-elles point
qu'il est mieux qu'un coupable se sauve plutôt qu'un innocent périsse? Enfin ce code, qui prit le nom de brumaire
an IV, s'en référait, sauf quelques modifications, à la loi pénale du 26 septembre 1791.

La législation impériale, qui emprunta au code de brumaire une partie considérable de sa procédure, voulut établir le contraire de ce qu'avait fait la Convention. Elle re-
poussa ce qu'il y avait de philosophique dans les déclara-
tions de ce code , de libéral dans ses précautions, de modéré
dans ses peines. Elle se montra plus impérieuse, plus dé-
fiante, plus sévère; elle rétablit la confiscation, la marque,
qui avaient été supprimées comme déshonorant le corps de
l'homme , *les peines perpétuelles qui avaient été abolies*
pour ne pas détruire l'espérance dans aucune ame humaine.
La législation impériale porte partout l'empreinte d'un régime de despotisme atroce.

Et tel est pourtant le code qui nous régit encore de nos
jours. Ainsi, sans tenir compte des révolutions, des mœurs,
des intérêts et des besoins qui nécessitent la modification
et la révision du code napoléonien, on nous force à cour-
ber nos têtes sous son joug de fer. On rougit de honte, en
effet, en voyant la France si peu avancée en fait de procédure criminelle, et si arriérée en fait de législation pénale.
Les esprits supérieurs eux-mêmes sont frappés de cette
énorme différence qui existe entre nos progrès politiques et
la barbarie de nos formes judiciaires.

« Les codes qui établissent les peines et régissent la pro-
« cédure criminelle, a dit M. Paillet, diffèrent totalement
« de ce qui existait dans l'ancien droit à cet égard. Ils ont
« été trois fois refaits en totalité. Le code d'instruction cri-
« minelle et le code pénal, qui sont le dernier résultat, ont
« été plusieurs fois modifiés, et *auraient besoin aujourd'hui*
« *d'être révisés* ENTIÈREMENT.

« Dans le code d'instruction criminelle, trois points sur-
« tout blessent les amis de l'humanité et des garanties socia-
« les. *La liberté individuelle n'est pas assez protégée ; le*

« secret de la première procédure abandonne l'accusé à
« lui-même, dans un moment où il lui importe cependant de
« connaître les charges qui s'élèvent contre lui. *Le défaut*
« *pour l'accusé reconnu innocent*, est une cruelle injustice.

« Le code pénal, malgré les améliorations qu'il a reçues,
« *est encore trop* RIGOUREUX; il est d'ailleurs incomplet.
« On peut juger de la gravité de cette difficulté, quand on
« saura que, dans le code des délits et des peines, du 3 bru-
« maire an IV, composé de plus de six cents articles, cinq
« ou six de ces articles sont demeurés intacts, que beaucoup
« de lois pénales très-anciennes sont encore en vigueur, et
« que la recherche en est très-difficile. »

Depuis la Révolution de 1830, on a tenté plusieurs fois
de mettre en harmonie la législation criminelle avec l'état
avancé de notre ordre social ; mais on l'a fait avec tant d'hé-
sitations, de craintes et de pusillanimité, qu'on a maintenu
encore un grand nombre d'abus. Et, chose assez bizarre, le
gouvernement a proposé un projet sur les prisons qui bou-
leverse entièrement le régime pénitentiaire, et, par suite,
les principes du code, au lieu de réviser, avant tout, l'é-
chelle de la pénalité, le code lui-même. Sa conduite, en
cela, ressemble assez à celle d'un architecte qui travaillerait
à élever le sommet d'un édifice avant de s'occuper de sa base.

Ainsi, les partisans du projet du système pénitentiaire de
l'isolement, ce projet qui heurte par tous les points les principaux articles du code pénal, avouent ingénuement « qu'il
« ne touche qu'à l'échelle pénale, qui, selon eux, est mo-
« bile de sa nature; qui varie suivant l'utilité sociale, et
« qu'on peut élever ou abaisser d'un cran à volonté; qui
« modifie moins l'échelle du code qu'il ne la complète; car
« c'est plus une lacune qu'il vient remplir qu'un abus qu'il
« vient détruire, etc. » Nous demandons sérieusement à
ces naïfs réformateurs, s'il est possible de bouleverser l'é-
chelle de la pénalité sans changer les principes du code.
Est-ce que la peine ne doit pas être proportionnée au délit?
Et si vous donnez, par une innovation pénitentiaire, plus
ou moins d'intensité à cette peine, que vous appréciez en

dehors des prévisions réglées par le texte même de la loi, ne portez-vous pas atteinte au code lui-même? l'esprit de système peut aveugler, sans doute, mais il ne doit pas faire perdre la raison. Que l'on crée ou non de régimes pénitentiaires nouveaux, nous maintenons que le code d'instruction criminelle et le code pénal doivent être révisés. C'est, dans l'état actuel de nos mœurs, une rigoureuse nécessité.

Sous l'ancienne monarchie française, il n'y avait pas de peine d'emprisonnement, par conséquent il n'y avait pas de prisons pour peine. C'est qu'en matière criminelle, l'accusé était sous la main de l'homme au lieu d'être sous celle de la loi. Aussi, des prisons communes, qui existaient en 1790 sous une législation qui n'admettait point la peine de l'emprisonnement, n'étaient que des prisons préventives. C'était, d'ailleurs, une maxime en France, que les peines étaient arbitraires. On les mesurait souvent, non sur le degré du crime, mais sur le degré de la preuve. Le vol sur un grand chemin, mais sans assassinat, était puni de mort, comme le vol avec assassinat; ce qui blessait la justice à l'égard des coupables, et compromettait la sûreté des citoyens. La peine de mort était infligée contre tout voleur domestique, sans distinction de cas. Et, comme si ce n'eût pas été assez de perdre la vie, on avait inventé des supplices pour ajouter aux horreurs de la mort.

Ainsi, « La prison n'était qu'un lieu de dépôt, qu'une
« sorte de mise en fourrière, où l'on gardait provisoire-
« ment sous la main de la justice, soit l'accusé traduit de-
« vant le magistrat, soit le condamné envoyé au supplice.
« La prison, à proprement parler, n'était que le vestibule
« des galères, de la roue ou de l'échafaud, quand elle n'é-
« tait pas seulement celui du cabinet d'instruction (4). »
C'est à la Constituante qu'appartient la première pensée d'instituer l'emprisonnement comme peine dans nos lois pénales modernes. Il fallait donc constituer la peine et sa

formule. Le comité de législation, par l'organe de Saint-Fargeau, son rapporteur, proposa de remplacer *toutes* les peines par une peine unique, l'emprisonnement à trois degrés, sous les noms de *cachot, gêne, prison.* Mais l'Assemblée Constituante n'approuva qu'une partie du système de son comité. Elle conserva la peine de mort, et institua la peine de l'emprisonnement sous cinq degrés différents : *gêne, détention, emprisonnement, réclusion, fers.* Nous verrons, dans le chapitre suivant, comment les partisans du système cellulaire cherchent à s'étayer du rapport du comité législatif, pour faire admettre leurs absurdes théories pénitentiaires.

Un code doit non-seulement désigner toutes les offenses punissables par la loi, mais déterminer encore les peines dont elles sont passibles, en proportionnant toujours le châtiment au délit. Notre législation criminelle est loin de désigner toutes les offenses punissables par la loi. Voici, au reste, à ce sujet, l'opinion d'un jurisconsulte grave et recommandable : « Le code pénal est encore trop rigoureux, il
« est d'ailleurs incomplet. Sans cesse on se demande si cer-
« taines dispositions sont abrogées d'une manière expresse
« ou implicite. On jugera de la gravité de cette difficulté,
« quand on saura, par exemple, que le code rural du 6
« octobre 1791, est en partie fondu dans le code pénal,
« où il faut péniblement comparer et rechercher les
« dispositions qui y sont amalgamées ; que beaucoup
« de lois pénales très-anciennes sont encore en vi-
« gueur. .... Les autres parties obligatoires de notre légis-
« lation, et non codifiées, appartiennent à toutes les épo-
« ques de notre histoire, à toutes les formes gouverne-
« mentales ; elles présentent une masse effrayante de lois
« et de règlements qui s'abrogent et se modifient plus ou
« moins. Il est difficile d'y reconnaître les dispositions qui
« y sont encore en vigueur, et celles qui ne le sont plus.
« C'est une mer sans rivage, un abîme sans fond, un chaos
« qui attend une nouvelle création (1). »

(1) Paillet, *Manuel du droit français,* p. 15.

Tel est le sentiment de Paillet, sur l'impossibilité où est la loi de désigner, avec la législation actuelle, toutes les peines punissables. Les faits sont là encore pour autoriser les plaintes de ce jurisconsulte. Le code de commerce ne se suffisant pas, et laissant sous l'empire du droit commun tout ce qu'il n'excepte pas, et même ce qu'il excepte, il arrive qu'il jette la confusion dans le code pénal ; tels sont les titres des *sociétés* et des *faillites* qui, donnant lieu à de nombreux abus judiciaires, excitent avec raison de légitimes réclamations. Ainsi, il n'existe aucune différence, quant à la pénalité, entre le crime de faux et autres crimes moins dangereux pour la société. Les peines portées contre ceux qui opposeraient des violences ou des voies de fait aux fonctionnaires ou officiers publics, mettant à exécution les actes de l'autorité publique, sont laissées à l'appréciation du juge. Les maisons de jeu, le jeu lui-même, la menace verbale d'incendie, non accompagnée d'ordre ou de condition ; les blessures faites *volontairement* aux animaux d'autrui ; la fraude et les manœuvres frauduleuses ; la police de la librairie ; les délits forestiers, etc., etc. ; tout cela n'est régi que par le droit commun, et expose le magistrat à commettre de nombreux arbitraires. Au reste, la meilleure preuve que nous puissions donner du désordre dans lequel se trouve le code pénal, soit par rapport à la désignation des offenses punissables par la loi, soit par rapport à la détermination des peines dont elles sont passibles, en proportionnant la peine au délit, est dans la réforme même qu'a fait l'empire du code des peines et des délits du 3 brumaire an IV, dans lequel on n'a conservé que cinq ou six articles, sur plus de six cents dont il était composé. On donne, il est vrai, pour raison de cette réduction, la latitude qu'on a voulu laisser au magistrat dans l'appréciation de la peine. C'est précisément cette latitude que nous blâmons comme contraire au droit écrit lui-même.

Un code doit fixer le mode de procéder simple pour éviter les lenteurs des procès. Ici nous touchons à une question grave relativement à l'instruction criminelle. « Dans notre code

« criminel, a dit l'auteur du *Manuel du droit français*,
« trois points blessent les amis de l'humanité et des garan-
« ties sociales. La liberté individuelle n'y est pas assez
« protégée; le secret de la première procédure abandonne
« l'accusé à lui-même, dans un moment où il lui importe
« de connaître les charges qui pèsent sur lui; le défaut
« d'indemnité pour l'accusé reconnu innocent, est une
« cruelle injustice. » Ce qui se résume, au point de vue
d'une réforme, en ceci : l'autorité du juge d'instruction est
trop illimitée, trop arbitraire, il faut la fixer; la prévention
est ou une incarcération illégale, ou une torture : il faut
mieux la déterminer; la plainte est un moyen trop abusif
d'opérer les arrestations des citoyens, il faut lui imposer de
justes bornes.

En effet, on sait aujourd'hui, et le rapport plein de sens
et de raison que M. Chaix d'Est-Ange vient de lire tout
récemment encore, au sein d'une commission de la Chambre des Députés, l'a établi d'une manière évidente, que la
prévention telle qu'elle est réglée par nos codes, ouvre la
porte à de nombreux abus. L'article 91 du code de procédure
laisse à un homme, à un simple juge, un pouvoir discré-
tionnaire si absolu, qu'on a eu recours, pour le modérer,
à la simple recommandation d'une circulaire ministérielle.
« Quoique cet article, dit cette circulaire du 10 février 1819,
« laisse au juge d'instruction la faculté de décerner un
« mandat de comparution ou un mandat d'amener, on ne
« doit point, *sans un motif grave*, user de contrainte contre
« un individu qui *présente une garantie*. » Mais pourquoi
ne pas inscrire dans la loi ces *motifs graves* et ces *garanties*?
Est-ce que la décision d'un seul homme n'expose pas la
liberté individuelle à de plus grands dangers qu'une
prescription formelle de la loi? En veut-on la preuve? La
voici.

« Dans le cas de mandat d'amener, dit l'article 93 du
« code criminel, le juge d'instruction doit interroger le
« prévenu dans les *vingt-quatre* heures. » Eh bien! cette
prescription formelle n'est presque jamais observée; car il

est des exemples, ainsi que nous l'avons rapporté au commencement de cet ouvrage, qui témoignent que des individus sont restés jusqu'à huit et douze jours, au Dépôt de la préfecture, sans être interrogés. Si ce dépôt provisoire de vingt-quatre heures est déjà, selon les jurisconsultes, une atteinte portée à la liberté individuelle, attendu qu'on ne peut être écroué que sur mandat de dépôt, de quel nom doit-on qualifier cet étrange oubli de plusieurs jours ? Ce dépôt provisoire dont le code ne dit rien est une de ses lacunes ; il vaut la peine que l'on s'en occupe.

Quant à cet oubli momentané de plusieurs jours dans lequel on laisse un individu, c'est un acte d'arbitraire qui se complète par un acte plus arbitraire encore du pouvoir illimité du juge d'instruction. « Il est une mesure qu'on n'a « peut-être pas qualifiée improprement de torture morale, « qui, de nos jours, reçoit encore une fréquente application; « c'est le *secret*, dont l'existence n'est pas reconnue par nos « lois. L'article 80 de l'acte constitutionnel de l'an VIII, « indique d'une manière fugitive le *secret* qui n'est écrit « dans aucune des dispositions du code d'instruction criminelle. Ce n'est pas un moyen d'instruction formellement « avoué de nos lois. » Telle est la modération avec laquelle s'exprime un honorable magistrat sur un sujet très-grave. Mais ce que, sans doute, il ignore et qu'il ne peut dire, c'est qu'à l'ombre des pouvoirs *en quelque sorte illimités* que leur confère l'article 613, les juges d'instruction prescrivent souvent l'emploi du secret. Il consiste à laisser le prévenu dans un isolement complet, afin de lui arracher l'aveu de son crime. Le juge d'instruction en détermine la durée, et son emploi n'en est pas fait seulement toutes les fois que la société pourrait avoir à souffrir, mais encore dans les moindres circonstances ; ce qui lui conserve un caractère de rigueur étranger à l'état de nos mœurs et de notre civilisation. Aussi, à combien d'abus ne donne-t-il point lieu ?

On conçoit maintenant que si, par des motifs quelconques personnels ou non personnels, un juge d'instruction peut s'établir ainsi l'inquisiteur des prévenus, nous ne serons pas aussi éloignés qu'on le pense du règne de la torture. Au reste, c'est encore la circulaire ministérielle du 10 février 1819 qui vient, dans ce cas, se superposer aux prescriptions du droit écrit et au silence de la loi. « L'interdiction de communiquer, dit-elle, est une mesure qui, utile en *quelques* « *circonstances*, ne doit être employée qu'avec beaucoup « de réserve, c'est-à-dire lorsqu'elle est *indispensable* à la « manifestation de la vérité, et seulement durant le temps « *strictement nécessaire* pour atteindre ce but, sans jamais « ajouter à la rigueur de ce moyen d'instruction aucune ri- « gueur accessoire. »

Le pouvoir en quelque sorte illimité du juge d'instruction ne se borne pas seulement à la personne du prévenu ; il s'étend encore au temps de sa prévention. La liberté sous caution et l'appréciation de la valeur du dommage pour le cautionnement, aux termes de l'article 119, dépendent entièrement de sa volonté. Et comme si ce n'était point assez de puissance, il peut prolonger le temps de l'instruction aussi longtemps qu'il le jugera convenable. De sorte qu'il n'est pas rare, ainsi que nous l'avons dit ailleurs, de voir des individus faire des préventions de plusieurs années. N'est-ce pas livrer ainsi la liberté individuelle des citoyens au plus affreux arbitraire : l'opinion d'un seul homme ?

Il est vrai que, selon l'article 127, « le juge d'instruction » est tenu de rendre compte toutes les semaines à la cham- « bre du conseil des affaires dont l'instruction lui est dé- « volue. » Mais, outre que cette obligation n'est qu'une pure formalité dont on fait bon marché, la chambre du conseil étant composée seulement de trois juges, y compris le juge instructeur, il arrive qu'elle se laisse dominer par ce dernier, dont l'influence sur les deux autres magistrats est incontestable.

Et puis, comment résister à l'opinion d'un juge que les faits du procès qu'il a sous les yeux, semblent mettre en mesure d'apprécier un acte quelconque de son autorité, fût-il arbitraire, mieux que tout autre ? On a si bien compris les dangers d'une autorité aussi illimitée, qu'on l'a obligé, non-seulement à rendre compte, toutes les semaines, de l'état de la procédure, mais encore de toutes les procédures à l'occasion desquelles le *secret* a été ordonné, afin, disent les circulaires, que le tribunal prévienne ou réprime tout ce qui serait *irrégulier*, *injuste* ou *vexatoire*. De plus, la durée et les motifs d'interdiction de communiquer, doivent être adressés, tous les mois, au ministre de la justice.

Mais au lieu d'avoir recours à tous les moyens qui ne sont point répressifs, pour prévenir les atteintes que peut porter le juge d'instruction à la liberté individuelle, ne serait-il pas plus simple de tracer les limites de son pouvoir dans le cercle de la loi, de manière que le droit du prévenu et celui de la justice ne fussent point violés impunément ?

Cette réforme que nous invoquons pour le code criminel, nous la demandons encore pour le code pénal. Si le juge doit déterminer, d'après la nature des dommages que causent les offenses, le degré d'intention perverse qui les accompagne, la loi, de son côté, ne doit appliquer à chacune de ces offenses bien déterminées que des peines fixes, invariables, et d'une nature telle qu'elles ne révoltent point la raison et les mœurs publiques. Les philanthropes modernes qui veulent établir une peine unique, la *cellule*, pour toutes les offenses, crimes ou délits, reconnaissent par-là implicitement la nécessité de réformer l'échelle de la pénalité. Ainsi, nous ne pensons point qu'ils aient l'intention de vouloir tenir enfermé sa vie durant, dans un cachot de trois pieds carrés, un condamné, par exemple, aux travaux forcés à perpétuité ; une pareille peine serait une atroce barbarie. Leur intention n'est pas aussi, sans doute, de claquemurer dans leur *vade-in-pace*, les condamnés à vingt ans de galères. Nous leur supposons plus d'humanité. Le régime cellulaire ne saurait donc être adopté qu'autant qu'on le subordonnerait à une durée proportionnée entre la peine et l'offense. Comment l'établir autrement qu'en modifiant l'échelle de la pénalité ?

Lorsque les législateurs du code de 1810 réglèrent la durée de la peine, ils avaient en vue l'instrument qui consistait dans son mode et dans sa forme d'infliction. Ainsi l'*emprisonnement*, la *réclusion* et les *travaux forcés* étaient les trois formes de l'instrument qui devait servir à infliger la peine. En les réduisant à une seule : *la cellule*, les philanthropes sont forcés d'invoquer une réduction dans la durée de la peine. La révision du code pénal devient donc une rigoureuse nécessité dans le sens de leurs régimes pénitentiaires.

Mais cette révision qu'ils sont obligés, malgré eux, de demander au nom du système cellulaire, nous venons, à notre tour, la réclamer au nom de la raison, de la morale et de l'humanité. Nous formulons ainsi nos propositions :

Abolition de la peine de mort ;

Abolition de la perpétuité des peines ;

Réduction de la durée des travaux forcés à temps, à douze années pour le *maximum*, et à six années pour le *minimum* ;

Réduction de la peine de la réclusion à six années au plus, et à deux années au moins ;

Réduction de la peine de l'emprisonnement simple à deux ans pour le *maximum* et au-dessous, jusqu'à six jours.

Quant à la peine de mort, il est peu d'esprits éclairés qui ne s'accordent à reconnaître que, dans notre siècle, l'immolation d'un homme au nom de la société ne soit une cruelle barbarie. Nous n'ajouterons point les preuves que nous avons données ailleurs à ce sujet. Mais à une peine qu'on retranche, il faut en substituer une autre. Nous préférerions à la peine capitale, la déportation dans un lieu spécial où, avec toutes les sûretés que pourrait désirer la société, le condamné trouverait, en outre, la pénitence de sa faute et l'occasion de se repentir, s'il était encore amendable.

La perpétuité de la peine est une seconde mort légale plus terrible, plus affreuse que la première. Retranché de la société où il ne pourra plus rentrer, celui que cette peine a frappé perd entièrement toute espérance, nous ne dirons point de réhabilitation, mais de pardon et de miséricorde. Aux yeux de la loi, sa faute est irrémissible, n'importe le repentir qui puisse pénétrer dans son ame; tandis qu'aux yeux de la Divinité, toute faute qu'on déplore, et pour laquelle on éprouve un vif et sincère regret, n'est pas impardonnable. Est-ce que l'homme doit et peut se montrer plus inexorable que Dieu même? Du moment que vous élevez entre le condamné et la société un mur d'airain infranchissable, vous assassinez moralement ce malheureux. Car vous le livrez à son désespoir, et par le désespoir à ce scepticisme qui va le plonger dans toutes les horreurs du vice, et dans toutes les débauches de l'imagination. On a séché son cœur; on a paralysé ses facultés morales; on l'a réduit, enfin, à l'état de machine. Fallait-il procéder de la sorte à son égard, si la société voulait l'amender? N'est-ce point plutôt sa mort morale qu'elle a obtenue ainsi? Nous ne pensons pas qu'il existe de faute irrémissible sur la terre, et, par suite, la perpétuité de la peine nous paraît être un acte d'une souveraine injustice. Selon nous, un grand coupable qui a mérité, aux termes de notre code pénal, les travaux forcés à perpétuité, doit être destiné, comme le condamné à mort, à la déportation, mais dans des conditions meilleures d'avenir pour l'un que pour l'autre.

Nous avons restreint la peine des travaux forcés à temps à la durée de douze années pour le *maximum*. L'expérience confirme malheureusement tous les jours ce fait, c'est que les condamnés, par exemple, à vingt années de cette peine, ne l'envisagent que comme le dernier terme de leur existence. Vingt années de travaux forcés sont la vie entière d'un homme! Dans cette pensée, ils ne manifestent que deux intentions : la première de chercher à s'évader le plus tôt possible, et par tous les moyens qui peuvent se trouver à leur disposition; la seconde, de jouer le reste de leur vie dans le plus profond mépris de l'existence humaine. Satisfaire toutes leurs passions autant que le séjour du bagne peut le permettre; user des instants de la vie comme d'une chose qu'on peut perdre du jour au lendemain; dominer la force de leur position par une force supérieure, si elle est à leur disposition, telle est l'unique préoccupation du forçat. Quant aux idées de moralisation, de repentir, de vertu, elles ne sauraient germer dans leurs cœurs. A quoi peuvent leur servir, en effet, les mœurs, le repentir, la vertu et tous les nobles sentiments auxquels on ne se donne point même la peine de les former? N'ont-ils point d'ailleurs devant eux toutes les issues de la société fermées? Tandis qu'en bornant la durée de la peine à un temps moral, on peut faire renaître en eux l'espérance de la liberté, et avec elle le bonheur de la réhabilitation par une conduite sage et honnête. Cette confiance, jointe à un système pénitentiaire sévère et paternel, répressif et moralisateur à la fois, doit ramener infailliblement dans les sentiers de l'honneur et de la probité des malheureux qui s'en étaient écartés.

La durée de la peine de la réclusion, article 21 du code pénal, est de cinq ans au moins et de dix ans au plus. Ce n'est pas sans raison que nous l'avons restreinte de deux à six années seulement. En étudiant, dans les maisons centrales, l'action du système sur les détenus, on peut se convaincre par les faits nombreux de l'expérience, que peu de condamnés à dix ans et plus, selon la multiplicité de leurs peines, résistaient à la rigueur de son régime. Le petit nombre de ceux qui avaient accompli leur temps rentraient ordinairement dans la société, ou aigris contre elle, et redevenaient de redoutables malfaiteurs, ou bien traînaient dans son sein une existence maladive par suite du délabrement de leur santé. On a observé encore que les effets salutaires du système ne se développaient ou ne se faisaient sentir que pendant le cours de la première et seconde année. Au-delà de ce terme, les détenus corrigibles succombaient à la peine, ou s'abrutissaient. La longueur de la peine a cet inconvénient, qu'elle ne moralise jamais les individus, n'importe les systèmes pénitentiaires auxquels on les soumet.

La peine de l'emprisonnement n'a pas été encore bien déterminée par nos codes, quant à son instrument. Ainsi, parmi ceux qui l'encourent, les uns sont enfermés dans une

maison centrale, les autres jouissent du privilège de ne la
subir que dans une simple maison de détention. Or, comme
il existe une énorme différence entre le régime de ces deux
sortes de prisons, il arrive que la peine de l'emprisonnement
n'est pas *une*, puisqu'elle se confond avec celle de la réclusion. Nos codes n'ont rien réglé à ce sujet; c'est une
lacune qui reste à être remplie; c'est un abus que la législation devra faire cesser le plus tôt possible.

Dans cet état des choses, nous avons fixé le *maximum* de
la peine de l'emprisonnement à *deux ans* seulement, au lieu
de cinq, aux termes du code pénal. On comprendra aisé-
ment le motif de cette diminution. Il est constant, au point
de vue répressif et pénitentiaire, que pour un individu cor-
rigible, trois mois, six mois, un an, deux ans au plus d'emprisonnement sont plus que suffisants pour l'amender et le
rendre honnête homme. S'il en était quelques-uns que ces
délais fussent impuissants à corriger, la société doit alors
désespérer d'eux, car trois ans d'emprisonnement en sus
n'opéreront point le miracle de leur transformation morale.
Dans le premier cas, la loi sauve un homme qui se serait
perdu par les souffrances et le mauvais exemple. Dans le second, elle se réserve le droit de le punir plus tard, en se débar-
rassant d'un membre inutile et dangereux. Nous destinons à
ce dernier la peine de la déportation combinée avec celle
qui doit frapper les condamnés aux travaux forcés à temps,
à perpétuité et à la mort.

Les partisans des longues peines nous objecteront, sans
doute, que cet abaissement de la durée de l'incarcération ap-
porte avec lui deux inconvénients : d'abord, sa brièveté même, et ensuite l'influence morale que cette brièveté du temps
peut exercer sur l'esprit des coupables et des criminels.

Nous répondons au premier fait que s'ils connaissaient réellement ce que c'est que la prison, combien le temps semble
long dans l'intérieur de ces hautes murailles, et comment le
cœur et l'esprit se corrigent ou s'abrutissent promptement
au sein de tant de souffrances, ils ne regarderaient point la
brièveté du temps des peines comme une chose légère. Que

11

l'on songe qu'une année d'emprisonnement agit et pèse plus sur l'imagination du prisonnier que *cinq années* passées dans la société, et l'on accueillera plus favorablement notre système de peines modérées. Quant au second cas, nous répondons que les coupables et les criminels ne pourront se prévaloir de la brièveté du temps de la peine, attendu que celui que n'aurait pas amendé l'emprisonnement, et qui tomberait en état de récidive, serait puni en définitive de la peine de la déportation. D'ailleurs, ces différents degrés dans la peine, s'ils ne devaient point corriger, comme moyens intimidants, des coupables qui ne s'effraient jamais à l'idée de la peine qui les attend, auraient au moins l'avantage de proportionner la peine au délit; car nous persistons à croire que cette proportion, telle que l'établit notre code pénal, est hors de mesure.

Avec notre système de pénalité disparaissent toutes les peines infamantes, telles que l'exposition et la dégradation civique, parce que nous ne pensons point que la société doive fermer au coupable toutes les routes qui peuvent le ramener au bien, mais lui ouvrir celle de l'espérance. Car si nous demandons que la torture morale ne devienne point un supplément d'instruction, que l'aveu ne soit pas arraché comme moyen de certitude, qu'il existe une proportion raisonnable entre les châtiments et les offenses, que l'infamie de la peine ne s'étende point, par la publicité, sur des familles et des générations innocentes; enfin, que l'on proclame le règne de la justice indépendante et des peines modérées, c'est que nous croyons fermement à la possibilité de la réhabilitation des coupables. Dieu et la nature ont d'inépuisables secrets pour ramener l'homme déchu au bien et à l'honneur, secrets qu'il n'appartient pas à la justice humaine de méconnaître et de déjouer.

C'est ainsi que le système pénal, avant tout, doit être un système pénitencier.

CHAPITRE XI.

De l'emprisonnement commun et de l'emprisonnement individuel. — Exposé des divers systèmes cellulaires : système d'Auburn ; — système de Philadelphie ; — nouveau système français. — Examen critique de ces divers systèmes. — Impossibilité de l'application du système français. — Pénitencier cellulaire de La Roquette et autres. — Mauvaise foi des partisans du système cellulaire français.

La prison doit être un lieu de pénitence et d'éducation où se trouvent placés, à côté de la crainte du châtiment, seul but de la loi, le repentir de la faute et le moyen de ne plus y retomber : telle est la seule et véritable définition de l'emprisonnement considéré comme instrument pénitentiaire. Pour le réaliser, deux systèmes se trouvent mis en présence : l'un, ancien, naturel et susceptible d'améliorations généreuses, est appelé l'*emprisonnement commun ;* l'autre, de nouvelle création, triste produit de l'industrialisme moderne, stoïque enfant du matérialisme, se nomme l'*emprisonnement individuel* ou CELLULAIRE. Avant d'entrer dans les détails concernant ces deux grands systèmes pénitentiaires, nous allons commencer par faire l'exposé de ce dernier et de ses diverses modifications, sous les dénominations de *système d'Auburn,* de *système de Philadelphie* et de *système français.*

Le *système* CELLULAIRE en général consiste à renfermer un individu, seul, dans un espace étroit, pendant un laps de temps plus ou moins long, et qu'on peut prolonger au besoin jusqu'à douze années. C'est à des quakers de la Pensylvanie qu'on attribue la première pensée d'un tel système. Ces quakers ayant conçu, en 1786, la pensée d'apporter un remède à la corruption morale des prisons, classèrent dans la prison de Walnut-Street, établie à Philadelphie, les condamnés par *moralités légales*, c'est-à-dire selon la nature de leurs crimes. Ils firent construire en outre quelques cellules particulières, pour y renfermer, *sans travail*, et à titre de *punition spéciale*, les condamnés récalcitrants. Telle est, dit-on, la première idée du système cellulaire qu'on doit attribuer aux quakers.

Quoi qu'il en soit, l'état de New-York imita, le premier, les quakers de Pensylvanie, et fonda, en 1816, le pénitencier d'Auburn, achevé seulement en 1821. Les bases de ce système furent : les classifications par moralités légales, la règle de la séparation cellulaire des détenus entre eux pendant la nuit, et la séparation morale du silence dans les ateliers communs pendant le jour. Comme perfectionnement, on voulut annexer plus tard au pénitencier un nombre de cellules solitaires, pour y retenir, par exception, *seuls* et *sans travail*, une certaine catégorie de condamnés. Mais les effets que produisit ce nouveau genre d'incarcération sur le moral et sur la santé des reclus furent tellement désastreux, qu'à partir de 1823, Auburn n'eut plus que des cellules de nuit. Depuis cette époque, il se répandit avec tant de rapidité dans les États de l'Union, qu'en 1838 on en comptait vingt-trois sur trente qui l'avaient adopté.

Le système d'Auburn, qui tient le milieu entre l'emprisonnement en commun et l'isolement absolu, a été appelé système mixte.

La Pensylvanie voulut faire encore d'autres innovations dans le sens du système pénitentiaire par l'isolement; au lieu des classifications et du travail en commun, elle créa, en 1827, dans la prison de Pittsburg, la *solitude absolue* de chaque prisonnier, renfermé *seul*, sans visite et sans travail, dans une cellule, pendant toute la durée de sa détention. Aussi les résultats furent de rendre fou et de tuer. C'était, comme on voit, un moyen fort prompt et infaillible de moraliser. Il arriva forcément que les États qui avaient construit leurs prisons d'après ce système, l'abandonnèrent pour le système d'Auburn.

Mais cet essai infructueux, qui était une protestation manifeste contre le système cellulaire, n'effraya pas les novateurs et les philanthropes américains. Au lieu de s'en tenir, en fait de créations pénitentiaires, au système d'Auburn, on voulut aller plus loin, et, en 1829, on fonda le pénitencier de Cherry-Hill, à Philadelphie, qui a donné son nom au système de l'isolement ou de la cellule de nuit et de jour.

C'est un grand pas de fait vers la séquestration entière. Pour atténuer ce que le système de Philadelphie a d'horrible, comparativement à celui d'Auburn, on a dit que toute la différence qui les séparait consistait seulement dans la substitution du *travail individuel* au *travail en commun*. Mais cette différence est malheureusement immense. Le *travail*, voilà toute la compensation qu'on peut donner à un malheureux qu'on enferme dans une cellule-cachot pendant des années entières. Nous ne dirons point si le système de Philadelphie se répand oui ou non dans les État-Unis. Si nous en croyons ses adversaires, il est abandonné par plusieurs provinces qui l'avaient d'abord adopté. Si nous lisons les brochures de ses partisans, il opère des prodiges en Amérique. Tout le monde en veut, on le réclame partout à grands cris ; tous les voyageurs le préconisent, et la preuve, c'est que MM. de Beaumont et de Tocqueville, en 1831, et MM. Demetz et Blouet, en 1835, qui tous avaient reçu la mission de notre Gouvernement d'aller voir sur les lieux les effets du système de Philadelphie, sont revenus de l'Amérique enchantés de ses résultats merveilleux.

On conçoit cette prédilection de M. de Tocqueville pour le père de son enfant d'adoption : le système cellulaire fran-

ais qu'il veut, d'accord avec le Gouvernement, implanter
sur notre sol d'après le modèle de celui de Philadelphie.
Quoiqu'il nous fût permis de dire à MM. de Tocqueville,
de Beaumont, Demetz, Blouet et autres philanthropes, à
propos de leurs innovations pénitentiaires : *Timeo Danaos et
dona ferentes;* c'est-à-dire, les philanthropes à la solde du
Gouvernement sont toujours à suspecter, parce qu'ils font de
la philanthropie systématique ; nous allons néanmoins faire
connaître les bases sur lesquelles repose le système cellulaire
français.

LE SYSTÈME *cellulaire français,* ou *système français de
l'emprisonnement individuel,* ainsi que les partisans du projet du Gouvernement qui l'a proposé veulent bien le nommer, n'est autre chose que le système de Philadelphie, sous
une autre désignation. Cellule de jour et de nuit ; isolement
complet appliqué à tous les détenus, prévenus ou condamnés ; travail dans la cellule ; visites ; instruction intellec-
tuelle et morale isolée ; en un mot, l'homme et la cellule, la
solitude et l'isolement, voilà en quoi consiste le système français de l'emprisonnement individuel, tel que le propose le
Gouvernement aux Chambres.

Une chose nous étonne dans la proposition de ce système,
c'est la brusque transition par laquelle on fait passer la réforme des prisons de la communauté à l'isolement absolu.
Et cela nous étonne d'autant plus, que le Gouvernement,
dans cette circonstance, agit contrairement à ses idées de sagesse, de prudence et de lenteur qui le distinguent toutes
les fois qu'il s'agit de réformes. Comment est-il si audacieux
dans une question aussi vaste, aussi compliquée que celle de
la réforme des prisons ? Car cette question se lie intimement
à tant d'autres si ardues, qu'avant tout il eût été indispensable de résoudre : questions de droit français par le code
d'instruction criminelle, dont il faudrait fixer les principes,
et par le code pénal qu'il serait urgent de réviser dans les
moralités des actes et *les pénalités;* questions financières,
puisque, pour élever des ruches à enfermer des hommes, il
s'agira de dépenser des millions ; questions d'administration

supérieure qui se trouvera bouleversée par le fait de l'application du système cellulaire, qui change entièrement l'économie du service des prisons. Pourquoi le Gouvernement affronte-t-il toutes ces difficultés pour se jeter tout-à-coup inconsidérément dans une réforme radicale des prisons? N'y avait-il pas préalablement un milieu à prendre, une expérience à tenter, un essai à faire? Comment, à l'imitation des nations voisines, n'a-t-il pas adopté le système d'Auburn, ce système mixte, qui est en quelque sorte la transition naturelle qui unit l'emprisonnement commun à celui de l'isolement cellulaire?

Nous avons lu les brochures des plus acharnés partisans du projet du Gouvernement, et, entre autres, celles de M. Moreau-Christophe qui s'est fait, en quelque sorte, son bouc émissaire, et nous n'y avons trouvé autre chose qu'une aveugle passion et une partialité peu commune.

Ainsi, selon M. Moreau-Christophe, tout ce qui est en dehors du projet du Gouvernement, hommes et choses, est ridicule et insoutenable. L'honorable M. Lucas, inspecteur-général des prisons, son confrère, n'a pas le sens commun; M. Léon Faucher, un de nos publicistes les plus distingués, est un déraisonneur, et ses ouvrages sur la réforme des prisons ne sont qu'un tissu d'absurdités; enfin, M. Gaëtan de La Rochefoucauld, dont les traditions littéraires et les idées droites et véritablement philanthropiques, sont proverbiales dans sa famille, ne trouve pas grâce devant son impitoyable antagoniste. M. Moreau-Christophe a seul raison envers et contre tous; il se pose, lui et son système cellulaire, c'est-à-dire celui du Gouvernement, qui est exactement la même chose, comme l'*ultima ratio*, l'alpha et l'oméga, le commencement et la fin de la réforme pénitentiaire en France. Voyons sur quoi sont basées ses prétentions exclusives.

Pour faire adopter le système de l'*emprisonnement individuel français*, ainsi qu'il l'appelle, M. Moreau-Christophe s'étaie : 1° des travaux qui ont été tentés, dans ce sens, par les divers gouvernements qui se sont succédé en

France depuis la révolution de 1789 ; 2° des travaux auxquels se sont livrés les divers ministres qui, depuis 1830, ont dirigé les affaires de l'intérieur ; 3° de l'approbation que des hommes supérieurs ou des chefs d'administration des prisons ont donnée à ce système. Nous allons passer en revue ces différents témoignages que ce partisan du projet du Gouvernement invoque, et nous verrons jusqu'à quel point ils lui sont favorables.

L'Assemblée Constituante, voulant organiser la peine de l'emprisonnement, inconnue sous l'ancienne monarchie, charge, à cet effet, le comité de législation de lui faire un rapport. Par l'organe de Lepelletier-Saint-Fargeau, son rapporteur, ce comité propose, il est vrai, une espèce de système *casulaire*, qu'il appliquait, en trois degrés, à tous les détenus, sous les noms de *cachot, gêne* et *prison*. Mais ce système, qui diffère étrangement de celui que le Gouvernement propose de nos jours, en ce sens qu'il offrait plus de garanties pour le bien-être des prisonniers, l'Assemblée Constituante le rejeta en grande partie, comme trop barbare, et institua la peine de l'emprisonnement sous cinq degrés bien différents : *gêne, détention, emprisonnement, réclusion, fers.*

La gêne consistait dans l'isolement complet, la solitude absolue avec la faculté de se livrer à une occupation quelconque laissée au choix du condamné. On punissait de cette peine ceux qui attentaient à la sûreté de la République, les fonctionnaires publics convaincus de crime d'Etat, etc. — Les condamnés à la *détention* avaient la faculté de travailler, seuls, dans leurs chambres, mais n'y étaient point contraints par la loi ; ils étaient libres d'user de la communauté. Le *cachot* seulement était institué pour eux, comme punition temporaire et comme peine disciplinaire. Il faut remarquer ici que M. Moreau-Christophe appelle le choix qu'avaient les condamnés de travailler seuls dans leurs chambres, *travail cellulaire facultatif*, et le *cachot* institué comme punition, *cellule forcée*. On doit bien se garder de donner à ces mots, de création nouvelle, la même signification qu'ils semblent imposer aux mots créés pour désigner les peines de la *détention*, instituée par la Constituante. — L'*emprisonnement* simple destiné aux condamnés correctionnels, la *réclusion* et les *fers* étaient ce qu'ils sont encore de nos jours, sauf quelques modifications.

Ainsi, en dégageant ces différentes peines des mots *travail cellulaire, travail collectif, cellule forcée*, dont les surcharge M. Moreau-Christophe, afin de les détourner de leur primitive origine pour les conformer au nouveau vocabulaire des partisans du système cellulaire à établir, on voit que l'emprisonnement était toujours commun. Ni la Constituante, ni la Convention qui consacra, dans le code de brumaire an IV, les mêmes principes sur les prisons, ne songèrent jamais à former un sytème pénitentiaire fondé sur l'isolement et la cellule. Si bien que la *gêne*, la seule peine qui avait quelque similitude avec l'emprisonnement individuel n'a existé qu'à l'état de projet.

L'Empire, qu'on ne peut accuser d'avoir eu trop de tolérance envers les criminels et les coupables, dans son code pénal de 1810, abolit d'abord la peine de la gêne comme entachée d'origine barbare, et fit construire des maisons centrales ou maisons de force et de réclusion. Il pourvut ainsi à l'instrument de la peine légale ; chose que n'avaient point fait encore ni la Constituante ni la Convention, qui s'étaient arrêtées seulement à exprimer la formule de la peine. L'Empire fit plus encore, car il rejeta formellement l'emprisonnement individuel et ne l'admit qu'à titre seulement de punition disciplinaire, sous la désignation de cachot, par l'article 674 de son code ; et, par l'arrêté du 20 octobre 1810, toutes les prisons furent organisées d'après le principe de l'*emprisonnement commun*, et suivant la nature de l'instruction judiciaire ou du délit.

La Restauration s'occupe aussi, à son tour, d'une manière très-active de la réforme morale et du régime intérieur des prisons. Tous ses moyens tendent à corriger les habitudes vicieuses des condamnés et à les préparer par l'ordre, le travail et les instructions religieuses à devenir des citoyens paisibles et utiles à la société. Dans ce sens, elle crée une société royale, institue des commissions et pourvoit aux besoins des prisons par toutes sortes d'améliorations matérielles. Mais ses efforts ne s'arrêtent point là ; car, selon les paroles d'un prince de la famille royale, « ils tendaient « encore à retremper des ames dégradées par le vice et par « de funestes passions. » Il faut le dire à l'honneur de la Restauration, sa sollicitude pour les améliorations des prisons commençait à porter des fruits, lorsque le trône des Bourbons fut renversé en 1830. Et remarquez bien qu'il ne fut jamais question du système cellulaire et que toutes les réformes pénitentiaires ne furent traitées que d'après le principe seul de l'emprisonnement commun.

Ce n'est que depuis le gouvernement de Juillet, que le système de l'*emprisonnement en cellule* a été mis en vogue. Quelques écrivains philanthrope commencèrent à publier des brochures sur les prisons. C'était un moyen comme un autre de faire une rapide fortune. En conséquence, ils allèrent exhumer tout ce que les États de l'Union américaine avaient de projets pénitentiaires dans leurs cartons, et les montrèrent à la France comme les produits d'une riche découverte morale. Le régime des prisons, tous les jours en voie d'amélioration avec le principe réformé de l'emprisonnement commun, était des plus satisfaisants ; les philanthropes intéressés aux changements et aux nouveautés en firent des tableaux effrayants ; pendant les quinze années de la Restauration, le chiffre des crimes et des récidives n'offrait qu'une moyenne toute en faveur de la moralité de la société ; on pouvait même espérer que dans un temps déterminé, avec les mêmes moyens, on obtiendrait de meilleurs résultats ; les philanthropes jugèrent autrement l'état moral des prisons, et n'envisageant que d'absurdes théories, ils trouvèrent que les crimes et les récidives allaient croissants et qu'il fallait les arrêter dans leur marche ascensionnelle. D'ailleurs, le remède à apporter au mal qu'ils indiquaient n'était-il point dans leurs mains ?

Alors le Gouvernement, tourmenté par ces novateurs qui

assiégeaient la Chambre des Députés et les bureaux des mi-
nistères, qui faisaient retentir le journalisme et la presse
de leurs clameurs, qui avaient même l'insigne faveur
d'occuper des sièges au sein des académies, songea enfin à
prendre en considération la nouvelle réforme des prisons,
transportée du fond des forêts de l'Amérique, pour l'implanter en France.

Et d'abord, nous dirons aux philanthropes, que le moyen
le plus naturel et le plus raisonnable d'arriver à trouver la
vérité sur un fait qu'on recherche, n'est pas d'avoir
d'avance une opinion préconçue sur ce même fait. Or,
tous les moyens qu'a employés le Gouvernement jusqu'à ce
jour, pour savoir si l'emprisonnement commun était inférieur à l'emprisonnement cellulaire, n'ont été dirigés que
dans le sens et en faveur de ce dernier. Avant même de
chercher à s'éclairer sur cette question, hommes et choses
étaient déjà acquises aux partisans du système de Philadelphie. On va s'en convaincre.

On invoque d'abord, comme preuves à l'appui du système de l'emprisonnement individuel, les rapports annuels
des six inspecteurs généraux des prisons du royaume. Mais,
outre que ces fonctionnaires ne sont pour la plupart que des
partisans prononcés du système qu'on veut établir à tort ou
à raison, et que, comme tels, on peut soupçonner leurs
rapports de certaine partialité; il est constant encore qu'il
n'est rien de moins bien inspecté que les prisons par les inspecteurs généraux. On s'imagine généralement que ces
grands personnages, arrivés dans un chef-lieu de département, vont dans les maisons de détention, les visitent dans
tous leurs détails, s'informent par eux-mêmes de l'état sanitaire des bâtiments et des prisonniers, voient, en un mot,
les choses par leurs propres yeux : c'est une erreur. Les inspecteurs généraux ne dépassent jamais, à moins de raisons
majeures, le seuil du cabinet du directeur ou de celui du
greffier, et, après une heure tout au plus d'entrevue, ils
continuent leur route pour aller, le plus souvent, prendre
les eaux à quelques établissements termaux voisins. Voilà

comment se font, en général, les visites des prisons par les inspecteurs généraux.

M. Moreau-Christophe que nous nommons, le même qui ne cesse de prôner, dans ses brochures, les rapports faits par lui et ses confrères, se trouvait en tournée, il y a trois ans, dans la maison centrale de Melun. Il voulut visiter un des ateliers de passementerie, et là, avec intention, parlait avec emphase, du régime cellulaire qu'on allait établir. Un des détenus, persuadé sans doute que M. l'Inspecteur général désirait s'éclairer, répondit : « Si jamais le système « cellulaire se réalise, ce sera un grand malheur, car avant « de mourir étouffés dans une cellule, au lieu de voler, on « tuera. La prison, telle qu'elle est, ne nous aigrit déjà « que trop le caractère; pensez ce que peuvent faire la soli- « tude et l'isolement ! » — « Qu'on mette cet homme au « cachot pour trois mois ! » Telle fut la réponse de M. Mo- reau-Christophe, à la recherche de la vérité à propos d'un système pénitentiaire à créer.

On invoque ensuite l'opinion des directeurs des maisons centrales. Remarquez bien que les circulaires ministérielles ne se bornent pas à leur demander : Quelle est votre opinion sur le système cellulaire? Est-il plus convenable, oui ou non, que le système de l'emprisonnement en commun? Nullement. Ces circulaires leur posent des questions toutes en vue du système préconçu et arrêté d'avance, avec ordre et injonc- tion de répondre catégoriquement, de sorte que l'opinion individuelle de ces directeurs est en quelque manière étouffée.

En voici une preuve : il s'agissait, dans une de ces ré- ponses officielles, de blâmer une mesure de haut intérêt pour la santé des détenus d'une maison centrale, c'était la privation de lait, ordonnée par le ministre ou ses subor- donnés de l'administration générale des prisons. Plusieurs détenus, et notamment ceux des ateliers de forge, ne pou- vaient suffire à leurs besoins avec la nourriture des vi- vres de la prison, peu substantiels pour des travailleurs; le directeur proposait, comme une nécessité, l'usage du lait

à leurs frais et dépens ! Le croirait-on ? le ministre fit répondre au directeur qu'il ne lui demandait point des plaintes, des conseils ni des avis, mais des réponses catégoriques
à ses questions.

Malgré cette espèce d'injonctions impératives que prescri-
vaient les circulaires ministérielles, il s'est trouvé des directeurs des maisons centrales qui se sont prononcés ouvertement contre le système de l'emprisonnement cellulaire.

On invoque encore les rapports d'une commission de
médecins chargés de s'enquérir des causes de maladies et de
mortalités attribuables au régime des prisons, commission
nommée par l'académie royale de médecine, sur l'ordre de
M. le Ministre ; on invoque les rapports annuels des médecins de chaque prison. Eh bien ! tous ces rapports sont dé-
fectueux. Nous connaissons l'opinion de l'un des membres
de ces commissions, qui nous a affirmé qu'il était impossible d'avoir des données exactes sur les effets du régime intérieur des prisons, attendu que la plupart des détenus
mouraient dans la société, après leur libération, par suite
des maladies contractées dans les maisons centrales ; que
ceux qui mouraient ou tombaient malades dans les infirmeries des prisons ne recevaient pas les soins qu'il faudrait
leur donner, à cause de l'insuffisance des médicaments dont
les pharmacies étaient dépourvues ; enfin, qu'ils ne pouvaient point dire toute la vérité au ministre. C'est aussi ce
qui explique comment le rapport de la commission nommée par l'académie royale de Médecine, dont le docteur
Ferrus était rapporteur, n'a pas été publié et est resté en ma-
nuscrit. Elle déclara néanmoins que, « si elle avait dû se
prononcer en faveur de quelque système, c'eût été en faveur de celui d'Auburn, comme étant une réforme suffisante à apporter dans le régime vicieux de nos maisons
centrales. »

On invoque l'opinion des préfets et des conseils généraux, opinion provoquée en 1838, époque où la question
de la réforme pénitentiaire n'était pas connue et où la pensée seule du Gouvernement faisait foi ; quels résultats avan-

tats avantageux a-t-elle présentés en faveur du système de Philadelphie? *Quinze* départements ne se sont pas prononcés, faute de renseignements précis et de documents qu'ils n'avaient point sur la matière; *quinze* conseils généraux se sont prononcés pour la séparation de nuit seulement; *un* seul pour le *statu quo*, et *cinquante-cinq* pour la séparation des *condamnés*. Est-il étonnant qu'une telle majorité se déclare pour un projet formellement avoué par le Gouvernement, soutenu par le préfet, indiqué et nullement étudié, et cela dans un moment où on voulait l'emporter d'assaut? Il faut observer encore que ces *cinquante-cinq* conseils généraux se sont bien gardés d'étendre le régime cellulaire, comme le font les philanthropes, à *tous les détenus* en général, prévenus ou non, ils l'ont restreint aux *condamnés* seulement.

On invoque enfin l'opinion de quatre habiles architectes, dont l'un, M. Blouet, est partisan effréné du régime cellulaire. « Ces quatre architectes, dit M. Moreau-« Christophe, sont appelés pour savoir jusqu'à quel point « serait réalisable, en France, soit le système de l'emprison-« nement individuel de jour et de nuit, demandé par *l'im-« mense majorité* des conseils généraux, soit le système cellu-« laire de nuit seulement et de travail en commun pendant « le jour, désiré par la minorité. » M. le Ministre charge, en effet, ces architectes, de lever des plans en 1837, afin d'approprier les maisons centrales à *l'un ou l'autre de ces deux systèmes.* Or, il faut remarquer que ce n'est qu'en 1838, c'est-à-dire un an après que le ministre avait commandé ces plans, que les conseils généraux furent invités à se prononcer sur la réforme des prisons. Ce qui n'empêche pas M. Moreau-Christophe, malgré son anachronisme, d'en appeler à l'opinion des architectes, comme conforme à celle des conseils généraux. Qu'est-ce, après tout, que l'opinion de quatre architectes qui ne demandent qu'à dresser des plans, faire des travaux, bâtir et démolir pour augmenter leurs honoraires? Cette opinion peut-elle faire poids, lorsqu'il s'agit d'une réforme morale autrement importante que le fait de savoir combien de moellons doivent entrer dans la construction d'une cellule.

Malgré les témoignages vrais, faux ou supposés qu'invoquent les partisans du système cellulaire continu, et notamment M. Moreau-Christophe, en faveur de leur réforme pénitentiaire, nous n'en persistons pas moins à déclarer qu'elle est inadmissible, inapplicable en France.

Le système proposé a contre lui les praticiens, le code pénal et le code d'instruction criminelle; le bon sens, les mœurs nationales et l'opinion publique. C'est plus qu'il n'en faut pour le faire rejeter et le reléguer, comme théorie barbare, loin de toute pensée de réalisation.

On ne peut nier que le Gouvernement n'ait tout mis en usage, non pas pour s'éclairer sur la question de la réforme des prisons par le système de Philadelphie, mais pour conquérir des partisans à ce système. Aussi, parmi les documents qu'il produit, ne trouve-t-on que des pièces officielles recueillies en petit nombre auprès des fonctionnaires qui n'avaient qu'à obéir à ses volontés. Ce qui nous étonne, c'est qu'avec tous les moyens d'influence qu'il tient à sa disposition, il n'ait trouvé que trois ou quatre préfets, quatre ou cinq procureurs généraux, et autant de directeurs de prisons qui aient répondu à son appel. Pourquoi cela? C'est qu'il n'est pas facile de réunir des voix lorsqu'il s'agit de créer des tombeaux pour enterrer vivants des hommes.

Aussi, voyez quels sont les adversaires du projet du Gouvernement : c'est, en première ligne, M. Lucas, inspecteur général des prisons, qui, quoique un des premiers agents du Gouvernement pour la mise à exécution de ses plans de réforme, n'a pas craint d'opposer un système plus rationnel et surtout plus humain au système cellulaire continu, que M. Moreau-Christophe défend avec tant de zèle et d'acharnement. « Zèle et acharnement qui, selon les paroles du même M. Moreau-Christophe, sont la mesure du zèle et de la « bonne foi que l'administration est en droit d'attendre de « lui, comme de tout agent en qui n'est pas éteint le devoir « du fonctionnaire. » Telle est la mesure de l'opinion de

M. Moreau-Christophe en la matière de la réforme pénitentiaire des prisons.

C'est M. Faucher qui, quoi qu'en dise M. Moreau-Christophe, n'en est pas moins l'adversaire du système de Philadelphie proposé par le Gouvernement. M. Faucher peut
différer d'opinion avec M. Lucas, sur la formule à adopter
pour les classifications des détenus; il n'en persiste pas
moins, pour cela, à s'opposer au régime cellulaire qui sou-
rit tant aux philanthropes du pouvoir.

C'est M. Laville-de-Miremont, doyen des inspecteurs généraux des prisons du royaume, qui, dans une brochure
pleine de logique et de faits recueillis par sa longue expérience, a soutenu le système de l'emprisonnement en commun. Savez-vous comment M. Moreau-Christophe réfute le
sentiment de l'honorable M. de Laville? En déclarant que sa
brochure a pour objet de combattre toutes les idées de
M. Lucas, même à l'endroit des cellules de nuit. Mais si
M. de Laville rejette le système d'Auburn, comme cruel,
impraticable, absurde, *a fortiori*, réfute-t-il celui de Philadelphie, c'est-à-dire du Gouvernement et de M. Moreau-
Christophe, qui admet non-seulement les cellules de nuit,
mais encore les cellules de jour.

C'est M. Diey qui a écrit dans les idées de M. de Laville de
Miremont, et auxquelles, pour donner le change à ses lecteurs, M. Christophe attribue un sens qu'elles n'ont point.
Ainsi, en citant un fragment de la brochure de M. Diey,
sur le *système pénitentiaire*, il rapporte ces lignes : « Veut-
« on empêcher, par des moyens *matériels*, la corruption
« des condamnés ? il n'y a qu'un seul système qui puisse y
« parvenir, c'est celui de Philadelphie : l'isolement de jour
« et de nuit. Tous les autres systèmes n'empêcheront pas
« que les détenus se communiquent leurs pensées. » On
croirait, à lire ces quelques lignes que cite M. Christophe,
que M. Diey est partisan du système du Gouvernement.
Nullement. Il est pour l'emprisonnement commun mo-
difié.

C'est M. Marquet-Vasselot qui, dans trois ouvrages remarquables, se prononce ouvertement, soit dans son *Examen critique des diverses théories pénitentiaires*, soit dans son *Système cellulaire de nuit*, contre le système de Philadelphie comme impraticable, et inutile à la fois.

C'est M. Martin-Deslandes qui pense absolument comme MM. de Laville et Diey, ce qui semble déplaire singulièrement à M. Christophe qui, à défaut d'arguments pour combattre les idées de cet inspecteur général, emploie les insinuations flatteuses pour l'attirer dans le camp du Gouvernement. C'est par des manœuvres semblables et qu'on ne cache point, que l'on cherche à égarer l'opinion publique sur le nombre des adversaires du projet.

C'est enfin M. Hello, directeur de la maison centrale de Fontevrault, et autres de ses confrères, qui, ostensiblement ou dans leur for intérieur, se sont déclarés contre le système cellulaire continu, non-seulement comme contraire à la dignité humaine, mais encore comme irréalisable.

Nous avons dit que le système proposé par le Gouvernement avait contre lui le code d'instruction criminelle et le code pénal. Les philanthropes font, entre la peine et ce qui en est l'instrument, une distinction qui nous paraît tant soit peu sophistique.

Ainsi, selon eux, l'instrument peut être le même dans sa forme pour plusieurs peines différentes, sans que ces peines cessent, pour cela, d'être différentes. Ils appuient cette sorte de proposition de cet exemple : La *cellule* est l'instrument uniforme des trois peines distinctes appelées *emprisonnement*, *réclusion*, *travaux forcés*. Nous ne savons si nos lecteurs comprennent parfaitement bien cette subtilité qui fait de la peine et de l'instrument deux choses distinctes; mais ce dont nous ne pouvons douter, c'est que, la *cellule* admise une fois comme unique instrument de la peine, l'échelle de la pénalité reconnue par notre code doit être bouleversée du fond en comble. Car qu'est-ce que la cellule par elle-même? Ce que l'isolement, la solitude, le manque d'air et d'espace sont pour tout homme en général; ce que La Fontaine a décrit dans ces vers :

Chambre murée, étroite place,
Quelque peu d'air pour toute grâce ;
Jours sans soleil,
Nuits sans sommeil,
Trois portes en six pieds d'espace !

Eh bien! renfermez un individu dans une chambre ainsi murée, peut-on affirmer que cette cellule, abstraction faite de toutes autres tortures morales, ne soit une peine? Les philanthropes du Gouvernement répondent négativement. « *La cellule*, disent-ils, *peut être exclusive de toute peine.* » Il faut avouer que ces bonnes gens ont de singulières opinions sur la séquestration des détenus. Mais nous qui savons que trois jours de prison dans les cellules du dépôt de la préfecture sont plus que suffisants pour exalter l'imagination d'un prisonnier au point de le porter au suicide, nous ne concevons pas l'aveu naïf de M. Christophe, lorsqu'il affirme que la cellule peut être *exclusive de toute peine*, au moins matérielle.

Malgré l'opinion de M. Moreau-Christophe, nous persistons à croire, et tout le monde sera de notre avis, que la cellule par elle-même est une peine. Mais, s'il en est ainsi, de quel droit l'appliquez-vous aux prévenus et aux accusés que la loi regarde comme innocents tant qu'ils n'ont pas été jugés? et si vous voulez les soumettre au régime cellulaire, contre toute équité naturelle, commencez par réviser d'abord le code d'instruction criminelle, titre de la prévention.

L'Empire a aboli la *géne;* les jurisconsultes s'élèvent contre ce qu'on appelle le *secret*, cette torture morale indigne de nos mœurs; on soumet les juges d'instruction à rendre compte toutes les semaines de l'usage qu'ils auraient pu faire de la faculté d'empêcher un individu de communiquer; et voilà que, tout-à-coup, vous ressuscitez, vous, prétendus philanthropes, et la *géne*, et le *secret*, et la torture morale de l'isolement? Appellerez-vous cela un progrès, lorsque vous nous faites rétrograder ainsi d'un seul bond jusqu'au règne de l'inquisition?

Si donc on veut établir la cellule, il faut, avant tout,

réformer nos codes criminels. Et puis, que signifie cette phrase : « La cellule peut être plus ou moins douce, plus « ou moins sévère, selon les degrés d'intensité ou de durée « de la peine qu'on y doit subir. » Qui déterminera les degrés de ce thermomètre pénal dont la cellule est le tube? Comment maintenir les différences légales qui existent entre les trois peines : l'*emprisonnement*, la *réclusion* et les *travaux forcés*? Au juge sans doute à qui on laisse le droit de fixer la durée de la peine et la nature des travaux plus ou moins pénibles qui doivent la constituer; mais alors, encore une fois, il faut changer tout notre code pénal. Cette transformation opérée, il restera, en outre, une chose qui deviendra abusive, l'intervention de l'administration qui aura le droit d'exercer un despotisme d'autant plus odieux, aveugle ou insensé, qu'il portera sur des individus isolés, seuls et qu'on tiendra, en quelque sorte, en charte privée.

Le système cellulaire continu, proposé par le Gouvernement, heurte de front nos mœurs nationales. A qui l'a-t-on emprunté? Aux Américains. Mais est-il bien démontré que ce qui convient à un peuple puisse convenir à un autre? le caractère, l'esprit, les mœurs, la religion n'établissent-ils point des différences tranchées entre les nations même les plus voisines? Les mœurs des Espagnols, des Anglais et des Français sont entièrement distinctes, au point que ce qui convient aux uns est étrange aux autres; que certains usages paraissent ridicules aux premiers, tandis que les autres s'en accommodent. Ainsi chacun d'eux subit, à son insu, les influences du sol, du climat et des races. Et, parce qu'une institution conviendra à un peuple, est-il évident que l'autre doive l'adopter? Nous ne le pensons point.

Le système cellulaire de Philadelphie, inventé par des quakers, a pu être appliqué en Amérique; les publicistes de cette partie du monde ont jugé à propos qu'un régime qui aurait pour principes l'isolement et la solitude, pourrait servir de base à un système pénitentiaire. Est-ce à dire pour cela qu'il convienne au caractère français?

Il se passe un fait bien étrange dans l'histoire de nos

mœurs, c'est que plus les idées se portent vers l'affranchissement des classes populaires, vers l'indépendance individuelle, plus il semble qu'on cherche à implanter sur le même terrain les institutions les plus tyranniques. Ainsi, dans le moyen âge, il n'est venu à la pensée de personne de choisir la solitude, l'isolement, le tombeau comme instrument de la peine légale. Le despotisme seulement des hauts barons de la féodalité et l'intolérance religieuse en ont fait usage. On sait toutes les clameurs qui se sont élevées, dans les écrits des philosophes, contre le *carcere duro* de ces époques à demi-barbares. Eh bien! nous rétrogradons vers ces temps de néfaste mémoire. Toutefois, avec cette différence, qu'alors les tortures physiques étaient exécutées par la volonté d'un seul homme; aujourd'hui elles seront autorisées par la loi. Nous ne pensons point que l'opinion publique, en France, s'en accommode. On a démoli la Bastille en 89 sous prétexte qu'au fond de ses voûtes sombres on étouffait les voix des malheureux; un jour le même sort tomberait sur ces milliers de petites bastilles bien plus affreuses que la première, car elles seraient disséminées sur toute l'étendue du sol de la France.

Nous avons dit, enfin, que le système cellulaire proposé par le Gouvernement avait contre lui le bon sens. L'homme en général est né pour vivre en société, c'est-à-dire en commun. La communauté, les relations d'individu à individu, la promiscuité, composent donc le fond de sa nature. Le séquestrer entièrement de ses semblables, pour l'isoler, pour le confiner dans un espace étroit et le contraindre à y passer des années entières, c'est aller contre les droits de la nature. Ces principes se raffermissent par les faits mêmes de l'expérience. Qu'un individu quelconque, qu'un philanthrope soit forcé, malgré lui, à habiter, nous ne dirons point un cabanon ni une cellule, mais un appartement d'où il ne lui soit pas permis de sortir pendant une année entière; que se passera-t-il dans l'existence de ce solitaire ainsi cloîtré? Privé de sa liberté, ses désirs s'irriteront en raison de la résistance qu'ils trouveront à se produire; face à face avec lui-

même, sa volonté étant étouffée, il cherchera dans ces mêmes désirs contrariés des causes nouvelles d'irritation ; une
perturbation générale se fera ressentir dans son organisation.
À la colère que tout ce qui l'entoure contribuera à augmenter, succédera l'ennui ; et comme l'ennui produit la plainte,
il arrivera progressivement à ce degré d'exaltation physique
et morale où l'individu succombe infailliblement : il mourra
ou il s'abrutira. Tels seront les effets de cet isolement forcé
auquel on soumettrait tout individu en général.

Qu'on ne dise point que la cellule, instrument de punition pour le coupable, diffère, quant à ses résulats, de la
cellule instrument d'atteinte portée à la liberté de l'individu. L'un et l'autre sont dans les mêmes conditions de souffrance. Car la captivité par isolement est exclusive de
toute liberté ; et du moment où un homme est dépouillé de
sa liberté individuelle, il est dépouillé de toutes les autres.
Cet homme n'est plus alors qu'un automate.

Voilà l'état auquel les philanthropes veulent réduire le
prisonnier. Mais, avant d'arriver à ce degré d'abaissement,
que de tortures morales et physiques, que de souffrances,
quel dépérissement n'aura-t-il pas éprouvés dans toutes ses
facultés ? Pour consentir à réduire ainsi la nature humaine
à cet état d'existence barbare, il faut avoir l'aveuglement de
celui qui a écrit ces lignes, en réponse à l'objection qu'on
lui faisait que le système cellulaire était anti-catholique :
« Que parlez-vous de prière en commun, de culte en com-
« mun, de communion de frères en Jésus-Christ ! Vous
« oubliez que ces fidèles sont des infidèles, et que ces ouail-
« les ont déserté le drapeau. Vous oubliez que l'arrêt qui
« les frappe les a excommuniés de la société des honnêtes
« gens, dont ils ont violé les lois. Vous oubliez que ce sont
« des coupables exclus *à sacris* par leurs crimes, et qui ne
« peuvent se racheter aux yeux de Dieu que par l'expiation
« du repentir. » Chaque mot, chaque ligne, chaque phrase
de cette réponse renferme, comme on voit, une absurdité.
D'abord, pour jeter un interdit aussi général sur tous les
prisonniers, il ne faudrait pas procéder comme on le fait

avec le système cellulaire, c'est-à-dire les soumettre tous
également à la même peine ; il serait bon de distinguer.

Ainsi, les prévenus, les accusés sont privés, par le fait
même de leur isolement, de l'exercice du culte catholique ;
ceux-là sont-ils des infidèles et des ouailles qui aient déserté
le troupeau, alors que des ordonnances de non-lieu vien-
dront les rendre à la société ? Et ces victimes des erreurs judiciaires ; et ces condamnés pour des fautes légères telles
que faillites, blessures, menaces, etc., sont-ils des excommuniés qu'on doive séparer de la communauté des gens
honnêtes ; et tous ces petits délinquants qui ne sont respon-
sables que de faits purement correctionnels , sont-ils des
coupables exclus A SACRIS *par leurs crimes ?* Sans doute,
vous les regardez comme tels puisque vous les *encellulez*
tous indistinctement. Et dans le cas même que tous les prisonniers fussent de grands criminels, faudrait-il, pour cela,
les séparer entièrement de la communion des frères de Jésus-Christ? N'est-ce pas, au contraire, pour eux , que l'É-
vangile a ouvert tous les trésors de sa miséricorde divine?
Que signifie alors la doctrine matérialiste de M. Moreau-
Christophe à l'usage de son système cellulaire ? Et puis, le
repentir d'une faute est-il bien dans l'isolement absolu ?

Au reste, le système de Philadelphie n'est pas seulement
absurde , ridicule, inhumain en principe; il est encore impraticable. Nous allons puiser les preuves de cette démon-
stration dans l'établissement qu'on a soumis, depuis quelques
années, au système cellulaire : celui de la Petite-Roquette,
destiné aux jeunes détenus.

Ainsi que nous l'avons déjà dit, le système de Philadelphie, ou de l'isolement continu, suivi à la maison de détention des jeunes détenus, consiste à tenir enfermés seuls,
nuit et jour, dans des cellules de trois mètres de long sur
deux mètres environ de large, de petits enfants âgés de neuf
à seize ans. Là, ils vivent, ils travaillent et ils se moralisent, au dire des philanthropes. Comme il est bon que
l'on sache comment ce miracle s'opère, nous allons en faire
part à nos lecteurs. Chaque détenu ne sort de sa cellule que

tous les DEUX JOURS pour être conduit, séparément dans
une des huit cours affectées aux promenades solitaires, où
il reste *vingt minutes*. Après avoir pris ainsi *un exercice
salutaire* et *le grand air*, comme disent les philanthropes
(vous comprenez quel exercice et quel grand air peut prendre, en vingt minutes, un enfant, seul, dans une cour
étouffée!); il rentre dans sa cellule où il trouve le *cube
d'air qu'il lui faut* ; de plus, un ventilateur en été, et un
tuyau de calorifère en hiver. Là, dans chaque cellule, un
détenu passe un an, trois ans et plus ; et, chose admirable !
toujours selon les brochures des philanthropes, le régime de
l'isolement, loin d'affecter le moral de jeunes êtres, dont
l'imagination mobile éprouve un besoin continuel d'expan
sion, de distraction et de mouvement, le relève et le rend
plus énergique, de sorte que l'enseignement élémentaire,
les travaux industriels et l'enseignement religieux y font
des progrès rapides.

Notre intention, en ce moment, n'est pas d'entrer dans
des détails de critique sur l'imperfection de l'enseignement
élémentaire qu'on donne aux détenus ; sur les difficultés
impossibles à vaincre qu'offre le travail industriel lorsqu'il
est isolé et qu'il faut attendre les conseils du contre-maître
pour le corriger, le redresser ou le perfectionner ; sur le
peu d'efficacité et les inconvénients du régime cellulaire
pour faciliter au prêtre, non-seulement son propre ministère,
mais encore la célébration du culte. Nous sortirions alors
des bornes prescrites à notre ouvrage ; et cela pour démontrer une proposition qui se réduit à ceci : l'émulation est de
tous les stimulants le meilleur, comme l'isolement est la
pire de toutes les conditions de l'homme sur la terre. Ce
serait vouloir soutenir ainsi une vieille vérité aussi ancienne
que le monde, et que la barbarie seule peut aujourd'hui con-
tester.

Mais nous aborderons plus directement la question, en
déclarant que le système cellulaire de la Petite-Roquette
abrutit l'intelligence, tue le physique et ne moralise point.
Nous n'emprunterons point nos preuves à ce principe géné-

ral que l'homme ne saurait subsister dans une condition anti-naturelle, ni au charlatanisme des rapports officiels, ni moins encore à la statistique de la mortalité dans la vie libre comparée à la vie des prisons. La polémique peut toujours, par ce moyen, tourner le mensonge au profit de la vérité. C'est dans les faits observés sur les lieux par des hommes impartiaux que nous prendrons nos témoignages.

Voici des détails qui nous sont donnés par un ancien employé de la Petite-Roquette, sur la foi duquel nous pouvons compter :

« Pendant trois ans que j'ai resté dans la maison de dé-
« tention des jeunes détenus, j'ai vu des choses à révolter
« le cœur le moins sensible. Imaginez-vous des enfants ,
« pour la plupart d'une constitution faible, malingres, ren-
« fermés dans des cabanons, seuls, et sans autre espérance
« qu'une liberté incertaine dans un avenir plus incertain
« encore. Des pleurs , des trépignements de colère, des cris
« horribles témoignent ordinairement des premiers effets de
« cette incarcération forcée. Insensiblement ils s'habituent,
« il est vrai , à ce genre de vie auquel on habitue les va-
« ches laitières des environs de Paris. Toutefois, avec
« cette différence qu'au lieu de se bien porter, ils maigris-
« sent , s'étiolent et tombent en quelque sorte dans une es-
« pèce de crétinisme. Alors tout devient machine chez eux,
« le corps ainsi que l'intelligence.

« Les uns succombent à de graves maladies qui s'empirent
« à l'infirmerie, où ils sont encore déposés dans des cellu-
« les ; de sorte que, si la langueur, l'isolement sont les cau-
« ses de leurs maladies, ils meurent dans une cellule, vic-
« times de l'atroce rigueur du régime cellulaire. Les autres,
« ceux qui échappent aux premières atteintes de la phthy-
« sie et des maladies pulmonaires, dont ils portent les ger-
« mes dans la société, après leur libération, deviennent
« scrofuleux: les scrofules font surtout des ravages affreux
« parmi cette jeune population, que l'on prive des premiers
« éléments de la vitalité : l'air et l'exercice. La nourriture
« suffisante , mais grossière et malsaine, ne contribue pas

« peu à aggraver la mauvaise santé de ces infortunés. On
« aura une idée de ce qu'elle peut être, lorsqu'on saura
« qu'elle n'est portée qu'à 40 c. (*huit sous*) par jour par
« chaque détenu ; c'est-à-dire presqu'autant que le chiffre
« du personnel de l'établissement, qui s'élève à 57,93
« (*sept sous et demi*) par jour et par détenu, de sorte que
« la dépense, pour le surveiller, est plus élevée que celle
« de sa nourriture.

« Et quelle surveillance encore ! Vous avez entendu par-
« ler de la méthode inventée par M. Poutignac de Villars.
« Sans prétendre discuter ici ce qu'elle renferme de bon
« ou de mauvais, relativement à sa valeur intrinsèque, je
« dois vous faire connaître le moyen qu'on prend pour l'ap-
« pliquer. Chaque détenu a, dans sa cellule, des tableaux
« de lecture ou d'écriture proportionnés à ses connaissances.
« Voici la manière de s'en servir. Dans chaque corridor où
« se trouve un certain nombre de cellules, se place un
« surveillant qui, s'adressant à une des cinq classes dont
« se compose cette méthode, indique à haute voix plusieurs
« lettres à tracer ; le détenu les voit des yeux et les copie.
« Tout le secret réside là. Puis le surveillant entre dans
« chaque cellule, approuve ou corrige les lettres tracées.
« Comme on le pense bien, ces progrès sont tout mécani-
« ques ; aussi remarque-t-on que, parmi ces jeunes détenus
« qui tracent des mots, aucun n'en connaît la valeur et
« moins encore l'orthographe.

« Il en est ainsi de l'enseignement industriel, qui fatigue
« les contre-maîtres eux-mêmes, que j'ai vus plusieurs fois
« se dégoûter de leur rôle et de la besogne qu'ils font exé-
« cuter à des automates. Quant à l'enseignement religieux,
« il est malheureusement nul, et, s'il produit quelques effets
« extérieurs, ils sont basés sur l'intérêt : l'espoir d'une li-
« berté provisoire. J'ai demandé à plusieurs détenus en
« cellule, dont j'avais gagné la confiance, s'ils se faisaient
« au régime. J'ai jugé, par leurs réponses énergiques, qu'ils
« en étaient bien fatigués ; et, comme j'insistais pour savoir
« quelle était la cause de leur docilité et de leur obéissance

« apparentes, ils me répondaient unanimement et sans s'ê-
« tre concertés, puisque cela leur était impossible, qu'ils
« voulaient en finir le plus tôt possible avec la cellule : « Ah!
« disaient-ils, quand nous aurons seize ans, on ne pourra
« plus nous tenir en cages! » Ainsi, la moralisation de la
« cellule, dont parlent les partisans du système, n'est qu'une
« chimère qui ne se réalise que par une basse hypocrisie.
« On pourra, au reste, s'en convaincre d'ici à quelques
« années.

« Je ne vous dirai rien ni des mauvais traitements que
« des gardiens brutes font subir à ces pauvres enfants, ni
« des plaintes amères qu'ils exhalent en secret au fond de
« leurs cellules, ni du nombre des malades que j'ai vus
« mourir à l'infirmerie, couverts d'ulcères et de pustules ; ni
« de l'état de dépérissement physique où ils se trouvent, ce
« serait un tableau trop triste à retracer. Qu'il me suffise de
« vous dire seulement, que de tous les instruments péniten-
« tiaires inventés par les hommes, il n'en est point, si je dois
« en juger par celui qui est appliqué dans la maison des jeu-
« nes détenus, ni de plus cruel ni de plus barbare que le
« régime cellulaire de nuit et de jour. L'avenir le démon-
« trera, j'en suis sûr, d'une manière indubitable. »

A ces détails sur la non-moralisation des détenus par le
système de Philadelphie appliqué à la Petite-Roquette, nous
ajouterons le témoignage irrécusable des chiffres. Pendant
les dix-huit mois du 1er juillet 1838 au 31 décembre 1839,
il a été constaté, sur 317 jeunes détenus sortis depuis moins
de trois ans du pénitentier, les faits suivants : ces 317 détenus étant divisés en 243 libérés définitivement, et 74 mis
en liberté provisoire, savoir :

Sur les 243 qui forment la catégorie des enfants sortis
par libération définitive, 27 ont refusé la tutelle du patronage, soit pour laisser à leurs parents la faculté de s'approprier leur masse, soit qu'ils fussent indignés du régime auquel on les avait soumis; 23 ont disparu du domicile de
leurs patrons avant d'attendre la fin de leur libération ; 27
ont été arrêtés pour de nouveaux délits; 2 ont été exclus du

patronage comme indignes. Ce qui donne un total de 79 individus sur 243 qui ont protesté contre le régime cellulaire de la Roquette, soit 32 pour 100 environ. Ce chiffre nous paraît assez significatif par lui-même, et démontre d'une manière évidente combien le régime cellulaire avec toutes ses rigueurs est peu moralisateur.

Sur les 74 libérés provisoirement, c'est-à-dire ceux qui, par leur bonne conduite dans le pénitencier ont mérité d'avoir leur temps de détention abrégé, 3 sont disparus, 6 ont été réintégrés à cause de leur inconduite, 7 sont tombés en récidive. Ainsi, pour cette catégorie seulement, celle où le contrôle de la surveillance est le mieux exercé, on a un nombre de 20 pour 100 environ d'individus qui ont protesté contre le régime cellulaire de la Petite-Roquette. Ce chiffre est d'autant plus significatif que les libérés de cette catégorie sont censés être des enfants de choix, auxquels la faveur d'une liberté provisoire n'a été accordée que parce qu'on a dû trouver dans leur bonne conduite au pénitencier des garanties suffisantes. Preuve évidente que l'hypocrisie seule ou le dégoût du régime sont les premiers effets d'un système que la nature, la raison et le bon sens repoussent.

Et pourtant lisez les brochures des partisans du système de l'emprisonnement individuel, vous ne trouverez rien de plus parfait, de plus admirable que la cellule et l'isolement. Sous l'empire de leur régime, la santé des prisonniers est florissante ; leurs maladies ne sont autres que celles qu'on contracte ordinairement dans la société ; les ouvriers détenus se portent mieux que les ouvriers libres ; bien plus, la santé générale de l'établissement du pénitencier présente une énorme différence (38 pour 100) comparativement à celle de la ville ou de la vie libre ; les maladies ne pénètrent jamais dans les pénitenciers, tandis qu'elles sévissent sur les habitants qui se trouvent à ses environs ; on y acquiert même de l'embonpoint, voire même de la longévité, à tel point que la cellule seule est le *dispensateur de la santé* ; enfin, le croirait-on ? il est un exemple de trois détenus qui sont *entrés aliénés* dans un pénitentier basé sur le système de Philadelphie, et ils en sont *sortis guéris!* Comment, après cela, nous le demandons, oser combattre un système aussi bienfaisant, et surtout qui renferme avec lui des vertus aussi curatives.

Si, jusqu'à ce jour, on a cru que l'homme était fait pour vivre en société et nullement dans la solitude, parce que c'est là un état contraire à sa nature, les philanthropes et M. Moreau-Christophe en tête, vous diront que c'est une erreur; si des cas de folie et de maladies graves ont éclaté dans tous les pénitenciers soumis au régime de la cellule continu et notamment dans ceux de Philadelphie, ils vous répondront que c'est par extraordinaire et par exception; qu'il y avait beaucoup de noirs, ceux-ci étant plus susceptibles d'exaltation que les autres; qu'ils y étaient entrés aliénés ou bien sujets à des hallucinations; si vous opposez des faits rapportés par le *Times* qui déclare que des *excès de mortalité sont remarqués dans les pénitenciers soumis au système pensylvanien,* les philanthropes vous répondent que cela ne prouve rien; si on cite l'opinion de MM. Gosse et Verdeil au sujet de la prison cellulaire de Lausanne, et qu'on leur dise : les récidives n'étaient que de 18 pour 100, dans le régime du travail en commun; elles sont de 50 pour 100 dans le régime du travail en cellule, donc votre système cellulaire n'est pas moralisateur; les philanthropes embarrassés déclarent qu'ils ne veulent point discuter; enfin, si vous leur objectez qu'ils sont d'une inexactitude évidente, soit dans les citations qu'ils font des passages empruntés aux ouvrages écrits sur les régimes pénitentiaires, soit dans la manière dont ils groupent les chiffres, soit dans l'énumération fausse des noms propres de personnages qu'ils déclarent être leurs partisans, soit dans l'appréciation des faits qu'ils torturent, interprètent et expliquent dans le sens de leurs opinions erronées, ils vous répondent, enfin, qu'ils défendent le projet du Gouvernement. On n'a rien à répondre à cela. Mais lorsqu'on se consacre ainsi à faire une espèce de traite de blancs, au moins devrait-on avoir le courage de ses œuvres, et ne pas insulter à des adversaires honorables qui défendent la cause de l'humanité contre celle d'une hasardeuse innovation.

CHAPITRE XII.

Réfutation de quelques assertions avancées par les partisans du système cellulaire continu. — Effets de l'isolement comparés aux effets du régime en commun. — De la folie, de la non-moralisation, de la mortalité et des récidives par le système cellulaire. — Réponses évasives des Pensylvaniens aux objections faites contre leur système de l'isolement.

La vie en commun est plus conforme à a nature humaine que la vie individuelle ou d'isolement.

La première remplit toutes les conditions de l'existence physique et morale de l'homme ; — la seconde est la négation de cette même existence ; elle est pour l'homme un état anormal, contre nature.

Voilà des faits incontestables.

Si nous les développons, nous trouvons que dans la communauté, dans la vie d'action et de mouvement, les forces du corps s'accroissent, se multiplient ou se maintiennent dans un juste équilibre ; que dans les rapports et les relations d'individu à individu, l'intelligence se perfectionne, s'épure et agrandit le cercle de ses connaissances ; que, par les attractions indéfinies du bien et de l'honnêteté, l'ame s'élève vers les idées du vrai, du beau et du juste. — Dans l'isolement, au contraire, dans la privation d'exercice et de mouvement, les organes se détruisent, le cerveau se ramollit et la désorganisation se produit, dans le corps, par des obstruosités glandulaires, des fièvres nerveuses, etc.; l'intelligence, n'agissant que sur elle-même, livrée à ses propres ressources, s'éteint insensiblement, dépérit et dégénère en abrutissement; l'ame, n'ayant d'autre horizon que la solitude, ne pouvant reposer sa volonté captive sur un acte de libre arbitre, le vouloir et le pouvoir lui faisant défaut, se façonne à un brutal matérialisme.

Tels sont, en général, les effets de la vie en commun, comparée à la vie d'isolement forcé ou de séquestration continu. Les philanthropes de profession, qui, en empruntant à cette dernière le régime de l'emprisonnement individuel, ont compris toute l'absurdité de leur emprunt, ont cherché à l'excuser, à l'expliquer par des raisonnements qui ne sont autres que des sophismes.

Ainsi, la communauté des prisonniers entre eux, « leur « promiscuité, disent-ils, engendrent la corruption, le mau- « vais exemple, la dépravation, etc., c'est-à-dire, un état « de choses qu'il faut faire cesser. » Et pour corriger un mal, ils tombent dans un pire. Car, au lieu de réformer les abus de la communauté des prisonniers par des moyens moralisateurs qu'offre cette même communauté, ils proposent la cellule forcée, l'isolement, un extrême opposé à un extrême.

Mais pour faire adopter leur système cellulaire, à combien de subterfuges n'ont-ils pas recours ? Ils commencent d'abord par avouer ouvertement que l'isolement, le régime *solitaire* sont de fort mauvaises choses; aussi n'ont-ils point la prétention de les prendre pour bases de leur système pénitentiaire français qui ne repose que sur la *séparation*. « Nous ne voulons, disent-ils, que séparer les détenus en- « tre eux, afin qu'ils ne se dépravent pas ensemble; voilà « pourquoi nous les renfermons dans les cellules. Mais « nous leur permettons de se promener *vingt minutes* tous « les deux jours, comme à la Petite-Roquette. Ils ont la fa- « culté de voir les surveillants, les contre-maîtres, le di- « recteur quelquefois, l'aumônier tous les dimanches, qui

« vont leur rendre visite dans les cellules. N'avons-nous
« point institué, à leur usage, les *comités des causeurs*, gens
« qui ne feront autre chose que d'aller dans les cellules leur
« demander quel est l'état de leur santé ; les comités de sur-
« veillance, les comités de charité, les instituteurs, les chefs
« d'ateliers, les inspecteurs, etc.? Les détenus seront-ils
« dans la solitude, dans l'isolement avec cette foule d'em-
« ployés officiels ou officieux? Et puis, n'ont-ils pas les ca-
« lorifères en hiver, et les ventilateurs en été, *pour leur*
« *rendre le séjour de la cellule agréable, commode et même*
« *confortable?* »

Si la pensée de rester enfermé des années entières dans
le même espace de trois mètres carrés ; si le défaut d'exercice
et la privation d'air, de mouvement et d'horizon composaient
le fond de la nature humaine ; si la volonté, toujours mobile
et changeante, n'exigeait pas de la variété dans les actes
physiques de l'animal raisonnable appelé l'homme; si les
visites nécessaires, officielles et officieuses de tous ces employés, de tous ces philanthropes qu'on attache au service
des prisons pour rompre la monotonie de la solitude des détenus, n'étaient pas des mesures inutiles, inefficaces et im-
praticables; si l'arbitraire des surveillants, le caprice des
contre-maîtres, leurs humeurs quinteuses n'exposaient point
les malheureux reclus à de mauvais traitements que Dieu
seul pourra connaître, nul doute que le sytème de l'emprisonnement individuel français, préconisé par MM. de Tocqueville et consorts, ne fût une excellente invention. Malheureusement, cette invention a contre elle la raison, la
nature et l'expérience.

A l'exemple des adversaires de ce projet qui a pour résultat d'étouffer l'humanité, nous ne citerons point des faits
nombreux empruntés à l'Amérique, à l'Angleterre ou à la
Suisse, pour établir que la folie et l'augmentation du chiffre de la mortalité sont les effets de la cellule ; nous n'irons
point chercher non plus, par-delà les mers, des preuves
pour démontrer que le régime cellulaire n'arrête point les
récidives, et par conséquent qu'il n'est point moralisateur;

mais nous nous bornerons aux faits empruntés à la France seulement.

Il est un principe incontestable, c'est que le régime de l'emprisonnement en commun porte moins à l'aliénation mentale que le régime de l'emprisonnement cellulaire, ou plutôt que celui-ci est une des causes les plus déterminantes de la folie. Les partisans du système pensylvanien ont si bien compris la force de cette objection, que, pour y répondre, ils cherchent à l'atténuer par tous les moyens inventés par les sophistes. Ils conviennent d'abord que le système de l'emprisonnement individuel français diffère d'une manière tranchée de celui de Pensylvanie, en ce que, comme dans ce dernier, le détenu n'est pas privé de toute société ; il se promène à l'air libre d'une cour étroite pendant *vingt minutes* par jour ; la cellule qui le renferme a toutes les conditions de *sanitarité*, etc., etc.

A cette réponse formelle, qui n'est qu'un désaveu direct du principe de l'isolement cellulaire pris à sa source, ils en ajoutent d'autres qui sont moins catégoriques et plus évasives. Ainsi, ils déclarent « que la cellule est un conducteur « très-actif de l'*exaltation religieuse,* et que l'abus qu'on « ferait sous ce rapport pourrait compromettre les plus sa- « lutaires effets. » C'est M. Moreau-Christophe qui, en limitant par cette déclaration l'action libre de l'aumônier et de l'idée religieuse, explique, à sa manière, des cas de folies produits par le système pensylvanien.

Il est encore à son usage d'autres moyens d'expliquer la démence, triste résultat de l'incarcération cellulaire. Lorsque des condamnés, réduits à un isolement atroce, frappent les gardiens, menacent le directeur, brisent leurs métiers ou leurs meubles, vociferent des paroles et des cris affreux pendant des nuits et des jours entiers, ceux-là sont des aliénés d'une autre espèce : la cellule n'est pour rien dans ces cas. Si, au bout de quelques jours ou de quelques mois, les cas d'aliénation mentale éclatent d'une manière évidente, alors on ordonne une enquête, ou l'on fait rédiger un rapport par le médecin du pénitencier, et on arrive, d'après l'enquête

ou d'après le rapport, *toujours véridique*, comme on le
pense bien, à des affirmations de cette nature :

« Dans tel cas de folie, il est évident que la prison ne joue
aucun rôle dans la cause de la maladie. — Dans tel autre,
l'aliénation est venue à la suite de l'aveu du crime. — Dans
celui-ci, le sujet passait pour fou avant de commettre le délit. — Dans celui-là, il n'a plus agi raisonnablement juste
dès l'instant de sa condamnation. — Dans quelques autres
cas, ou le sujet avait un caractère violent et emporté, ou il
était adonné à l'ivrognerie, à la prostitution et à l'onanisme
(preuve évidente que la cellule ne moralise point), ou bien
il était troublé par des remords cuisants. — Enfin, dans
tous les autres cas, c'est aux *hallucinations* qu'on doit attribuer le grand nombre d'aliénés que renferment les pénitenciers cellulaires.

Comme on voit, les philanthropes de profession ne manquent point de bonnes raisons pour excuser cette innocente
cellule à laquelle on adresse le reproche de rendre les hommes fous ?

Eh quoi ! n'avons-nous point vu ces mêmes philanthropes
nous dire qu'avec le système de l'isolement, la raison des
détenus s'améliorait, que des fous étaient sortis entièrement
guéris de leurs cellules ; et lorsqu'on leur oppose le chiffre
élevé d'aliénés que fournissent leurs pénitenciers, ils ne
savent que répondre : ceux-là avaient sans doute l'esprit dé-
rangé au moment de leur admission. Est-ce que les vertus
curatives de la cellule ne seraient qu'une invention de plus
au service de leur polémique ?

Quoi qu'il en soit, nous pouvons rétorquer l'argument
et leur demander, à notre tour, comment l'emprisonnement
en commun n'a point des résultats aussi délétères ; comment surtout des cas de démence aussi nombreux ne se produisent point dans nos maisons centrales. Les philanthropes
nous répondent, il est vrai, par la statistique ; et, pour réfuter cette objection, M. Lelut, un d'entre eux, a dressé un
travail comparé entre le nombre d'aliénés sous le régime
de l'emprisonnement en commun, et celui qui a été con-

staté sous le régime de l'emprisonnement individuel ; d'où il conclut, comme on le pense bien, en faveur de ce dernier.

Nous disons que c'est M. Lelut qui a fait ce travail, et ce n'est point sans raison. Car l'on doit penser d'avance dans quel esprit la partie qui concerne principalement les maisons centrales a été rédigée. Qu'il nous suffise, à ce sujet, de citer les paroles textuelles d'un directeur de ces maisons à qui, dans le but de confectionner une statistique, on avait adressé officiellement neuf tableaux différents à remplir des chiffres de mortalité, des cas de folie, des degrés de température, etc. Ces tableaux étant si compliqués, les documents faisant défaut et notamment ceux qui concernaient l'infirmerie, c'est-à-dire le mouvement des malades et le caractère des maladies ; l'employé chargé de les rédiger, dans son embarras, fit part au directeur des difficultés insurmontables qu'il rencontrait dans ses opérations. Celui-ci répondit : « Donnez des chiffres ; faites-les concorder ; et, puisqu'on veut l'impossible, remplissez toujours, puis on fera des tableaux ce qu'on voudra ! »

Ces paroles expriment une opinion assez tranchée sur la nature de la statistique ordonnée officiellement, il y a trois ans, dans les maisons centrales, et dont les philanthropes font usage. Malgré cela, nous adoptons les chiffres mêmes de M. Lelut dont le travail est si souvent invoqué comme un témoignage irrécusable par M. Moreau-Christophe, si dévoué d'ailleurs à l'esprit de système ; nous les adoptons tels qu'ils sont, et nous allons démontrer avec eux que le nombre des cas de folie, dans les maisons centrales, a été dans une proportion infiniment minime, comparativement aux cas d'aliénation mentale qui ont éclaté, depuis peu d'années, dans les pénitenciers cellulaires.

« M. Lelut affirme, dit M. Moreau-Christophe, que dans la prison commune du dépôt des condamnés de Paris (la Grande-Roquette), où les détenus ne séjournent que quelques mois en attendant leur transfèrement, et sur l'esprit desquels l'action de la prison et d'un régime disciplinaire quelconque de prison n'a pu encore agir, il y a *en permanence* 3 ou 4 *aliénés au moins par jour*, sur une population quotidienne flottante de 430 détenus, terme moyen. »

Arrêtons-nous ici, et tâchons de nous expliquer avec M. Lelut. — Ces 3 ou 4 *aliénés en permanence* à la Roquette y séjournent-ils trois et quatre mois, ainsi qu'il arrive à un grand nombre de détenus? Il n'est pas étonnant alors que, dans le cours de l'année, on en compte 3 ou 4 *par jour*; ce qui élèverait le nombre annuel des aliénés de 12 à 16, chiffre qui, sur une population flottante quotidiennement de 430 détenus, prouverait en faveur de l'emprisonnement en commun. Car nous admettons, nous, contrairement à l'opinion de M. Moreau-Christophe, qu'arrivés au dépôt de la Roquette, les condamnés ont pu avoir l'esprit affecté par l'action et par le régime disciplinaire de la prison préventive. Mais la pensée de M. Lelut a été, sans doute, celle-ci : Il arrive, par jour, 3 ou 4 nouveaux aliénés dans la prison du dépôt; ce qui élève tout-à-coup annuellement à DOUZE CENTS environ le nombre d'individus en démence. Ce chiffre énorme, effrayant, il est vrai, il faut pourtant l'expliquer, et, pour cela, nous sommes forcés à nous arrêter à ces trois hypothèses :

Ou ces DOUZE CENTS individus étaient fous avant d'être mis sous la main de la justice ; — ou ils sont tombés en état de démence pendant le temps de la prévention; — ou bien leur aliénation s'est déclarée pendant leur séjour à la prison du dépôt.

Dans le premier cas, M. Lelut, le premier, gémirait et nous gémirions avec lui en présence de *douze cents* INSENSÉS que la force armée traînerait, tous les ans, dans les prisons de la Seine. C'est alors qu'il faudrait s'élever contre les tribunaux qui condamneraient ainsi ces insensés, appelés devant la justice pour répondre des actes dont ils ne pouvaient avoir la conscience ; qu'il faudrait protester contre cette brutale flétrissure qui ferait peser sur la tête d'un fou le poids d'une condamnation injuste et cruelle; qu'il faudrait,

enfin, demander à grands cris, qu'un tel état de choses, aussi
inouï qu'il est barbare, cessât le plus promptement possible.
Car il n'est pas permis à la justice humaine de frapper de la
sorte de son glaive terrible *douze cents* têtes innocentes et
dignes de pitié.

Dans le second cas, si la folie s'est déclarée pendant le
temps de la prévention, M. Lelut doit reconnaître avec nous
que la prison même commune impressionne fortement les
détenus, puisqu'elle trouble leur esprit; et, dans ce sens,
nous sommes de son avis. Oui, la prison la plus commune,
la moins sévère dans sa discipline, agit puissamment sur les
organes du corps, et jette la perturbation dans les facultés
intellectuelles. Cet horizon rétréci de murailles, ces clefs et
ces guichets qui tintent à vos oreilles; ces chambres où un
mandat d'arrêt du juge d'instruction vous ensevelit tout vivant; cet atmosphère étroit, cet espace mesuré, cette idée
d'incarcération qui, avec la triste réalité, vous isole du
monde réel, vaste, animé, que l'on vient de quitter, tout
cela trouble, émeut, consterne et abat le nouveau venu à la
prison. Et si, au milieu de ces pensées sombres, mélancoliques, on ne trouvait pas un voisin, un de ses semblables, un
malheureux comme soi avec lequel on pût se consoler et
pleurer, on en finirait bientôt avec la raison et la vie.

Ainsi, la prison en commun avec tous ses avantages de
sociabilité peut rendre fou; nous le concevons bien. Que
serait-ce si l'on déposait les prévenus dans une cellule, seuls
avec eux-mêmes? C'est alors, nous en répondons, que le
chiffre de *douze cents* insensés auquel il s'élève annuellement
à la Grande-Roquette serait quadruplé encore.

Nous en appelons, au reste, à l'expérience du directeur de
la maison du dépôt de la préfecture, qui témoignera combien
la cellule de cette prison où les détenus ne séjournent que
quelques heures suffit pour exalter les esprits à un très-haut
degré. Qu'arriverait-il si ces mêmes prévenus étaient condamnés à vivre des mois et des années entières dans la cellule d'un pénitencier pensylvanien, ainsi que le projet de
loi sur le système nouveau se proposerait de le faire?

Enfin, dans le troisième cas, les *douze cents* aliénés du dépôt de la Roquette auraient perdu la raison dans cette maison de transfèrement. Si cela était, et nous croyons la chose fort possible, M. Moreau-Christophe aurait donc mauvaise grâce de dire que l'action de la prison et d'un régime disciplinaire quelconque n'a pu agir sur leurs esprits. Est-ce que, par exemple, à ses yeux, l'emprisonnement préventif en commun qu'on subit pendant des mois bien longs et souvent des années entières, à la Force, aux Madelonnettes, à la Conciergerie et à Sainte-Pélagie, ne serait qu'une épreuve légère ou insignifiante ? Alors nous regrettons, dans l'intérêt de la science, qu'il n'ait pas été condamné à séjourner quelques mois dans une prison de prévention ; s'il en était ainsi, il est possible qu'il se ferait une tout autre idée de l'incarcération en général et de la prison en particulier. Aussi avons-nous toujours pensé que la réforme pénitentiaire gagnerait beaucoup si, au lieu de compter à sa tête des hommes de théorie, elle avait des hommes de pratique. Nous sommes persuadés, par exemple, que si l'on condamnait une vingtaine seulement de philanthropes au régime cellulaire, pendant six mois, il est possible que la science ferait des progrès en sens inverse du système pensylvanien.

Les philanthropes, il est vrai, ont une autre manière d'établir la différence qui, selon eux, existe entre le nombre des cas de folie produits sous le régime de la prison ordinaire et celui que l'on constate sous le régime de la cellule ; cette différence consiste dans la manière de poser des chiffres. Ainsi, ils prennent pour base de leurs calculs TOUTES les prisons de France soumises au régime de la vie en commun et cela, pendant une période de dix années, c'est-à-dire qu'ils opèrent sur une masse de SIX CENT MILLE individus environ ; et, sur ce nombre, ils trouvent une moyenne de cas de folie qu'ils élèvent à une proportion de quatorze aliénés sur mille.

Puis, ils choisissent un pénitencier quelconque, celui, par exemple, des jeunes détenus de la Petite-Roquette, et, dans une période de *trois années* seulement, opérant, tout au plus, sur un nombre de *douze cents* détenus, ils établissent une moyenne de deux sur mille. De là, ils concluent, avec ce *criterium*, que l'emprisonnement individuel offre moins de cas de folie que l'emprisonnement en commun.

C'est là, comme on voit, une manière fort commode d'avoir raison. Aussi, ferons-nous observer aux philanthropes que, pour asseoir un système logique de comparaison, ils devraient prendre non-seulement une période égale dans l'existence des deux régimes pénitentiaires et un nombre égal de détenus, mais choisir ces détenus dans les mêmes conditions d'âge et de durée de leur peine. Car il est évident que, si on compare à *dix mille* détenus d'âges avancés et qui séjournent en prison depuis cinq, dix et quinze années, *cinq cents* détenus jeunes et qui n'auront que deux, trois ou quatre mois de cellule, il sera ridicule, impossible même d'établir entre eux une proportion. C'est pourtant la manière de procéder que les philanthropes de profession emploient pour rédiger la statistique des cas de folie qui existent par différence dans les deux systèmes opposés. C'est aussi la même méthode qu'ils ont adoptée pour constater le chiffre proportionnel de la mortalité.

M. le docteur Chassat, membre d'une commission chargée de faire un rapport sur les prisons, établit, d'après ses calculs, qu'il meurt :

Dans la société libre 2 personnes ;

Dans les bagnes 5 forçats ;

Dans les maisons centrales de 6 à 7 détenus.

D'où M. Moreau-Christophe et les partisans du système cellulaire concluent que l'emprisonnement en commun est une grande cause de mortalité.

Pour répondre à cette assertion, on doit remarquer que le docteur Chassat a pris pour base de ses calculs *toutes* les maisons centrales de France où s'agitent *cent mille* détenus par année, et d'où s'écoule une population flottante de *cinquante mille* individus. Or, il est concevable qu'avec de tels éléments, la différence de la mortalité entre la vie libre et la vie des prisons puisse être dans la proportion de 2 à 6;

il est évident aussi que, dans les mêmes circonstances, la différence de la mortalité entre la vie des bagnes et celle des centrales puisse être également dans la proportion de 5 à 7. Car plus on opère sur un grand nombre de prisonniers, plus les résultats de la mortalité doivent être considérables. Ainsi les bagnes ne renfermant qu'une population de sept à huit mille individus, l'opération sur la mortalité des forçats devra offrir un chiffre moindre que celle qui aurait lieu sur les maisons centrales. De là cette différence de 5 forçats sur 6 ou 7 détenus.

Mais dans l'état actuel même des maisons centrales, nous déclarons que le chiffre de la mortalité est plus élevé sous le régime cellulaire que sous celui de l'emprisonnement en commun. Et pour le démontrer, nous acceptons les calculs de M. de Tocqueville, qui a spécialisé en quelque sorte, dans un autre sens, ceux du docteur Chassat.

Ce philanthrope établit que la moyenne de la mortalité, dans TOUTES les maisons centrales, avant 1839, époque de leur réforme, c'est-à-dire de l'adoption du système d'Auburn moins rigoureux que celui de Philadelphie, la moyenne de la mortalité était de 1 décès sur 18.

Depuis cette réforme, ce chiffre moyen pour TOUTES les maisons centrales est tombé à 1 sur 12. — Que prouve cela? C'est que plus on sort de la vie commune pour se rapprocher de la vie cellulaire ou d'isolement, plus la santé des prisonniers s'altère.

Ce même philanthrope, particularisant ensuite, constate que, dans la maison de Fontevrault, la mieux tenue, dit-il, des maisons centrales, la mortalité, avant 1839, était de 1 sur 18.

Depuis la réforme, elle est tombée à 1 décès sur 8. — Que prouve cela encore? Sinon que plus Fontevrault se soumet à la règle de l'isolement, plus le nombre des décès augmente. D'où on doit conclure que le système pensylvanien, plus que tout autre, est nuisible à la santé des détenus.

Voici, au reste, la preuve de ce fait prise dans la statistique de la mortalité du régime cellulaire. Nous choisissons de préférence le pénitencier de la Petite-Roquette, celui qu'on offre comme le modèle le plus parfait du système pensylvanien. Eh bien! d'après les chiffres recueillis par l'honorable M. Bérenger (de la Drôme), le nombre des décès dans cette prison a été, en 1856, de TRENTE sur 582 détenus, c'est-à-dire de 1 sur 12 environ, le même chiffre que celui des maisons centrales depuis leur réforme. Ce nombre est, ce nous semble, assez significatif.

Il est d'autant plus significatif, que, si maintenant on tient compte, d'un côté, du nombre considérable des prisonniers des maisons centrales sur lesquelles on opère, de la longue durée de la peine des détenus qui y séjournent depuis cinq, dix, quinze et vingt années, et du déclin de l'âge de quelques uns d'entre eux; de l'autre, si l'on examine que, dans le pénitencier de la Roquette, on n'opère seulement que sur un nombre minime de 582 détenus, tous dans la force de l'âge, et dont l'*encellulement* ne date tout au plus que de six mois, on conviendra avec nous que le chiffre des décès du pénitencier, avec toutes ses conditions de *sanitarité*, doit être élevé à un chiffre proportionnel double de celui des maisons centrales, avant et depuis la réforme; il doit être élevé au double même du chiffre *exceptionnel* de Fontevrault.

Nous disons *exceptionnel*, et pour cause. M. de Tocqueville n'opère pour cette maison centrale que sur une période de trois années : ce n'est pas assez ou c'est trop pour établir une moyenne sur ce laps de temps. M. de Tocqueville sait ou doit savoir que, dans les maisons centrales, il est des périodes où les deux tiers des prisonniers comptent de très-longues détentions, des détentions de cinq, six années et plus; d'autres périodes où le nombre des prisonniers qui ont à subir ou ont subi de longues détentions, est fort minime.

Si donc la moyenne est basée sur la première catégorie des *vieux*, dont les corps sont usés par la peine, par les privations et les souffrances de la prison, il est incontestable que le chiffre de la mortalité sera plus élevé que celui de la seconde catégorie. C'est précisément cette différence dans les conditions matérielles et morales des deux systèmes, que les adversaires de l'emprisonnement en commun ne distinguent jamais dans leurs considérations critiques.

Mais il est encore un point capital sur lequel ils semblent s'appesantir surtout avec une certaine prédilection pour désapprouver le système de l'emprisonnement en commun, c'est la *récidive*. Pour eux, la récidive est la conséquence du vice radical de l'organisation des maisons centrales. « Celles-ci, disent-ils dans leurs brochures, sont des lieux « infâmes; et le fait même de l'emprisonnement, devenu « le droit commun de tous les condamnés à la prison, a en- « gendré, à lui seul, dans le cours d'un demi-siècle, plus de « démoralisation, plus de maladies sociales, que les meil- « leures institutions préventives et les meilleurs systèmes « pénitentiaires n'en pourront jamais guérir. »

On lit dans d'autres ouvrages ces mots, ou plutôt cette opinion ainsi formulée : « Tout le monde reconnaît que « nos prisons, loin d'être une garantie pour l'ordre so- « cial, sont une plaie dévorante, un foyer de crimes et « de contagion : tout le monde reconnaît que l'ac- « croissement progressif des récidives provient, en grande « partie, de l'usage de mettre ensemble et pêle-mêle les « prisonniers de tout âge, de toute condition et de toute « moralité..... C'est dans les prisons que se forment les « grands criminels, et que se préparent les grands crimes. »

Certes, on ne saurait protester d'une manière plus énergique contre le mal des prisons, que nous sommes loin de désavouer entièrement. Mais ce mal est-il aussi grand qu'on veut bien le dire? — Le système de l'emprisonnement en commun est-il la cause des grands crimes qui se commettent dans la société depuis plusieurs années? — Et dans le cas qu'il soit, lui, l'*unique* source des crimes et des récidives, ce que nous contestons, n'y a-t-il d'autres moyens de le réformer que celui de métamorphoser tout-à-coup le régime des maisons centrales en des pénitenciers basés sur le système de l'isolement?

Telles sont les questions auxquelles nous allons tâcher de répondre.

Et d'abord nous nions formellement que l'emprisonnement en commun soit l'unique source des crimes et des récidives. Selon nous, ainsi que nous l'avons déjà démontré, la source du grand mal légal qui tourmente notre siècle est dans la société elle-même. Comment soumettre aux règles du devoir des hommes qui ont perdu la croyance à l'existence d'un Dieu dont l'œil est éternellement ouvert sur les pensées et les actions, dont le bras, toujours levé sur le crime, ôte tout espoir d'impunité? Comment exiger le respect de la propriété de celui qui, ne voyant autour de lui que son propre intérêt, s'imagine qu'il n'y a de bonheur que dans la jouissance des biens de cette vie ; qui ne connaît plus qu'un devoir, celui de s'enrichir ; plus qu'un crime, celui de rester pauvre ? Comment pouvoir arrêter le mal des crimes, lorsque le peuple a la liberté de ne rien croire en religion et de ne rien respecter en morale? lorsqu'une incroyable fureur de s'enrichir et de jouir agite toutes les classes ; lorsque d'énormes fortunes s'élèvent rapidement à côté d'excessives misères ; lorsqu'enfin l'agiotage et l'industrialisme encombrent nos rues de voitures dorées et les salons de grands seigneurs parvenus ; que le paupérisme, exténué de besoin, furieux de misère, est toujours prêt à se ruer sur les armes pour demander du pain ou la mort ? La société, voilà l'unique source des crimes et des récidives!

Les témoignages que nous pourrions invoquer encore à l'appui de cette assertion, se trouvent journellement enregistrés dans les annales judiciaires. Qu'on les ouvre, et à chaque page on trouvera que les grands crimes contre les personnes, tels que les assassinats, les meurtres, les empoisonnements, les menaces, les blessures graves, etc., ont été exécutés et tentés par des non-récidivistes. Donc le mal des prisons n'engendre pas cette sorte de criminels.

Si nous consultons la statistique depuis 1830 jusqu'en 1841, pendant cette période de dix ans, nous trouvons une moyenne de 2,141 accusés de crimes contre les personnes.

Or, les récidivistes n'y sont que dans la proportion de 1 à 4.
Donc les maisons centrales ne doivent pas être regardées
comme l'*unique* source des grands crimes.

Si nous examinons le tableau des récidives, ce thermomètre des mœurs des prisons, nous remarquons encore que,
sur *soixante mille* condamnations environ, qu'on prononce
annuellement, en France, on ne compte (année 1842) que
15,826 accusés ou prévenus en état de récidive. Si, sur ce
nombre, on fait abstraction des accusés et prévenus récidivistes qui ont été acquittés par les tribunaux, on trouvera environ une moyenne de *douze mille* condamnations qui, com-
parées aux *soixante mille*, seront dans la proportion de 1 à
4. Donc l'emprisonnement en commun n'est point l'unique
source des crimes et des délits.

Ce point, une fois éclairci, où est maintenant la véritable cause des récidives ? Elle est, sans doute, en partie dans
l'immoralité des prisons ; mais elle se trouve surtout, et
principalement, dans le manque des ressources des détenus
libérés ; elle se trouve dans les exigences de la surveillance
qui, appliquée d'une manière générale, expose ceux qui en
sont frappés à l'infamie ; celle-ci au refus de travail par les
maîtres, et successivement à la misère et au crime.

De bonne foi, peut-on être admis à dire que les maisons
centrales soient l'unique source des grands crimes et des récidives ? N'avons-nous point vu qu'au pénitentier de la Roquette, où le système cellulaire est en pleine activité, le
nombre des récidivistes est proportionnellement plus grand
que dans les maisons centrales ? Et cependant la sévérité
de la règle, l'exercice du patronage, la surveillance paternelle à laquelle sont soumis, soit les libérés définitifs, soit
les libérés provisoires, devraient être des préservatifs assurés contre les rechutes légales. Est-ce que les maisons centrales pourraient faire le miracle que ne peut opérer le régime cellulaire, c'est-à-dire produire l'amendement général
des détenus ?

Non, le système de l'emprisonnement en commun n'est
pas une panacée universelle ; il a été réformé, il a besoin

de l'être encore. Mais, tout vicieux, tout imparfait qu'il est, nous pensons qu'il vaut mieux que le système de l'emprisonnement cellulaire. Cette pensée, que nous exprimons en ce moment, nous voulons la traduire en principe et en fait ; principe et fait que nous allons constater, nous l'espérons, jusqu'à la dernière évidence.

CHAPITRE XIII.

Système de l'emprisonnement en commun. — Ses vices et ses réformes.
— Système chrétien de l'emprisonnement. — Influence de la religion.
— Éducation, travail et salaire. — Division des détenus en quatre catégories. — Maisons de prévention, de réforme, de pénitence et de refuge. — Déportation. — Conclusion de cet ouvrage.

L'emprisonnement en commun une fois reconnu en pri-
cipe, comme peine ou répression légale, par le code de
1810, eut le sort de toutes les institutions qui n'ont pas
encore pour elles la sanction du temps et de l'expérience.
Une étrange confusion régna d'abord dans le classement
des prisonniers. Ainsi, on renfermait des enfants avec des
scélérats consommés, les délinquants avec les criminels, les
prévenus avec les condamnés, de sorte que, de ce mélange
de tous ces êtres se produisirent les abus les plus étranges
que l'Empire, dans ses incessantes préoccupations de guerre,
n'avait pas le temps de faire cesser.

Néanmoins on organisa successivement l'emprisonnement,
et la division, indispensable entre les diverses classifications
des condamnés, commença à être établie d'une manière uni-

forme et régulière sous la Restauration. On sentit alors le besoin de donner à l'instruction religieuse et morale de plus amples développements; on établit une séparation naturelle entre les prisonniers en les classant par légalités; la salubrité, l'instruction primaire, le travail et la santé des détenus furent encore l'objet des plus sérieuses attentions. Enfin des améliorations matérielles et des réformes morales furent poussées si loin qu'elles commençaient à peine à produire d'heureux résultats, lorsque la chute du trône arrêta la marche des travaux réformateurs qu'on avait si heureusement entrepris.

A dater de 1830, le système de l'emprisonnement en commun était resté dans un état stationnaire qui devenait tous les jours d'autant plus alarmant que la moralité publique en recevait de graves atteintes. Quelques années après la révolution, le nombre des crimes avait augmenté à un tel point, qu'en 1838 une section de notre académie avait cru proposer ce problème à résoudre : « *Déterminer l'influence des variations de l'atmosphère sur l'accroissement des assassinats, des suicides et autres crimes qui ont marqué cette année.* » Si ce fait curieux dénotait une grande perturbation dans les mœurs sociales, en offrant au Gouvernement l'occasion de les réformer, il lui faisait également un devoir d'aviser aux moyens de les corriger par une répression prompte et radicale.

C'est alors que le Gouvernement, sentant le besoin de corriger les vices de l'emprisonnement en commun et d'en rendre le régime le plus parfait possible, publia cette série d'ordonnances, d'arrêtés, d'instructions et de circulaires qui composent, en cette matière, toute une nouvelle législation provisoire. Ainsi, c'est par le règlement disciplinaire du 10 mai 1839 qui révolutionna complètement l'ancien système pénitentiaire de l'Empire et de la Restauration, qu'on détruisit les privilèges de la cantine, qu'on prohiba le vin et le tabac, qu'on établit la règle du silence, en un mot, qu'on introduisit les premiers principes du système d'Auburn dans les maisons centrales; c'est par une circulaire du 24 avril 1840 et par un arrêté du 8 juin 1842, qu'on établit des écoles dans les prisons et qu'on y organisa des prétoires de justice disciplinaire qui sont en pleine activité; c'est par une ordonnance royale du 27 décembre 1843, qu'on adopte, pour toutes les maisons de détention de France, des mesures nouvelles pour le travail des condamnés et un mode uniforme de répartition de son produit. Enfin, la réforme pénètre partout, tant « l'amélioration « de ce qui est, selon les paroles de M. de Rémusat, doit « paraître préférable à la perfection douteuse de ce qui « n'est pas encore! »

M. Lucas avait compris ainsi la perfectibilité du régime de l'emprisonnement commun, lorsqu'il écrivait les lignes suivantes : « Le principe fondamental du régime des maisons centrales, le principe de la réunion auquel on doit le travail en commun, est un principe éminemment fécond, et qui n'attend qu'une meilleure organisation pour satisfaire à toutes les exigences du système pénitentiaire; seul, même, il peut réaliser le but de tout système pénitentiaire qui est de rendre à la société des hommes sociables...... Songeons donc à le perfectionner au lieu de le détruire. »

Oui, c'est en perfectionnant le régime de l'emprisonnement commun, tel qu'il existe aujourd'hui en principe, qu'on aura trouvé la véritable voie où la réforme pénitentiaire doit entrer. Mais quel sera le principal instrument de perfectionnement qu'il faut employer pour opérer une salutaire transformation? — Le Christianisme!

Ce qui perd l'homme, c'est l'effroyable cupidité que l'oubli des croyances religieuses développe dans le cœur. Le ciel n'étant plus rien dans la pensée des hommes, la terre devient tout. L'idée du bonheur se confond avec l'idée des richesses, des plaisirs; et dès lors chacun se précipite en forcené vers la richesse, le plaisir; car l'entraînement de l'homme vers le bonheur est irrésistible. Mais les biens de la terre sont impuissants pour satisfaire tant de convoitises. De là le combat acharné du besoin contre la fortune, de l'orgueil contre l'orgueil, de la cupidité contre la cupidité, lequel se révèle dans les classes inférieures de la société par le vol, le brigandage, le meurtre et tous les symptômes d'une extrême démoralisation. Comment contenir les membres révoltés de ces classes désordonnées? Les moyens seuls de répression matérielle étant insuffisants, il ne reste que la répression morale. A l'exemple contagieux des vices destructeurs, il faut opposer l'exemple éclatant des vertus contraires, même en prison.

Qui donnera cet exemple? — Le ministre de la religion, le prêtre.

Suivez dans la maison de détention le condamné tel que le système le façonne, et voyez si cet infortuné peut s'amender avec les ressources pénitentiaires qu'il lui fournit.

« Sorti de la cour d'assises ou de la police correctionnelle, dit M. l'abbé Laroque, une voiture cellulaire le reçoit et le dépose dans la maison centrale pour laquelle il est destiné. Revêtu du costume de la maison, on le met dans un atelier : là, il passe ses journées dans le travail et dans le silence. Ses récréations sont une promenade à la file les uns des autres. L'infraction au silence est punie; la crainte est le seul frein employé, le seul possible, le seul capable d'arrêter le détenu. Le vin, le tabac lui sont interdits; les correspondances avec la famille n'arrivent qu'après avoir passé sous les yeux de l'administration. Le pain du détenu est pesé, l'air qu'il respire est en quelque sorte mesuré à travers les barreaux de fer; des voûtes sont au-dessus de sa tête, des cachots sous ses pieds. Sans liberté, le détenu est obligé de vivre avec ses souvenirs du passé, et quels souvenirs! Et dans l'avenir, quelle perspective! Et dans le présent, quelle société!.... »

Voilà l'homme déchu des philanthropes! Voilà le milieu qu'ils lui font pour le relever aux yeux de la société! Est-ce bien là le but que s'est promis d'atteindre le législateur en créant des prisons? — Les maisons de force sont destinées moins à punir le crime qu'à corriger le criminel qu'elles doivent rendre à la société. Leur organisation actuelle répond-elle à ce but?

Certes, quand on a étudié de près le langage, les mœurs de cette singulière population, les étranges principes mis en circulation dans son argot; quand on a entendu les discours, les récits qui composent le fond de ses entretiens, qui servent de base à une doctrine toute de forfaits et de crimes; quand on a vu les applaudissements qu'elle décerne aux actes coupables, l'ignominie qu'elle attache au repentir et les outrages qu'elle prodigue à quiconque manifeste l'intention de revenir au bien, on se demande à quoi servent les systèmes pénitentiaires? Et pourtant les philanthropes qui entendent l'honneur national et l'économie à leurs manières, n'ont rien négligé pour en constituer un définitif. Pour cela, ils ont appelé à leur secours les Anglais, les Italiens, les Suisses, les Prussiens, les Américains, etc.; leurs commissaires ont reçu l'ordre d'aller de prison en prison à la quête des lumières dans un rayon de circonférence de quelques mille lieues. Pourquoi cela?

Pour arriver à un résultat qu'a si bien caractérisé une dame anglaise, quaker de religion, qui s'est fait remarquer dans la direction de l'immense prison de Newgate. Arrivée à Paris et accueillie avec joie par les réformateurs pensylvaniens, on lui ouvre les prisons, on lui demande son avis sur les améliorations déjà faites et sur ce qu'il y aurait encore à faire; elle répond : « La séparation des détenus « et le travail sont choses excellentes; mais avant tout « il faut de la religion; et l'on ne fera rien SANS LE CONCOURS DU CLERGÉ. » Tel était l'avis de la respectable madame Fry.

Ce n'était donc point la peine de franchir les monts et les mers pour apprendre le secret d'améliorer le moral des détenus. N'avions-nous point appris ce secret de Vincent de Paule, le père de tous les infortunés, le convertisseur des galériens? ne l'avions-nous point appris des frères des écoles chrétiennes qui ont obtenu tant de succès dans les maisons de correction confiées à leurs soins? Ne l'apprenaient-ils point chaque jour, ces prêtres pleins de dévoûment, à qui l'on a permis d'appliquer aux prisonniers, comme traitement, les remèdes salutaires de la parole évangélique? Enfin ne l'avaient-ils point révélé, ce secret, la plupart des condamnés, lorsque, en face de la mort, ouvrant leur cœur au repentir, ils ont avoué dans toute la sincérité de leur ame, que l'ignorance ou l'oubli de la religion avait été pour eux la première cause de leurs égarements?

C'est dans l'ame et nullement dans le corps que le crime a pénétré; c'est donc l'ame qu'il faut corriger, amender; la religion seule, par son influence active, peut opérer cette conversion. Qu'on isole les détenus tant qu'on voudra, pour empêcher le vice d'établir entre eux un équilibre de perversité; qu'on les oblige au travail, afin que l'oisiveté n'achève point de consommer leur corruption : pense-t-on pour cela, avoir guéri un pestiféré en le séparant de ses compagnons d'infortune; ou bien avoir corrigé le vicieux par le travail qui garantit seulement l'homme vertueux du vice? Nous ne le pensons point. Si, en séquestrant le prisonnier, on ne ne lui donne point la religion pour compagne, il cherchera dans la méditation de nouveaux crimes une diversion à l'ennui, dans les plus noirs projets de vengeance un remède au désespoir. Aussi, dans notre pensée, les prisons ne doivent être regardées que comme de véritables infirmeries morales; et, comme telles, leur direction doit être confiée à des communautés hospitalières. Car, à la religion seule appartient le pouvoir de ramollir, au souffle de la charité, des cœurs endurcis par les mauvais traitements encore plus que par le crime.

Il est, au reste, une remarque fort judicieuse faite par les moralistes qui se sont occupés du régime pénitentiaire, c'est que le principal obstacle à l'amendement du criminel est moins dans la puissance des mauvaises habitudes que dans un secret désespoir de jamais secouer le joug d'ignominie qui pèse sur sa tête. Chaque fois que son cœur veut s'ouvrir au repentir, une voix intérieure lui crie : A quoi te servirait la vertu? La loi n'a-t-elle point imprimé une tache indélébile sur ton front? Si elle a mis un terme au châtiment de ta faute, l'opinion n'en met point.

Honte , mépris, défiance, aversion insurmontable, voilà ce que la société te réserve ! — Et puis , comme pour le confirmer dans ces accablantes réflexions, il voit tous les jours, à ses côtés, le regard farouche ou indifférent des geôliers, le silence dédaigneux ou le refus brutal qu'ils opposent souvent aux plus justes demandes, le jeu cruel qu'ils se font par fois d'aggraver les rigueurs de la loi des inventions de leurs caprices, enfin, toutes sortes d'humiliations qui viennent fondre sur lui sans pitié ni merci. Dès lors, l'orgueil, qui ne peut souffrir le mépris, désespérant de s'y soustraire par la vertu, dont rien ne lui retrace l'image, anime le malheureux détenu, l'exalte, et lui fait aspirer à cette sorte de célébrité qui s'attache aux grands crimes. Comment releverezvous son moral abattu, si ce n'est en ôtant de son esprit cette fatale conviction qui lui fait regarder la vertu comme une chose impossible?

Entourez donc le prisonnier de personnes vertueuses , sensibles , qui lui prodiguent les témoignages d'une sincère bienveillance. Elles lui apprendront que tout n'est point désespéré : que celui qui s'amende à Dieu se recommande aux hommes ; que, dans cette société où il ne voyait que des ennemis, il a encore des frères qui s'intéressent à son sort; et que le Ciel, plus prompt à pardonner aux cœurs repentants que la justice humaine, dans son infinie bonté, destine un meilleur avenir à la vertu, quoique tardive.

Un système pénitentiaire basé ainsi sur les principes du christianisme, préviendra en sa faveur le public lui-même, qui se montrera moins méfiant envers les libérés. La religion, qui aura adouci leur détention , les soutiendra encore contre les dangers de la liberté ; et , en leur procurant des moyens d'existence , elle empêchera beaucoup plus de récidives que ne pourraient le faire la surveillance active de tous les agents de la police.

Parmi les instruments de ce système pénitentiaire, qui a pour base la religion, et dont l'intervention des communautés religieuses est l'élément le plus actif, nous devons compter l'*éducation*, le *travail* soumis à la loi du silence, le *salaire*, la *classification* des détenus et la *déportation*.

En considérant les crimes comme des infirmités et les coupables comme des malades, le premier devoir d'un sage réformateur est de savoir dompter leurs passions, corriger leurs habitudes vicieuses et éclairer leur esprit. Car la loi ne doit pas seulement châtier l'acte, elle doit réformer encore l'ame du criminel, et compléter l'art de punir par l'art de guérir.

Or, après l'influence de la religion, nous ne connaissons point de meilleur instrument réformateur que l'*éducation*. Le but de l'éducation pénitentiaire, a dit M. Lucas, doit consister à réparer les échecs de l'éducation sociale, et à faire des prisons des écoles de probité et de vertu. Il existe, en effet, un vieux préjugé qui n'est pas encore entièrement déraciné de nos mœurs, et qui porte à croire que les détenus sont impuissants pour le bien, au point qu'au sortir de prison, la plupart d'entre eux sont inévitablement forcés à reprendre le cours de leurs désordres. Mais, à quoi attribuer les causes qui les conduisent à ce degré de rechute? Nous ne dirons point qu'elles sont dans les obstacles qu'ils rencontrent dès qu'ils sont libérés, dans les pièges qui sont tendus sous leurs pas; dans les nombreuses humiliations qu'ils ont à subir : ces causes se trouvent ailleurs encore. Elles résident dans l'impuissance où sont les systèmes des philanthropes d'appeler une bonne éducation dans le cœur de ces malheureux qu'on rend à la société tels qu'ils étaient avant qu'ils l'eussent effrayée par l'audace de leurs crimes, sinon plus dépravés encore.

On a créé, il est vrai, des écoles dans nos maisons centrales, et c'est là une heureuse inovation que nous voudrions voir s'étendre et prendre plus d'extension. Enseigner au détenu à lire, écrire et compter, est assurément une excellente chose; mais, si l'on donnait plus de développements à son instruction, soit par des leçons de géométrie élémentaire, de dessin linéaire; soit par quelques applications utiles des connaissances physiques aux arts; soit, enfin, en l'initiant par de bons traités succincts et abrégés aux principes des différentes branches de nos sciences, on ferait mieux dans l'intérêt de sa moralisation. L'instruction, bien organisée, serait ainsi un excellent remède au mal des prisons; mais elle ne suffirait point. Il faudrait enseigner encore aux prisonniers les devoirs de l'homme et du citoyen; développer dans leurs cœurs les notions de morale que la nature y a gravées, et faire renaître par là, dans tous, l'amour du travail, de l'ordre et de la vertu. Alors aussi, ils apprendront qu'aux yeux de la religion, bien plus encore qu'aux yeux de la justice humaine, le vol, l'incendie et l'assassinat sont des crimes; que c'est un devoir rigoureux de tout homme de respecter la vie et la propriété d'autrui, que l'économie et la frugalité peuvent procurer au plus pauvre artisan une honorable existence.

Tel serait, dans nos maisons centrales, le résultat d'une bonne éducation. Mais, quel est, après l'instruction orale, le moyen de former le prisonnier à la vertu? C'est de lui en donner l'exemple.

Le Gouvernement peut et doit, sans doute, disposer des emplois, des places qui forment la hiérarchie de l'administration des prisons; il y nomme des hommes qui, grâce aux appointements, remplissent avec exactitude leurs devoirs de surveillants; des hommes qui, à défaut de vertu, montreront du zèle et du dévoûment dans l'exécution des règlements intérieurs; qui, mêlés tous les jours parmi les prisonniers, les abandonneront à leur libre arbitre, à leurs penchants, quelquefois même à leurs passions, pourvu que la discipline toute matérielle de la maison ne souffre point d'atteintes. Voilà les hommes dont le Gouvernement pourra s'entourer; voilà tout ce qu'il peut exiger d'eux.

Mais, ce qu'il ne trouvera point au nombre de ses employés, ce sont des hommes solidement vertueux, qui veuillent se dévouer pour le bonheur de leurs semblables, à des fonctions humiliantes et obscures, où ils ne peuvent trouver ni bien-être ni profit; des hommes qui, avec des talents et des qualités capables de les produire honorablement dans le monde, consentent à vivre dans l'obscurité des prisons et à se glisser dans l'ombre des cachots ; des hommes, en un mot, qui joignent à la bonté, à la douceur, à la pratique de la vertu, une rigide sévérité, une ame incorruptible et une force de caractère qui leur fasse tenir, entre l'humanité et les exigences de la règle, ce juste milieu fixe qu'on appelle strictement devoir. Ces hommes n'existent que dans les communautés religieuses, dans la religion qui sait leur inspirer le dévouement nécessaires à de pareilles fonctions, parce que, seule, elle peut les payer.

A l'*éducation* considérée comme instrument du système pénitentiaire chrétien, nous devons ajouter le *travail*. M. Odillon-Barrot a exprimé, au sujet de la nécessité où est l'homme de se livrer à une occupation quelconque, une bien grande vérité, qu'il a développée en ces termes : « Prenez les hommes les plus paisibles, les plus inoffensifs ; privez-les du travail, forcez-les à rester oisifs, agglomérez-les sur un même point, et bientôt toutes les têtes fermenteront, et bientôt toutes les têtes entreront à l'état fébrile. » Ce que l'honorable député avait dit dans l'intérêt général de l'ordre et de la tranquillité publique, l'Évangile l'avait déjà, longtemps avant lui, formulé en loi impérative : « Homme, avait-il écrit, tu mangeras ton pain à la sueur de ton front. » Et si tous les hommes, indistinctement, sont soumis à cette rigoureuse nécessité, le prisonnier surtout, plus que tout autre, doit se conformer à cette loi divine.

Mais comment faut-il organiser ce travail obligatoire pour le condamné ? C'est là une question qui a divisé les philanthropes, et qu'ils n'ont pas cherché encore à résoudre d'une manière sérieuse. Les uns, dans la crainte que le détenu ne s'enrichît en prison, et qu'il s'éloignât ainsi du but pénitentiaire qu'ils se proposaient de lui faire atteindre, lui ont refusé toute espèce de salaire ; les autres, n'envisageant que l'intérêt du trésor, et voulant faire produire des bénéfices à l'État, afin que l'État, sur des promesses d'une économie certaine, adoptât leurs systèmes, ont réduit le salaire du prisonnier à sa plus simple expression ; enfin, presque tous se sont accordés à regarder le condamné comme une machine exploitable. De tous les philanthropes, il ne s'en est pas trouvé un seul qui ait voulu examiner la question par le côté le plus favorable à la moralisation du prisonnier.

Dans le système chrétien de l'emprisonnement commun, le détenu, s'il le peut, doit gagner de quoi payer sa nourriture et son entretien dans la prison ; il est dans l'obligation de couvrir ces frais à l'État au moyen de son travail ; mais il ne doit plus rien au delà. Le salaire devient alors pour lui un encouragement naturel qui le porte à se livrer avec zèle, ardeur et courage, à un travail productif relativement à sa position ; l'ouvrage qu'il confectionne est plus parfait, plus régulier, par cela même qu'on le rétribue d'une manière raisonnable ; et les bénéfices qu'il fait servent à composer une masse qu'il sait devoir, un jour, lui servir à le soustraire à la misère, et quelquefois à l'aider à se créer une position après l'époque de sa libération.

Quel moyen puissant de moralisation ne peut-on donc point trouver dans le travail du prisonnier ? Malheureusement nos philanthropes sont plus économistes que moralisateurs, et pour ne pas effrayer l'État par le détail des dépenses énormes que leurs systèmes doivent lui coûter, ils ont promis d'immenses bénéfices sur le salaire du travail des condamnés. Pour cela, ils font produire ces malheureux ; ils les forcent à suer les *douze millions* de francs qu'ils coûtent, par an, pour les dépenses d'entretien de toutes les prisons du royaume, les bagnes compris. Ainsi, on voit, dans les centrales, des détenus qui, après avoir travaillé seize heures de la journée, ont à peine gagné la valeur de QUINZE CENTIMES ! heureux encore ceux qui ont pu atteindre et dépasser quelquefois ce chiffre énorme.

Aussi qu'arrive-t-il ? C'est que presque tous les condamnés ne subissent qu'avec peine et regret la loi du travail ; que leurs ouvrages n'avancent point ou sont imparfaits, et qu'ils supportent comme une charge dont les mauvais effets réagissent sur l'action de la discipline, ce qui pourrait devenir un levier puissant au service de la réforme des prisons. Restituez aux détenus leurs véritables droits, ceux de la nature ; au lieu de les réduire à la dure nécessité de mendier quelques centimes, rétablissez le taux d'un salaire équitable ; faites que le prisonnier s'intéresse à la formation d'une masse qui deviendra pour lui un pécule honorablement acquis, et l'on verra cesser presque aussitôt tous les abus qui règnent dans les ateliers. Ainsi, la loi rigoureuse du silence que nous maintenons dans les ateliers *seulement*, et que nous faisons observer dans le réfectoire, ne sera plus une prescription tyrannique qu'il faudra mettre à exécution avec les cachots et les fers; les tâches seront outrepassées, et le bon ordre, la tranquillité et l'activité règneront par le fait seul d'une sage rétribution calculée sur la main-d'œuvre. C'est ainsi que nous établissons la loi du silence dans les ateliers comme une condition favorable au travail.

Avec le travail actif, silencieux, persévérant, productif et moralisateur de l'atelier, nous admettons les douceurs de la cantine. Sous le régime actuel des maisons centrales, le condamné ne doit manger que du pain taxé à une *livre et demie* par jour, ne boire que de l'eau, et ne se nourrir que des vivres grossiers de l'administration. Nous pouvons déclarer, sans crainte d'être démenti, que ce régime alimentaire ne suffirait point pour sustanter un homme oisif, *a fortiori*, le prisonnier qui se livre à des travaux continus, rudes et pénibles. Car travailler beaucoup et se nourrir mal sont deux choses incompatibles avec la santé: ce qui explique, au reste, la mauvaise confection des ouvrages, au dire des entrepreneurs, et la débilitation des corps des détenus, dont le chiffre élevé de la mortalité constate, tous les jours, les affreux progrès. Il est vrai qu'en dehors des vivres de la prison, le détenu a la faculté de se procurer à la cantine, du pain, du fromage et des pommes de terre bouillies, en quantité limitée. Mais ces suppléments, lorsqu'il peut encore se les procurer, peuvent-ils suffire à compenser ce que la nourriture souvent repoussante de l'administration ne donne point? Ces suppléments ont-ils quelque chose de substantiel; peuvent-ils restituer des forces que l'on perd tous les jours, insensiblement? Ce n'est point l'opinion des docteurs les plus consciencieux qui déclarent ces aliments peu nutritifs.

Néanmoins dans les bagnes où la nourriture est aussi grossière sinon plus rebutante encore que celle des maisons centrales, les forçats reçoivent matin et soir, avant et après leurs travaux, une ration de vin indispensable pour soutenir leurs forces; ils ont, en outre, la faculté d'acheter à la cantine tous les vivres qu'ils peuvent désirer. Pourquoi les réclusionnaires ne jouiraient-ils point des mêmes privilèges dont ils useraient dans certaines limites? Ainsi, selon nous, ils devraient avoir la facilité d'acheter, à leurs frais, les jeudi et dimanche *seulement*, une quantité limitée de vin; du lait, tous les jours; et les dimanches, par exception, quelques viandes qui tiendraient en équilibre l'action débilitante de leurs estomacs. Ce serait là, pour eux, le stricte nécessaire. Outre l'avantage qu'offriraient ces privilèges d'exciter le zèle des détenus et leur émulation au travail, ils auraient encore celui de servir, par la privation, de moyen puissant pour punir et corriger les fautes commises contre la discipline. On verrait cesser alors, dans nos maisons centrales, ces tortures affreuses dont le récit fait frémir d'horreur.

Nous avons dit que la loi du silence serait rigoureusement observée dans les ateliers *seulement*, et cela sans de grands efforts, ne voulant point l'étendre d'une manière absolue. En cela nous sommes de l'avis du docteur Coindet qui pense « que le silence *absolu* alanguit le système digestif, débi- « lite les organes de la respiration, et présente dès lors de « véritables dangers pour la santé de ceux auxquels on l'im- « pose. » Aussi, admettons-nous, sans crainte, dans notre système, la libre communication de la parole et des discours pendant les récréations ou heures de repos, c'est-à-dire au-dehors des ateliers et du réfectoire où elle serait remplacée par la lecture d'ouvrages simples, moraux, instructifs et amusants à la fois. Nous savons que le grand argument des

philanthropes, lorsqu'ils demandent la séparation des condamnés au moyen de la cellule, consiste en ce qu'ils veulent,
disent-ils, séparer le vice d'avec le vice, le crime d'avec le
crime, le prisonnier d'avec la contagion des mauvais discours, des mauvaises actions et des mauvais exemples. Nous
sommes de leur avis. Mais la séparation qu'ils invoquent au
moyen de murailles, de guichets et de barreaux de fer, nous
l'établissons en élevant simplement une haute barrière morale entre les prisonniers. Car aux effets bienfaisants de la
religion, de l'instruction et d'une bonne éducation, nous
ajoutons un intérêt personnel : le salaire réel, le désir des
récompenses, la crainte des punitions directes, de celles
qui vont à l'ame, et, par-dessus tout, une surveillance telle
que les philanthropes n'en ont encore su organiser aucune.

Car s'il est une chose qui doive surprendre d'abord, dans
le régime actuel des maisons centrales, c'est surtout la rudesse d'expressions, la férocité brutale, le défaut de zèle,
l'ignorance des pratiques les plus ordinaires non-seulement
de la vertu mais encore des actes de l'humanité, qui distinguent les gardiens de ces maisons, c'est-à-dire ces hommes qui se trouvent en contact journalier avec les prisonniers. Aussi, aux yeux des détenus, ne sont-ils que des
hommes à gages pour lesquels ils n'ont pas la moindre estime, lorsqu'ils ne leur inspirent point du mépris, et qui
n'exercent sur eux d'autre influence que celle de la force
matérielle ou disciplinaire.

En admettant les communautés religieuses dans la direction intérieure de ces prisons, le détenu a devant ses yeux,
dans chacun des membres qui composent l'administration
inférieure, un exemple vivant de vertu et de morale. Tel
propos qu'il hasarderait dans le discours et dont le surveillant actuel ri le premier, ne serait point tenu ouvertement; et, s'il était prononcé, on serait certain d'une prompte
répression. La douceur dans les paroles, le spectacle d'une
résignation désintéressée dans des fonctions pénibles, l'hu-
milité du religieux, tout cela inspirerait peut-être plus de
bonnes résolutions à un prisonnier, que le quiétisme légal et

les méditations forcées de la cellule pensylvanienne. Et puis dans la promiscuité limitée de notre système, on peut espérer, au moins, que la vertu, les bonnes mœurs, les conseils sages, les actions honorables et les bons exemples des détenus honnêtes ou corrigés (il en est toujours quelques-uns), agiront d'une manière infaillible sur des cœurs pervertis ou qui commenceraient à l'être.

Voilà comment nous comprenons que la communication des paroles, indispensable à la santé, ne puisse être nuisible ou fatale aux détenus mis en commun. Nous concilions ainsi les devoirs de la morale avec les droits de l'humanité. Car si la promiscuité, avec un système matérialiste, tel que celui des Pensylvaniens, a ses inconvénients, elle offre, au moins, d'immenses avantages avec notre système chrétien.

L'*éducation* religieuse, le *travail* soumis à la loi du *silence*, le *salaire* et la *communication* des prisonniers entre eux, une fois constitués comme instruments du système pénitentiaire chrétien, nous devons procéder, afin d'être complets, à faire connaître un autre instrument non moins important, celui des classifications.

Ici, nous touchons à une question fort grave, très-controversée, et qui forme la base de tous les systèmes pénitentiaires éclos depuis plusieurs années : la question de la classification des prisonniers. MM. Léon Faucher et Charles Lucas, dont nous apprécions en partie les vues droites et sages, substituent à la *réunion* des détenus, c'est-à-dire au système de l'emprisonnement commun absolu, la *séparation par groupes*, comme règle générale de toutes les prisons pour peines. De plus, ils admettent la loi du silence dans toute sa rigueur. Ainsi, ils sont unanimes pour reconnaître, comme devant produire de bons résultats, la *séparation de nuit* seulement, au moyen du régime cellulaire ; ils ne diffèrent que dans la manière de classer les prisonniers, ou de former leurs *groupes*.

Ainsi, le système de M. Faucher consiste à *grouper* ses condamnés par *races*, qu'il divise en *race urbaine* et en *race rurale*, soumises à un régime particulier, selon la différence des races. D'après ce système, les condamnés de race rurale et les condamnés de race urbaine doivent être emprisonnés cellulairement pendant la nuit, et vivre et travailler en commun, pendant le jour, sous l'action de la loi du silence. C'est le point de contact du système de M. Faucher avec celui de M. Lucas. En résumé, M. Faucher ne s'occupe ni des individus ni des moralités, mais seulement des populations ; ce ne sont pas les prisonniers qu'il veut classer, mais les prisons.

M. Lucas, au contraire, *classe*, dans les prisons, les détenus, par *moralités*, et les divise, à cet effet, en trois classes distinctes, classe d'épreuve, classe de récompense, classe d'exception ou de punition. Et c'est par cette triple voie, unie à la séparation cellulaire pendant la nuit seulement, et à la séparation morale du silence, qu'il veut opérer l'amendement pénitentiaire des coupables.

MM. Faucher et Lucas admettent, en outre, la cellule continue de jour et de nuit pour *les prévenus et les accusés* uniquement, pour un temps limité que le premier fixe à un terme qui n'excédera pas six mois. Le second fait encore, dans ce sens, une plus large concession ; car il admet la cellule continue de jour et de nuit pour les condamnés correctionnels à deux ans au plus d'emprisonnement, en réduisant toutefois des deux tiers ou de la moitié seulement la durée de la peine subie en cellule.

Notre système chrétien de l'emprisonnement commun diffère de ceux de ces deux écrivains, en ce sens qu'admettant la cellule de nuit pour tous les prisonniers, nous rejetons la séparation morale absolue du silence, le régime cellulaire de nuit et de jour pour les condamnés, à plus forte raison encore pour les prévenus et les accusés, et que nous substituons les classifications par *légalités* aux classifications par *races* de M. Faucher, et aux classifications par *groupes de moralités* de M. Charles Lucas.

Ainsi, notre système de classification par *légalités* consiste à emprisonner les délinquants, c'est-à-dire ceux qui relèvent de la juridiction de la police correctionnelle, avec les délinquants ; les criminels, c'est-à-dire ceux qui sont justiciables de la cour d'assises avec les criminels, ne confondant point pêle-mêle dans les mêmes quartiers, comme on fait aujourd'hui, les uns et les autres. De plus, nous proposons la séparation des récidivistes délinquants de ceux de leur catégorie, et la séparation des récidivistes criminels de ceux qui n'ont subi qu'une seule condamnation criminelle.

Deux genres de maisons spéciales pénitentiaires doivent donc être établies, selon nous, pour les détenus délinquants et pour les détenus criminels :—Les premières, pour servir à renfermer les délinquants novices et les délinquants récidivistes, sans qu'ils puissent avoir entre eux aucune sorte de communication ni de rapports ; les secondes étant destinées aux criminels qui sont mis, pour la première fois, sous la main de la justice, et à ceux qui sont en état de récidive, mais se trouvant entièrement séparés les uns des autres. De sorte que les récidivistes de chacune de ces deux grandes catégories vivent ensemble et en commun dans leurs catégories respectives, sans qu'ils puissent se mêler ni se confondre.

Tel est l'exposé de notre système des classifications *légales*. Mais, avant d'en faire l'application, nous avons à répondre à quelques assertions avancées sur la moralité des prisonniers par les partisans du système cellulaire de nuit et de jour, et notamment par M. Moreau-Christophe qui rejette toute sorte de classification.

Un des arguments les plus usés et les plus usités qu'emploient les partisans du système de l'isolement continu pour combattre le régime de l'emprisonnement commun, consiste à regarder *tous* les prisonniers comme des être foncièrement vicieux, dégradés, corrompus de leur nature, indisciplinables, et presque incorrigibles. Écoutez M. Moreau-Christophe, il vous dira « que TOUS les détenus des maisons centrales sont infectés de maladies contagieuses ; que cette contagion, bénigne à son principe, s'étend, s'aggrave, et devient *incurable* et mortelle par l'agglomération d'âmes putréfiées en contact immédiat entre elles, aussi bien que par l'agglomération de corps putréfiés en contact immédiat entre eux. » Il vous dira encore « qu'il ne croit pas, pour sa part, dans la classe des prisonniers, à l'existence des *bons*, des *douteux* et des *mauvais*, parce que les bons prisonniers ne sont que d'adroits hypocrites, et que le meilleur de tous est le plus habile de tous à singer l'obéissance, à mimer le repentir. » Empruntant ensuite ses termes de comparaison à la science, il vous dira « que les classifications de MM. Lucas et Faucher sont semblables à un tri de venins divers qu'on chercherait à neutraliser, en les groupant, après les avoir classés par espèces et étiquetés par nature ; ou bien à de mauvaises herbes qu'on réunirait en petits paquets, afin d'empêcher leurs graines de se mêler. » De là, il conclut, contrairement aux classifications par *moralités* de M. Lucas et aux *groupes par races* de M. Faucher, que tous les détenus étant des membres gangrenés, infectés de maladies contagieuses, on doit les séparer *tous* les uns des autres, et les enfermer individuellement dans la cellule qui peut, seule, arrêter le développement et prévenir les ravages de la contagion.

Il est évident que si *tous* les prisonniers étaient au réel ce que M. Moreau-Christophe les fait au figuré, c'est-à-dire une *agglomération d'âmes putréfiées*, non-seulement nous ne verrions pas la nécessité de les isoler entre eux, comme il le propose, puisqu'il n'y aurait aucun danger à réunir dans une enceinte commune des êtres atteints de la même contagion, mais encore il serait inutile de créer de nouveaux systèmes pénitentiaires ; autant vaudrait rester, à ce sujet, dans le *statu quo*. Est-ce qu'en effet un membre gangrené le sera moins, ou offrira plus de ressources pour sa guérison dans une cellule que réuni dans une salle commune à d'autres membres gangrenés ? A quoi bon une telle précaution à propos d'êtres également contagieux ?

Il est évident encore que le régime de l'association ou de l'emprisonnement en commun, comparé à une infirmerie générale remplie de malades *tous* infectés, abstraction faite des remèdes moraux qu'on leur applique, est insoutenable, surtout lorsqu'on pense, comme M. Moreau-Christophe qui ne donne pas, dit-il, dans l'*églogue pénitentiaire*, qu'il est impossible de ramener au bercail quelque brebis égarée. Mais que prouve cela? C'est que M. Moreau-Christophe est sceptique à l'endroit de la moralisation du condamné, voilà tout.

Aussi, est-ce précisément parce que cet écrivain ne tient aucun compte de l'action moralisatrice, soit de la peine en elle-même de la prison, soit de la religion et de l'éducation, soit d'une discipline sage quelconque, soit des instruments réformateurs ou intimidants qu'un bon système pénitentiaire tient à sa disposition, soit en un mot parce qu'il ne reconnaît aucune influence à aucun des systèmes autres que le sien, que sa thèse contre le régime de l'association des prisonniers est absurde.

Car, franchement, est-il possible de pouvoir affirmer sérieusement que sur *cent cinquante mille* individus environ, qu'on met, tous les ans, sous la main de la justice correctionnelle et criminelle, *tous* soient des êtres gangrénés *au même point;* que tous le soient même à des degrés autres qu'on l'est généralement dans la société? Que sur les *sept mille* accusés annuellement pour crimes contre les personnes et les propriétés, qui comparaissent devant la cour d'assises, on puisse affirmer, jusqu'à un certain point, qu'ils sont gangrénés, infectés au moral, cela peut paraître croyable. Mais que, sur les cent quatre-vingt-douze mille cinq cent vingt-neuf prévenus de délits de toutes sortes qui se trouvent inscrits sur les tableaux judiciaires, par exemple, de l'année 1842, délits de diffamation, de blessures, de faillite, d'escroquerie ou d'abus de confiance simples, etc., qui sont punis de la peine d'un emprisonnement; que sur ces cent quatre-vingt-douze mille cinq cent vingt-neuf, disons-nous, de prévenus mis en prison, on ne veuille voir que des êtres corrompus, gangrénés, nous déclarons que c'est dire là une grosse absurdité.

Et puis, en acceptant le mal moral des prisons tel qu'il est sans vouloir être exclusif, parmi tous ces détenus qui

gémissent dans nos maisons centrales, *tous* ont-ils abdiqué la nature, la qualité, la dignité d'hommes ? Est-ce que *tous* n'ont point une conscience ? N'y en a-t-il pas qui, malgré eux, sentent que le mal est un mal et la vertu un bien ? Si M. Moreau-Christophe, qui voit les prisons en pessimiste et en homme prévenu, doutait encore de ces vérités, nous pourrions lui affirmer qu'il existe parmi les détenus, *ces êtres*, selon lui, *gangrenés* et *infectés de contagion*, des hommes de raison, d'équité et de morale. Nous en avons connu nous-mêmes un grand nombre qui feraient rougir par leur bonne conduite, par l'élévation de leurs sentiments et par la droiture de leurs cœurs, quoique flétris par un jugement, de grands personnages qui passent dans la haute société pour des gens d'une excessive probité. On trouve encore dans les maisons centrales de grands coupables qui expriment et conçoivent des pensées de vertus qui paraissent étonner dans leurs bouches et qui n'en sont pas moins senties pour cela. Savez-vous pourquoi ? C'est que la prison, quoi qu'on dise, agit et réagit puissamment et toujours sur l'esprit et sur le cœur de *tous*. « N'avons-nous point vu, dit le res-
« pectable M. l'abbé Laroque, chez des criminels, la reli-
« gion réveiller, en la faisant écouter, cette terrible voix de
« la conscience, ce juge inflexible, et ramener à sa suite un
« repentir sincère? Que de traits ne pourrions-nous point
« raconter ici de cette action puissante de la religion sur les
« prisonniers! Que de détenus dont nous pourrions citer
« les noms, l'état actuel et la bonne conduite, depuis qu'elle
« a changé et réformé leur vie! » Certes, ce témoignage d'un prêtre attaché aux prisons et qui les a étudiées ne paraîtra pas suspect à M. Moreau-Christophe.

Aussi, lorsque ce philanthrope, combattant les classifications par *moralités* que M. Lucas divise par catégories de *bons*, de *mauvais* et de *douteux*, déclare qu'on ne peut les rendre à la vie honnête avec ce système, en ce sens « que
« les mauvais deviendront pires précisément parce qu'on
« ne les associe qu'entre eux ; les douteux deviendront
« mauvais précisément parce qu'on les sépare des bons; les

« bons deviendront pires que les autres précisément parce
« qu'on en aura fait une classe à part des autres; » ce n'est
qu'un jeu de mots qu'il a voulu faire, et rien de plus. Car
soutenir que les bons mis avec des bons deviendront pires
par cela même qu'ils auront été séparés des autres prisonniers, c'est raisonner en dehors de toute vérité, en dehors
du bon sens; c'est ne considérer les détenus que comme
des animaux galeux, auxquels il les compare dans un endroit de sa brochure; et ce n'est pas le cas. En cela, le tort
de M. Moreau-Christophe est de ne voir que le mal et jamais le remède; ce n'est donc point les classifications en elles-mêmes qu'il faudrait critiquer, mais les effets du système
pénitentiaire de M. Lucas sur ces mêmes classifications.
M. Christophe n'en dit rien; là pourtant était la question.

Quoi qu'il en soit, M. Lucas n'a pas besoin de nous pour
défendre son œuvre; et comme il s'agit seulement de nos
classifications, nous allons en faire l'application à notre
système chrétien de l'emprisonnement en commun. L'argument le plus sérieux que l'adversaire de M Lucas fait valoir
contre son système est, dit-il, « l'impossibilité de pouvoir
« être mis à exécution avec la pierre et le fer, à moins
« d'inventer à l'usage des classifications *par moralités*
« des prisons à *tiroirs* ou des quartiers à *coulisses*. » Nous
n'établirons point en discussion si cette prétendue impossibilité dont parle M. Moreau-Christophe n'est pas plus
imaginaire que réelle, et si le régime cellulaire de l'isolement n'est pas plus inexécutable que celui de M. Lucas;
mais ce que nous savons bien, c'est que le reproche de ne
pouvoir être mis à exécution par *la pierre et par le fer* ne
pourra être adressé à notre système.

Car nous prenons les prisons telles qu'elles sont bâties;
nous les divisons seulement, quant à leur destination, en
quatre catégories ainsi nommées : maisons de *prévention*,
maisons de *réforme*, maisons de *pénitence* et maisons de
refuge.

Dans notre système pénitentiaire, les MAISONS DE PRÉVEN-

TION sont et doivent être *uniquement* destinées à recevoir des inculpés, des prévenus et des accusés, et jamais, dans aucun cas, des condamnés. Afin d'atteindre le but morali_ sateur que nous nous sommes proposé, nous voulons que les unes de ces maisons soient spécialement affectées aux accusés de crimes, et les autres aux prévenus de délits, de sorte que ces deux catégories de détenus soient, par le fait, entièrement distinctes.

En outre, dans la catégorie des accusés de crimes nous formons deux classifications, dont l'une se compose de ceux qui n'ont jamais subi de jugement, et l'autre de récidivistes. Deux quartiers séparés leur seront affectés, de manière qu'ils ne puissent communiquer ensemble. Nous procédons de la même façon à l'égaad de la catégorie des prévenus de délits que nous divisons également en deux classes dont l'une comprend les prévenus qui n'ont pas encore subi de con- damnation, et l'autre, des prévenus récidivistes. Deux quartiers entièrement distincts sont destinés à renfermer les uns et les autres.

Nous admettons ainsi pour tous les individus de ces qua- tre catégories, le principe de l'association absolue relative- ment aux prévenus de chaque division, ou bien le principe de la cellule de nuit indifféremment. Voici, au reste, les motifs de ces classifications, qui, nous le savons, sont oppo- sées au principe de l'isolement continu du projet de loi du Gouvernement, et au principe de l'isolement continu *tem- poraire* de MM. Lucas et Léon Faucher.

L'expérience a démontré et démontre, tous les jours, jusqu'à l'évidence, que les prévenus en état d'arrestation pour la première fois sont par le fait même de l'instruction judiciaire dans l'impossibilité morale de se corrompre, et par conséquent de s'inoculer mutuellement le mal des pri- sons. Le dur noviciat de la prison entre gens qui déplorent presque toujours amèrement une incarcération préjudicia- ble à leurs intérêts, et fatale à leur amour-propre; l'étran- geté d'une vie toute de privations et de souffrances; l'alter- native de la crainte et de l'espérance en face d'un jugement suspendu sur leurs têtes comme l'épée de Damoclès ; les dramatiques préoccupations de l'instruction qui absorbent, avec un temps qui marche vers un dénouement incertain, toutes les facultés intellectuelles : tout cela comprime le cœur et les passions des innocents et des coupables qui songent à d'autres pensées qu'à celles de se corrompre. Entrez dans une de nos prisons, pénétrez dans le quartier de la prévention, scrutez, s'il est possible, les pensées, les actions et la conduite des détenus, que remarquez-vous parmi eux?

— Un empressement général à se raconter ensemble leurs affaires judiciaires, à les expliquer, à les développer, à les commenter chacun à leur manière. L'affaire et toujours son affaire : voilà ce qui absorbe le prévenu.

Aussi, observez-le bien, n'est-ce point pendant le temps de la prévention que se développent les germes des vices, comme ce n'est point sous l'impression de la crainte d'un danger imminent que l'homme en général se déprave. Nous ne voyons donc aucun inconvénient moral à mettre ensemble les prévenus qui entrent pour la première fois dans une prison.

Cependant, nous les séparons avec soin de ceux qui, en état de récidive, pourraient les infecter de leurs vices ou les corrompre par la triste expérience du mal qu'ils auraient pu acquérir dans les prisons. Tout prévenu est innocent tant que la justice n'a pas prononcé sur son sort : voilà pourquoi nous tenons à le préserver de la souillure de ceux qui ont déjà aspiré un air vicié. Aussi M. Moreau-Christophe raisonne-t-il à faux, lorsque, pour soutenir le principe de l'application de la cellule continu aux inculpés, prévenus et accusés, il dit : « Si le prévenu est innocent, c'est un devoir « pour l'administration de le préserver, *en l'isolant*, de la « souillure de ceux qui sont coupables ; s'il est coupable, « c'est encore un devoir pour elle de ne pas permettre qu'il « souille de son contact ceux qui sont innocents. » D'abord il n'existe point, en droit, des coupables en état de prévention, et ceux-là mêmes qui le sont de fait ne veulent point le paraître ; ce n'est point ensuite pendant le temps moralement limité de la prévention, que la souillure des coupables dont parle M. Moreau-Christophe peut agir. D'ailleurs, les récidivistes, les seuls qui pourraient répandre la corruption dans les prisons communes, sont relégués et mis à part d'après notre système pénitentiaire.

Et c'est aussi par ces motifs que nous mettons les prévenus récidivistes ensemble, quoique nous sachions bien qu'on ne puisse affirmer que *tous* les récidivistes soient contagieux et travaillés par un mal moral incurable. Car s'il était vrai, selon l'expression de M. Moreau-Christophe, qu'ils fussent *des membres gangrenés,* ce ne serait que par hypothèse ; et c'est aussi par hypothèse et dans la crainte qu'ils ne soient des hommes infectés et pervers que nous ne les mettons point en contact avec ceux qui n'ont qu'à répondre, pour la première fois, d'une faute. On évite ainsi le fait de la corruption mutuelle, non-seulement des prévenus et des accusés entre eux, mais encore des prévenus entre les prévenus et des accusés entre les accusés.

On invoque, il est vrai, en faveur de la cellule appliquée aux prévenus, des raisons dont il faut, avant tout, faire bonne justice. Selon M. Lucas, la corruption doit être prévenue *d'abord* dans la maison d'arrêt, d'où elle va, autrement, se répandre dans les autres prisons par l'effet de la condamnation, et au sein de la société elle-même par l'effet de l'acquittement. Selon M. Faucher, il faut séparer des détenus, toujours *présumés innocents,* en état de prévention, de peur qu'il ne s'échauffent mutuellement dans le vice. Nous pensons avoir répondu d'une manière convaincante aux craintes peu sérieuses que manifestent ces deux honorables publicistes. Mais il est une troisième raison qui semble plus plausible, en apparence, et que M. Moreau-Christophe peut faire valoir contre la séparation des prévenus récidivistes de ceux qui sont prévenus pour la première fois ; cette raison, la voici : « Par l'association des « récidivistes entre eux, vous mélangez les méchants avec « les méchants, vous augmentez le mal de la corruption, et « vous évitez, en ne confondant point tous les prévenus

« ensemble, la lutte du bien et du mal, où le mal peut
« être neutralisé par le bien, où l'exemple du bien peut
« contrebalancer l'exemple du mal, où le mal, en un mot,
« n'est pas seul livré à lui-même sans aucun alliage de
« bien. »

M. Moreau-Christophe raisonne ainsi à propos des prévenus récidivistes, comme sur un fait entièrement démontré, à savoir qu'ils composent une association d'êtres néces-
sairement et foncièrement corrompus. Ce qui n'est pas prouvé ; et, le serait - il, l'administration, en les séparant des
prévenus non-récidivistes, ferait une chose morale et judicieuse en ne les mettant point en contact avec ces derniers,
malgré tous les avantages hypothétiques qu'on pourrait retirer de la prétendue *lutte du bien et du mal, où le mal
pourrait être neutralisé*. Dans tous les cas, en maintenant
cette séparation, et pour arrêter les progrès de la corruption
qui pourrait se répandre dans les quartiers des récidivistes
prévenus, si toutefois le temps de la prévention pouvait rendre
ces craintes plausibles, nous redoublons, pour eux, les effets
de la surveillance. C'est dans ce sens que nous croyons que
l'intervention des communautés religieuses dans le service
des prisons, et l'action de notre système chrétien de l'emprisonnement en commun doivent offrir des résultats effi-
caces. Il agira sur les prévenus récidivistes par l'intimidation
et par la répression.

D'ailleurs, et dans tout état de cause, la cellule continue
étant une peine plus forte que l'emprisonnement ordinaire,
ainsi que le reconnaissent MM. Lucas et Faucher, nous ne
voyons pas de quel droit on viendrait l'imposer comme ag-
gravation de souffrances à des hommes que la loi et la raison présument innocents. Car il est démontré, ainsi que
nous l'avons dit ailleurs, que si la communauté est indispensable à des détenus, c'est surtout à ceux qui ne sont que
prévenus, et qui, arrachés du sein de la société, sont con-
finés dans un séjour de désolation, de malheurs et de privations de toute sorte. Nous sommes convaincu encore que,
si la cellule doit agir sur la raison et provoquer la démence,

c'est principalement sur des nouveau - venus en prison qu'elle doit produire des effets désastreux. Quelle cruauté n'y aurait-il point à rendre fous à la société des hommes qu'une ordonnance de non-lieu aurait reconnus innocents! Car c'est surtout pendant la période de la prévention que la cellule est défavorable.

Mais la raison la plus plausible qu'à notre avis on semble faire valoir en faveur de l'isolement appliqué à tous les prévenus, est le désagrément pour un innocent de la première classe des non-récidivistes de se trouver en contact avec d'autres innocents de sa classe, avec lesquels il eût refusé de s'associer étant libre, et qui pourraient le reconnaître plus tard dans le monde.

A ces deux motifs de répugnance, nous répondons que, la communauté étant facultative, le prévenu est libre de se mettre le moins qu'il veut en relation avec les autres prévenus; cela dépend de son bon plaisir. Nous avons vu, sous le régime actuel des prisons, des prévenus qui, pendant un séjour de plus de deux mois, n'ont fréquenté que deux ou trois prévenus de leur choix, avec lesquels le fait de la communauté, devenu nécessaire pour les prisonniers, n'a offert que des avantages moraux réels. Car la prison a aussi son enseignement et ses leçons, quoi qu'on en dise.

Quant à la crainte qu'on peut avoir d'être reconnu plus tard, elle n'est qu'un prétexte; car, si un prévenu est innocent, qu'importe cette reconnaissance? s'il est coupable, à quoi bon vouloir se cacher aux regards de ses compagnons d'infortune? La publicité que les journaux judiciaires donnent dans ce sens aux noms des condamnés est bien plus préjudiciable encore à l'avenir de celui qui a subi sa peine. A-t-on songé encore à mettre un frein à cette désolante publicité? D'ailleurs, il est rare qu'un détenu se flatte, dans la société, de reconnaître un autre détenu qui a été incarcéré avec lui. Une discrétion forcée, l'amour-propre et l'intérêt personnel sont plus propres à arrêter les effets de cette spécieuse reconnaissance, que l'ombre, le secret et les mystères de la cellule des philanthropes.

L'exposé de notre système pénitentiaire, relativement aux prévenus de délits, se rapporte également aux prévenus de crimes, pour lesquels les distinctions sont les mêmes, comme les résultats semblables.

Après les maisons de prévention, nous avons institué graduellement, et dans le sens de la loi, les MAISONS DE RÉFORME. Nous destinons celles-ci aux jeunes détenus au-dessous de seize ans. Pour eux, comme pour tous les condamnés, nous admettons la cellule de nuit, l'éducation religieuse et sociale (car c'est pour les jeunes détenus principalement que les prisons doivent être des écoles), et le travail en commun, mais dans des conditions modificatives relativement à leurs âges.

Ainsi, nous divisons les jeunes détenus en deux catégories ou quartiers. Dans l'un sont placés les détenus au-dessous de douze ans; dans l'autre ceux qui ont atteint l'âge de douze jusqu'à seize ans inclusivement. Pour les uns comme pour les autres, l'éducation religieuse et sociale est appropriée à la force de leurs âges et au degré de leurs intelligences. — Le travail en commun est organisé dans les ateliers par *groupes* de douze détenus au plus, afin de laisser à la surveillance toute la sévérité et toute la rigidité d'action. Ces ateliers doivent être organisés de manière à ce que les communications entre eux soient impossibles. — Le salaire du travail des jeunes détenus est proportionné à leurs capacités, à la nature et au genre de leurs ouvrages.

Nous appelons MAISONS DE PÉNITENCE les prisons pour peines, parce que les détenus qui y sont enfermés sont destinés à subir le principe pénitentiaire qui doit opérer sur eux. Pour cela, il faut les empêcher de se corrompre mutuellement, et puis les corriger par l'éducation religieuse et sociale, par l'intimidation et par la discipline. Dans ce sens, et pour agir efficacement, nous adoptons la cellule de nuit, et le principe restreint de la communauté pendant le jour. Afin de concilier la communauté des détenus avec un principe moralisateur qui éloigne la corruption, en un mot, afin que notre système agisse avec efficacité, nous divisons les maisons de pénitence en trois classes, comprenant trois sortes de condamnés : à *l'emprisonnement simple*, à la *réclusion* et aux *travaux forcés*.

Un des grands vices de l'organisation de nos maisons centrales, c'est la promiscuité des condamnés pour délits avec ceux qui l'ont été pour crimes. Ainsi, à Poissy, à Melun, à Tours et ailleurs, on n'est pas peu surpris de voir soumis à la même règle, à la même peine, aux mêmes travaux, à la même discipline, un simple délinquant de la police correctionnelle victime d'une étourderie, de la misère ou de l'injustice, à côté du criminel de la cour d'assises, chef de bande, scélérat consommé ou adroit dénonciateur. Ainsi, là, où la faute est distincte, graduée; là, où la loi reconnaît, en droit, une différence énorme ; là, où la peine est proportionnée à la faute, l'administration établit, en fait, l'uniformité de la peine appliquée aux délits et aux crimes. Qu'on ne dise point que la peine consiste dans sa durée, et que son instrument, qui est la détention dans une maison centrale, établit, par le temps qu'on subit, la distinction légale de la faute. Car nous répondrions que le condamné en police correctionnelle à deux années d'emprisonnement, et le condamné en cour d'assises à la même peine, accomplissent la même durée de la peine, sont punis par le même instrument, et pourtant l'un n'est que délinquant, et l'autre un criminel avoué. C'est par cette étrange confusion de détenus que les maisons centrales de nos jours n'obtiennent point tous les bons résultats qu'on serait en droit d'espérer de leur régime et de leur bonne organisation.

Aussi, pour éviter de tels inconvénients, nous avons établi des maisons de détention spéciales aux condamnés à l'emprisonnement, à la réclusion et aux travaux forcés. Les conditions de leur moralisation se trouvent ainsi dans la nature même de leurs classifications relativement à leur éducation religieuse et sociale, à leurs travaux, à leur salaire et aux punitions disciplinaires. L'organisation des ateliers, par exemple, la sévérité de la surveillance seront en raison de la nature de chacune de ces trois catégories auxquelles s'appliquera l'action de notre système. Ainsi, le taux du salaire, élevé à un chiffre déterminé pour les condamnés à l'emprisonnement, subirait une diminution progressive jusqu'aux condamnés aux travaux forcés. La différence, dans la peine, se trouverait de la sorte observée, par le fait, dans l'application de l'instrument inventé pour punir la faute.

Mais ce mode de répression ne se borne pas seulement à punir par l'emprisonnement seulement, à corriger par une éducation morale, à réformer par une juste et équitable répartition de la peine ; il est encore préventif. Nous avons dit que la réforme pénitentiaire était subordonnée à la réforme de notre code pénal ; et, dans ce sens, nous avons établi le maximum de la durée de la peine, pour les condamnés à l'emprisonnement à *deux ans*, pour les condamnés à la réclusion, à *six années*, et pour les condamnés aux travaux forcés à temps, à *douze années*. C'est ici le moment de faire connaître les effets de cette gradation, dans la durée de la peine, sur la récidive.

Tout condamné à la peine de l'emprisonnement, et qui, pour un délit correctionnel, tomberait en état de récidive, subirait sa nouvelle peine dans les maisons destinées aux réclusionnaires.

Tout réclusionnaire qui, par une nouvelle faute, serait condamné à la peine de la réclusion, la subirait dans une des maisons destinées aux condamnés aux travaux forcés.

Tout forçat qui serait en état de récidive serait condamné à la déportation, peine destinée aux condamnés à perpétuité et aux condamnés à mort, dont nous aurons à parler bientôt. Outre les principes d'intimidation que renferme chacun de ces degrés de peine, aux yeux des condamnés, les récidivistes y trouveraient encore des moyens nouveaux de moralisation, si toutefois ils étaient amendables.

La quatrième classification, qui est comme le couronnement de notre œuvre pénitentiaire, dont la religion et l'éducation forment la base, comprend les MAISONS DE REFUGE. Les deux principales causes de rechute pour les prisonniers libérés sont l'insuffisance de ressources et le manque de travail ou d'occupation. En élevant le prix du salaire à un taux raisonnable, en intéressant les détenus à leur masse, nous avons pourvu à la première de ces deux causes de rechute. Il n'en est pas ainsi de la seconde, qui peut exposer le libéré, animé de bons sentiments et corrigé, à dépenser ses économies, à se trouver sans ouvrage, et à se jeter ensuite dans le vol et dans le libertinage. Il faut ôter au libéré tout prétexte d'excuser ses nouvelles fautes. On a créé la *société du patronage* pour les jeunes détenus, pourquoi ne le ferait-on point pour ceux qui, vieux dans la vie, ne l'ont pas été dans le crime, et qui même, vieux dans le crime, voudraient rentrer dans la carrière de l'honnête homme?

Pour ceux-là, nous voudrions qu'on instituât des *maisons de refuge*; les libérés sans travail, ou qui désireraient essayer leurs forces dans la pratique de la vertu, trouveraient dans ces maisons un asile provisoire. Livrés à des travaux productifs, mais modiques dans leurs rétributions; soumis à une règle sage et réformatrice; engagés par un temps court, mais limité, ils pourraient commencer à goûter les avantages de la société, les douceurs de la vertu, sans avoir sous les yeux les exemples séduisants du vice. Affermis dans leurs bons sentiments, ils rentreraient dans la société avec la force nécessaire à des malades qui ont passé le temps de leur convalescence. — Comme on le pense bien, à la fin de leur temps, les libérés n'entreraient dans ces maisons de refuge que par leur propre volonté. Ce serait pour eux un temps d'épreuves qui leur servirait, en quelque sorte, de certificat de bonne moralité.

Les *maisons de refuge* auraient encore un autre but d'utilité, puisqu'elles seraient instituées pour recueillir dans leur sein, les libérés qui, vivant dans la société et n'ayant pas d'ouvrage, ne voudraient point rester exposés à commettre le mal vers lequel une cruelle nécessité les incite souvent, malgré leurs bonnes intentions et les résolutions fermes de ne plus se livrer au crime. Ils retrouveraient ainsi, là, un abri sûr contre la récidive; la loi, un moyen d'abolir la surveillance ou, du moins, de la modifier, et la société un garant de plus contre les atteintes portées contre elle par tant de malfaiteurs de circonstance et de nécessité.

Enfin, la DÉPORTATION, dans notre système, est la dernière pierre placée à l'édifice du régime pénitentiaire chrétien. Les publicistes ont senti et sentent, tous les jours plus que jamais, la nécessité de choisir un lieu de déportation. En abolissant la peine de mort, en ne soumettant point les condamnés à perpétuité au régime de l'emprisonnement pénitentiaire, en voulant délivrer la société des êtres incorrigibles qui, ayant passé par toutes les épreuves de la peine graduée dans les maisons de pénitence, se sont montrés *inamendables*, il a fallu et il faut un lieu d'expiation, et de souffrances où la loi puisse les confiner. « La peine de « la déportation, dit la loi, consiste à être transporté et à « demeurer à perpétuité dans un lieu déterminé par le gou- « vernement, hors du territoire continental de la France. » Depuis que cette prescription a été inscrite dans le code de 1810, on ne s'est point occupé sérieusement de désigner ce lieu. Ce n'est point que la France ne pût, dans ses nouvelles possessions d'Afrique ou sur nos côtes maritimes, trouver un lieu propice à la déportation. Pourquoi n'a-t-on point avisé à rendre praticable cet article de nos lois? — Il faut présumer que les gouvernements avaient pressenti la réalisation d'une réforme pénitentiaire, au milieu de l'imperfection où se trouvait le régime des prisons. Dans cette prévision, il a attendu, ayant foi en l'avenir. Aujourd'hui il n'existe plus aucun prétexte; espérons que la nouvelle loi sur les prisons régularisera cette partie du système pénitentiaire. Nous fixerons plus tard les bases sur lesquelles nous voudrions que reposât la peine de la déportation, conformément à notre système chrétien que nous venons de développer d'une manière succincte et rapide.

Maintenant nous avons dit toute notre pensée sur l'*intérieur des prisons* en général. Depuis le moment où le prisonnier paraît sur le seuil du dépôt jusqu'au grand jour de son jugement; depuis son départ de la conciergerie jusqu'à la fin de sa peine consommée soit dans la maison centrale soit sur l'échafaud, nous avons tout passé en revue : hommes et choses. Les mystères des prisons sont dévoilés. Nous avons eu garde de rien taire et de rien cacher à cet égard. Ce n'est jamais un mal que la vérité soit connue et mise à jour.

Ainsi, les souffrances intimes du détenu, les droits de la justice, ceux de l'humanité, la réforme de nos codes, les systèmes pénitentiaires des philanthropes, les devoirs de l'administration, tout ce qui tient au régime secret ou apparent des maisons centrales a été développé dans notre ouvrage. Nous avons loué le bien comme nous avons blâmé le mal, partout où il nous a été possible de les constater, n'ayant eu d'autre intention que de contribuer au bien-être moral et matériel des détenus. Nulle pensée mauvaise n'a pénétré dans notre esprit, nous osons l'affirmer; et le seul but que nous nous sommes proposé d'atteindre en écrivant ce livre, a été de concilier, autant qu'il serait possible, les droits du prisonnier et les droits de l'état avec ceux de la nature, de la religion, de la morale et de la société. Heureux si, en apprenant ces droits aux autres, nous les avons bien compris nous-mêmes dans toute leur étendue !

DICTIONNAIRE [1]

DES MOTS LES PLUS USITÉS DANS LE LANGAGE DES PRISONS.

Abbaye de monte-à-regret. — Echafaud.
Abouler. — Approcher.
Aff. — Eau-de-vie.
Affur. — Bien.
Agriffer. — Saisir, empoigner, prendre au collet.
Aller à Niort. — Ne rien dire, se taire, garder le silence.
Aller à bord de l'eau. — Aux galères, Toulon, Brest, Rochefort.
Argoté. — Homme qui connaît l'argot.
Atout. — Estomac.

Babillarde. — Lettre.
Bâcler. — Faire quelque chose.
Balader. — Promener, flâner.
Baladeur. — Flâneur, rôdeur.
Balancer. — Chasser, renvoyer d'un emploi.
Balle. — Un franc, pièce de vingt sous.
Barbillon. — Souteneur de filles.

---

[1] Nous avons hésité longtemps à publier ce Dictionnaire à la suite de cet ouvrage, le langage des prisons n'offrant, par lui-même, qu'un médiocre intérêt au point de vue littéraire. Mais les romanciers, les journaux judiciaires, les juges d'instruction eux-mêmes dans leurs rapports, faisant un fréquent usage de cet idiome, nous croyons ne pouvoir mieux faire que de donner une idée de cette nouvelle langue d'emprunt. Nous complèterons ainsi, en quelque sorte, notre sujet sur les prisons.

Barbotter. — Fouiller.

Barder. — Bâiller, entrebâiller. *Exemple :* Une poche *barde* quand elle est pleine de quelques objets.

Basarder. — Vendre.

Batteur. — Un désœuvré, fainéant, tapageur, coureur des rues.

Bécher. — Charger, accabler de paroles, de sottises, etc.

Bécheur. — Le procureur du roi, le ministère public, l'avocat du roi.

Becqueter. — Manger avec faim.

Béquiller. — Manger sans besoin.

Betzigues. — Lunettes.

Biancher. — Payer, solder quelqu'un, délier sa bourse.

Bibasserie. — Vieillesse.

Bibon. — Vieux, vieil.

Boule-de-son. — Pain des prisonniers.

Bibelots. — Toute sorte d'outils.

Bidoche. — Viande.

Biller. — Payer.

Blave. — Mouchoir.

Bobine. — Figure risible.

Bogue. — Montre.

Boniment. — Parole, récit ; avoir du *boniment :* avoir de la blague

Bonir. — Dire, parler.

Boucler. — Fermer ; *boucler* une porte, fermer la porte.

Bouclage. — Emprisonnement.

Boulotter. — Aller lentement. *Exemple :* Les affaires *boulottent.*

Boulinguer. — Se bien porter, aller à merveille, se soigner.

Bourriche. — Tête.

Boxon. — Maison de filles.

Branlante. — Sonnette.

Brême. — Carte de police. *Exemple :* Une menesse en *brême ;* femme sujette à la police.

Bride. — Chaîne.

Butte. — Echafaud.

Butter. — Tuer quelqu'un, occire.

Cabot. — Chien.

Caboches. — Sabots.

Cadet. — Principal outil pour casser les portes.

Caillasses. — Pavés, cailloux des rues.

Callancher. — Mourir.

Calots. — Yeux.

Camarde. — La garde, la police, les municipaux.

Camelot. — Marchand ambulant ou marchand de contre-marques.

Camelotte. — Mauvaise marchandise.

Camouffe. — Chandelle.

Camouffler (se). — Changer, se mettre à l'abri, se garer.

Canne. — Surveillance imposée par un jugement ; *casser la canne :* rompre la surveillance ou son ban.

Canner. — Tomber, mourir.

Carcagno. — Usurier, arpagon, avare.

Carme — Argent monnayé.

Carrer. — Cacher.

Carreur. — Compagnon, camarade, compère d'un voleur.

Carroubles. — Clefs.

Carroubleur. — Casseur de portes.

Cart-d'œil. — Commissaire de police.

Casser. — Rompre. *Casser sa canne;* rompre son ban. *Casser sur quelqu'un,* révéler.

Cavaler (se). — Se sauver, prendre la fuite

Chantage. — Vol par pédérastie.

Chanteur. — Voleur pédéraste.

Charriage. — Vol en accostant quelqu'un.

Charrieur. — Voleur en accostant.

Chasses. — Yeux.

Ché. — Ivrogne. *Être de ché,* être ivre.

Chêne (faire suer le). — Assassiner.

Choper. — Prendre à l'improviste.

Chouette. — Quelque chose de bien. *Largue chouette;* femme qui est bien. Cela est *chouette.*

Cigogne ou *Cigove.* — Maison d'arrêt de la Force, justice.

Clarinette. — Fusil.

Cleber. — Manger.

Cogne. — Gendarme.

Cola. — Cou.

Coloquet. — Chapeau.

Comtois. — Feinte. *Battre comtois,* faire semblant, singer, etc.

Condé. — Libre. *Être condé,* être libre d'agir.

Conottes. — Dents.

Coquer. — Donner, être révélé, enseigner, indiquer.

Coqueur. — Révélateur.

Coquignon. — Vermine.

Costel. — Souteneur de filles.

Crachoir. — Parole. *Tenir le crachoir;* parler, discourir, pérorer, plaider.

Crigne. — Viande.

Crosseur. — Récalcitrant.

Dabe. — Père.

Dabuche. — Mère.

Débine. — Misère, indigence.

Débiner. — Parler mal d'autrui.

Débrider. — Ouvrir. *Débrider une carrouble;* ouvrir une porte.

Décarrade. — Sortie de prison.

Décarrer. — Prendre la fuite.

Dèche. — Voleur dans la débine.

† *Défarquer.* — Oter quelque chose d'un endroit.

Defourrailler. — Sortir d'un endroit, d'une prison.

| *Dégeler.* — Mourir par violence en prison.

› *Dégommer.* — Mourir, cesser de vivre.

, *Dégotter.* — Trouver quelqu'un; piller, prendre, enlever.

, *Déguiser en cerf.* — Prendre la fuite.

, *Deïe.* — Foule, monde, attroupement.

‹ *Dépiotter.* — Oter, enlever, priver quelqu'un de quelque chose.

Déplanquer. — Oter, découvrir, dégager du Mont-de-Piété.

, *Detosse* — Misère.

Douille. — Cheveux.

Enflaquer. — Embarrasser.

Emptoller. — S'assembler, se réunir, s'enfermer.

Entraver. — Comprendre. *Il entrave l'argus;* il comprend l'argot.

Épisser. — Plaisanter quelqu'un, se rire, se moquer.

Esbrouffer. — Etonner, surprendre, ébahir.

Esbrouffe. — Avis vantards, air de grand seigneur.

Escarpe. — Assassin pour voler.

Escracher. — Insulter, dire des sottises, reluquer en colère.

Esquinté — Malheureux, pauvre, infortuné, infirme.

Fadard. — Meilleur, convenable, agréable.

Faffes. — Billets de banque.

Fagot. — Forçat libéré

Farguer. — Rougir, rouge qui monte au front

Faucher. — Tuer, guillotiner.

, *Fauve.* — Tabatière.

Fertilé. — Paille, blé.

Filoche. — Bourse d'argent.

Filer ou *Refiler.* — Suivre à la piste, surveiller. *Donner de la filature;* suivre quelqu'un, donner, faire passer.

, *Flac* — Argent.

Flanche. — Chose mauvaise, de mauvais goût.

Flancher. — Blaguer, parler, etc.

‹ *Flanger.* — Jouer à n'importe quel jeu.

, *Flangeu.* — Joueur.

Flaquer. — Mettre bas, déposer.

‹ *Floper.* — Donner une raclée, frapper.

Fourgue. — Receleur d'objets volés.

Fourguer. — Receler.

Fourline — Voleur qui fouille dans les poches.

Franjin. — Frère.

Franjine. — Sœur.

Frime. — Figure.

.. *Friser.* — Voler. *Friser un pègre;* voler un voleur.

, *Frisquet.* — Avoir froid.

Frottin. — Billard.
Fruscqs. — Effets, habits, etc.

Gaff. — Gardien, surveillant, vedette.
Gail. — Cheval.
Ganaler. — Chanter dans les rues.
Gargouëne. — Bouche, gorge.
Gerber. — Condamner, être gerbé, être condamné.
Gerbier. — Juge. *Meg des gerbiers*; le président d'un tribunal.
Glaci. — Verre à boire.
Glisser. — Mourir, succomber.
Gober. — Aimer, affectionner.
Godiller. — Frétiller, être en joie, en plaisirs.
Gonce. — Un jeune homme, un individu quelconque.
Goncesse. — Femme, fille.
Goncier. — Corps.
Gosse. — Enfant.
Gosse'inage. — Enfance. — *Gosselin.* Enfant.
Goualeur. — Chanteur des rues.
Gouapeur. — Individu mal mis, déguenillé.
Goupiner. — Faire quelque chose. Un objet bien *goupiné* est un objet bien fait.
Greffier. — Chat.
Grinche. — Petit voleur.
Grinchir. — Voler à l'étalage.
Grive. — Troupe, soldats, police.
Grivier. — Soldat municipal.
Guibolles. — Jambes.

Jacter. — Dire, proclamer, crier.
Jardiner. — Ennuyer, fatiguer par des paroles.
Jaspiner. — Parler sur quelqu'un, bavarder.
Jaspineur. — Parleur, bavard, orateur.
Jonc. — Or. *Une tocante de jonc :* une montre en or.
Jouer des quilles. — S'évader, partir, fuir, jouer des jambes.

Lance. — Eau pour boire.
Lansquiner. — Pleuvoir.
Larbin. — Domestique, valet.
Largue. — Une femme.
Lartif. — Pain.
Larton. — Pain.
Ligotte. — Corde.
Limace. — Chemise.
Lourde. — Porte. *Boucler la lourde :* fermer la porte; *débrider la lourde :* l'ouvrir.
Luisant. — Soleil.

Maquiller. — Cameloter, brocantage.

Marlou. — Un individu impropre à rien, un fainéant et voleur adroit, fin, rusé, malin.

Marlousserie. — Fainéantise, paresse, vivotage, volerie.

Marner. — Travailler.

Marqué. — Mois.

Marron. — Individu pris sur le fait.

Massage. — Ouvrage.

Masser. — Travailler.

Massié. — Travailleur, ouvrier.

Mastoquer. — Manger, engraisser.

Meg. — Chef, maître. *Meg des gerbiers :* un président de tribunal

Menesse. — Femme.

Menzingue. — Marchand de vin.

Mome. — Petit garçon livré à la pédérastie.

Monant. — Pantalon.

Morganer. — Mordre.

Mouchie. — Infirme

Mouton. — Mouchard.

Moutonner. — Chercher à arracher un secret.

Naser. — Avoir quelqu'un au nez, détester, abhorrer.

Nettoyer — Voler de fond en comble, dévaliser quelqu'un.

Nière. — Imbécille, idiot, niais.

Nierg. — Soi seul.

Niscot. — Non, nullement. *Veux-tu jaspiner?* — *Niscot :* Veux-tu parler? — Non.

Ostot. — Asile, maison, chambre, demeure.

Ours (a'ler aux). — Envoyer promener, ne vouloir pas écouter.

Paff. — Un ivrogne. *Être paff :* être ivre.

Paffe. — Souliers.

Pagne. — Assistance, secours que se portent les voleurs entre eux.

Pane. — Misère.

Pantin. — Paris.

Pantre — Un bourgeois, un individu qui se laisse duper.

Pantruche. — Paris.

Paquelin. — Pays.

Parrain. — Avocat d'un accusé.

Paumer. — Prendre, saisir, empoigner.

Pavillon. — Fou.

Péaix. — Malin, méchant. *Faire le péaix :* faire le méchant.

Pedero. — Sodomiste.

Peg. — Péril, danger.

Pegosse. — Vermine.

Pegraine. — Misère.

Pègre. — Petit voleur.

Pe'ure. — Redingotte.

Pèse. — Argent monnayé.

Pétard. — Un sou.

Picton. — Vin.

Piffer. — Avoir en horreur, détester.

Piffin (Biffin). — Chiffonnier.

Piger. — Prendre quelqu'un sur le fait.

Piges. — Années.

Pieu. — Lit.

Piolle. — Maison.

Pioncer. — Dormir. — *Pionçage,* sommeil.

Pivois. — Vin.

Plan. — Prison. *Être au plan :* emprisonné; cachette, Mont-de-Piété.

Planche-au-pain. — Banc des accusés.

Planque. — Guet. *Hommes en planque :* hommes qui font le guet.

Planquer. — Faire le guet.

Plat. — Argent en matière.

Flomber. — Puer, exhaler de mauvaises odeurs.

Poignon. — Argent monnayé.

Pogne. — Main. *Truquer de la pogne :* mendier.

Poniffe. — Fille publique, prostituée.

Pré. — Galères. *Être au pré :* aller aux galères.

Profond. — Fossé, trou, puits.

Quatre-arpents. — Cimetière.

Quilles. — Jambes. *Jouer des quilles :* s'évader, fuir.

Rabouler. — Revenir en prison ou autre part; se livrer à quelque chose.

Rade. — Comptoir.

Radin. — Argent du comptoir.

Rafaille. — Terre. *S'enfoncer dans la rafaille :* descendre en terre.

Raidir. — Mourir.

Ratichon. — Prêtre, curé.

Rebiffer. — Faire une chose deux fois, ou bisser.

Réchauffante. — Perruque.

Refiler. — Faire passer de main en main.

Reguiser. — Perdre au jeu.

Remoucher. — Regarder en surveillant.

Renauder. — Être en colère, refuser, ne pas vouloir.

Renfrusquiner. — S'habiller des pieds à la tête.

Rengracier. — Se taire, imposer silence.

Renifler. — Avouer, reconnaître. *Renifler quelqu'un.*

Rigolade. — Fête, plaisirs, jouissances.

Rond. — Argent, sou.

Rondine. — Bague.

Roublarderie. — Pauvreté, misère, détresse.

Roubleur. — Délateur.

Rupin. — Riche, bien mis, bien habillé.

Saint-pair. — Tabac.
Satou. — Bois, bâton.
Schelinguer. — Puer de la bouche.
Schtar. — Cachot.
Scionner. — Assassiner avec un couteau.
Scionneur. — Assassin à coups de couteau.
Sig-de-bord. — Chapeau.
Sigue. — Pièce de vingt francs.
Sinfe. — Volé qui tient le voleur.
Sorgue. — Nuit.
Stom. — Estomac.
Surbine. — Surveillance.
Surette. — Pomme d'un arbre.
Surin. — Couteau.
Suriner. — Assassiner.

Talbin. — Portefeuille, billets de banque.
Tampon. — Poing.
Tanté. — Sodomiste pour son compte.
Taper. — Fermer, frapper. *Taper le chasse :* fermer l'œil, c'est-à-dire dormir.
Tine. — Foule.
Toc. — Méchant.
Trac. — Peur. *Avoir le trac :* avoir peur.
Traquer. — Avoir peur.
Treffle. — Tabac, dos.
Trep. — Populace, foule.
Trimarde. — Rue.
Trimart. — Chemin.
Tronche. — Tête.
Trottins. — Souliers.
Truc. — Tout faire. *Homme à truc :* métier.
Truquer. — Vivre d'industrie.
Tune ou Dalle. — Pièce de cinq francs.
Turbiner. — Travailler.

Vaguer. — Voler. *Aller au vague :* aller au vol.
Valade. — Poche.
Vanterne. — Fenêtre.
Vestigo. — Légumes de prison et de gargotte.
Vingt-deux. — Couteau.
Vioc. — Vieux.

Zigue. — Garçon, bon enfant, ami.

TABLE DES MATIÈRES.

CHAPITRE VI.

CHAPITRE VII.

CHAPITRE VIII.

CHAPITRE IX.

CHAPITRE X.

CHAPITRE XI.

FIN DE LA TABLE.

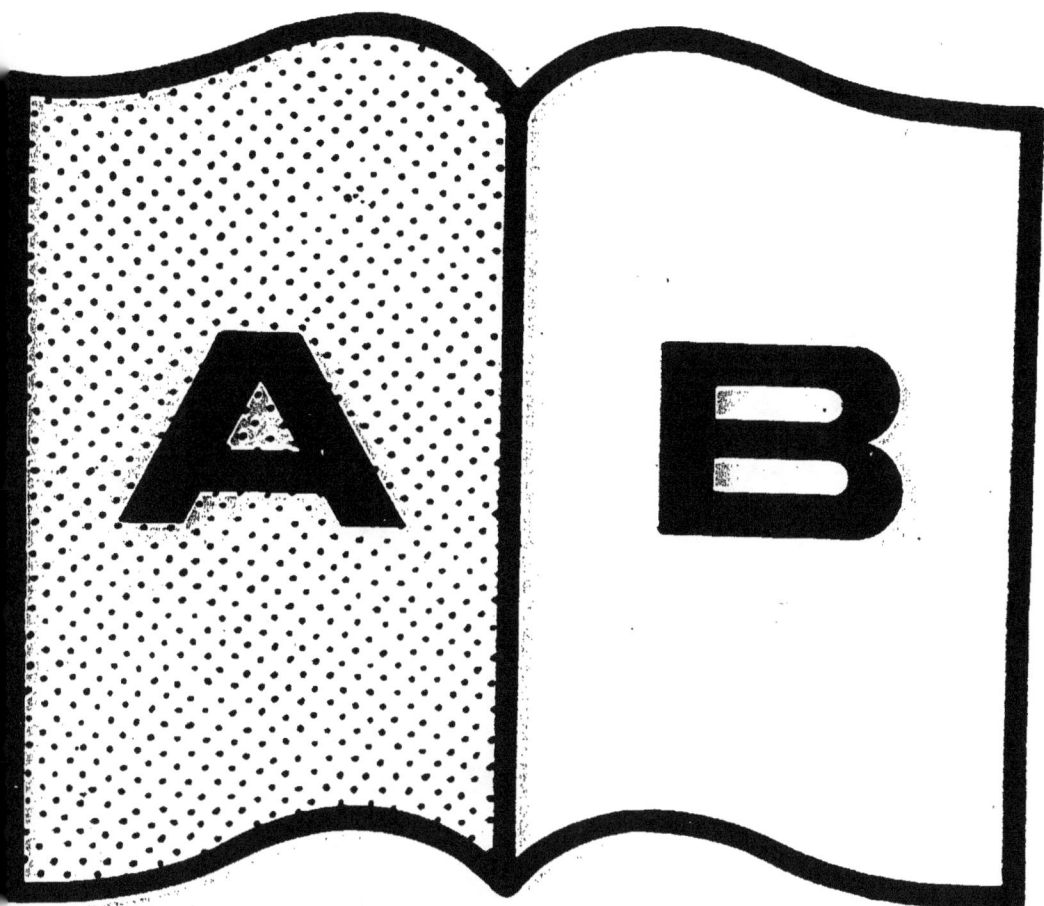

Contraste insuffisant

NF Z 43-120-14

www.ingramcontent.com/pod-product-compliance
Lightning Source LLC
Chambersburg PA
CBHW071631200326
41519CB00012BA/2246